VENEDIG

ATLAS DES GEHEIMEN

Thomas Jonglez, Paola Zoffoli und Irène Galifi

JONGLEZ VERLAG

Wir hatten große Freude bei der Arbeit an diesem Atlas mit dem Titel *Venedig – Atlas des Geheimen* und hoffen, dass Sie wie wir in seiner Begleitung ungewöhnliche, verborgene oder eher unbekannte Aspekte der Stadt entdecken können. Alle aufgeführten Orte sind gut erreichbar und auf den Karten zu Beginn der einzelnen Kapitel eingezeichnet. Einige Einträge sind mit historischen Anmerkungen oder Anekdoten versehen, die dazu beitragen sollen, die Stadt in ihrer ganzen Komplexität zu verstehen. *Venedig – Atlas des Geheimen* soll Ihre Aufmerksamkeit auch auf eine Vielzahl von Details lenken, auf die wir an Orten gestoßen sind, an denen man Tag für Tag achtlos vorübergeht. Wir verstehen das als Einladung, die urbane Landschaft, die uns umgibt, genauer zu betrachten. Ganz allgemein möchten wir den Blick auf unsere Stadt öffnen, sodass ihr auch Einheimische mit der gleichen Neugier und Aufmerksamkeit begegnen, die wir auf Reisen so oft an den Tag legen …

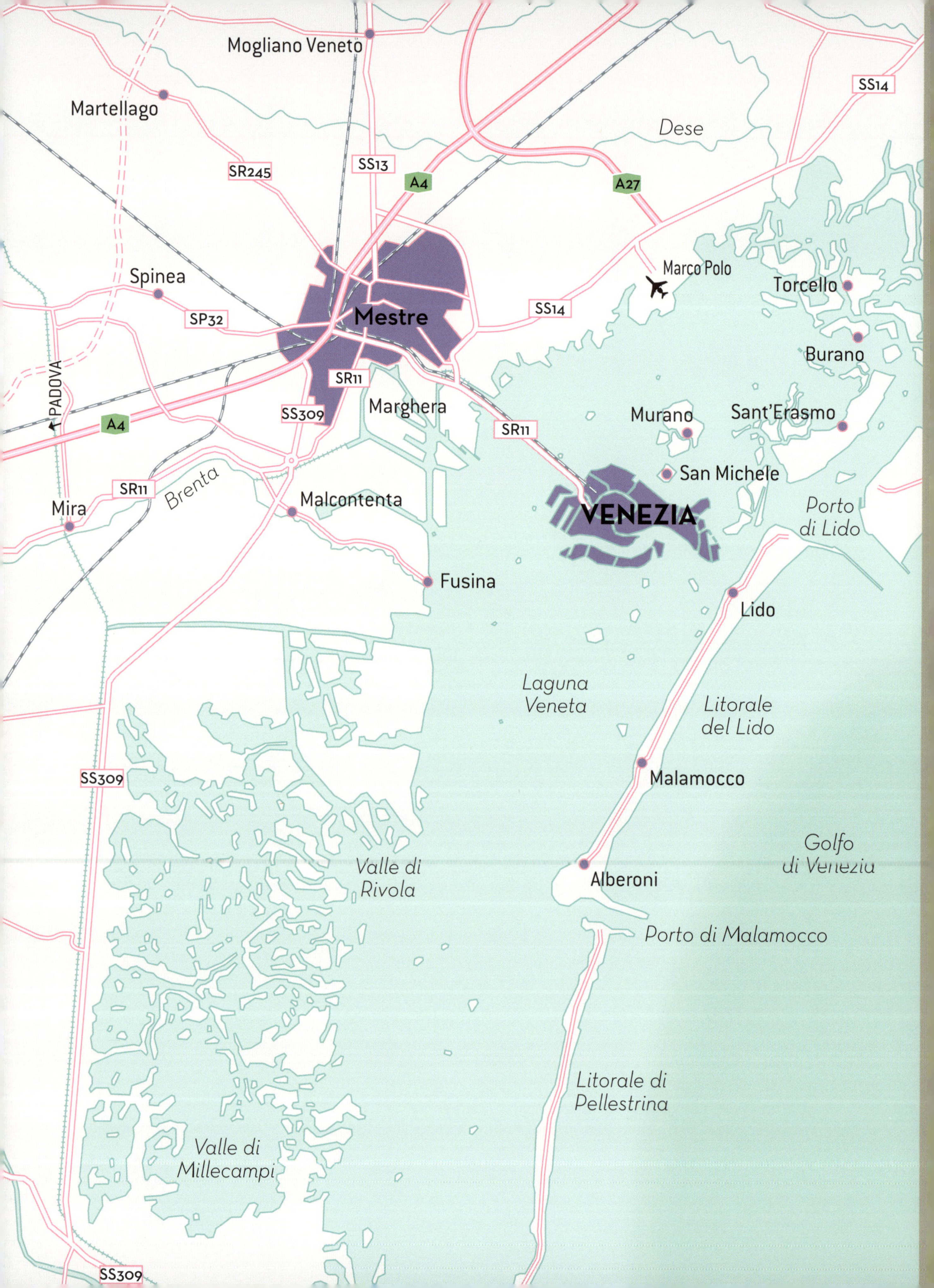
Mogliano Veneto
Martellago
SS14
Dese
SR245
SS13
A4
A27
Spinea
Marco Polo
Torcello
SS14
Mestre
SP32
Burano
PADOVA
SR11
Marghera
SS309
SR11
Murano
Sant'Erasmo
A4
San Michele
SR11
Brenta
Malcontenta
Mira
Porto
di Lido
VENEZIA
Fusina
Lido
Laguna
Veneta
Litorale
del Lido
SS309
Malamocco
Golfo
di Venezia
Valle di
Rivola
Alberoni
Porto di Malamocco
Litorale di
Pellestrina
Valle di
Millecampi
SS309

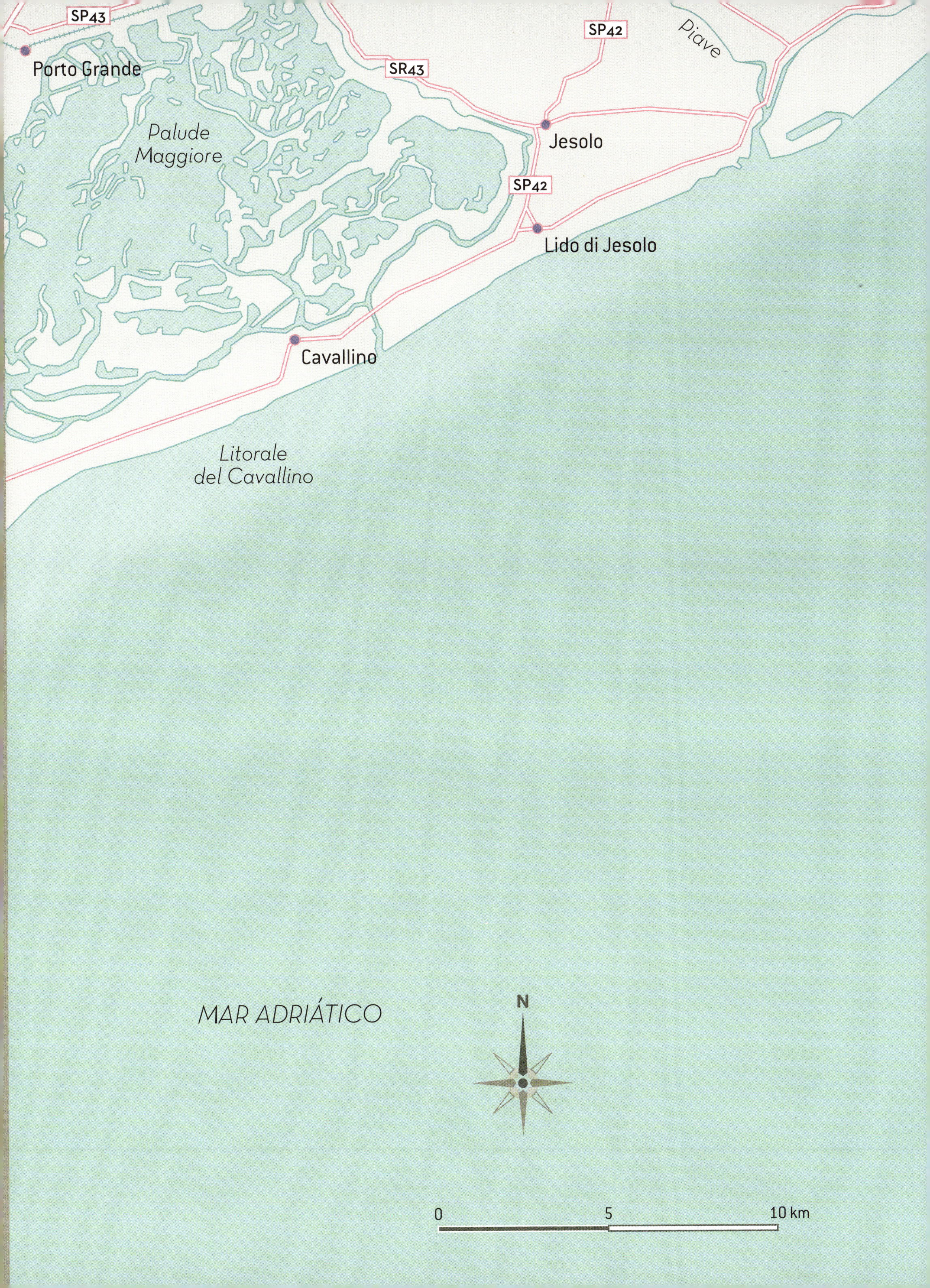

SP43
Porto Grande
SR43
SP42
Piave
Jesolo
Palude
Maggiore
SP42
Lido di Jesolo
Cavallino
Litorale
del Cavallino
MAR ADRIÁTICO
N
0
5
10 km

SAN MARCO

SANTA CROCE

SAN POLO

CANNAREGIO

CASTELLO

DORSODURO

GIUDECCA UND SAN GIORGIO

SAN MARCO

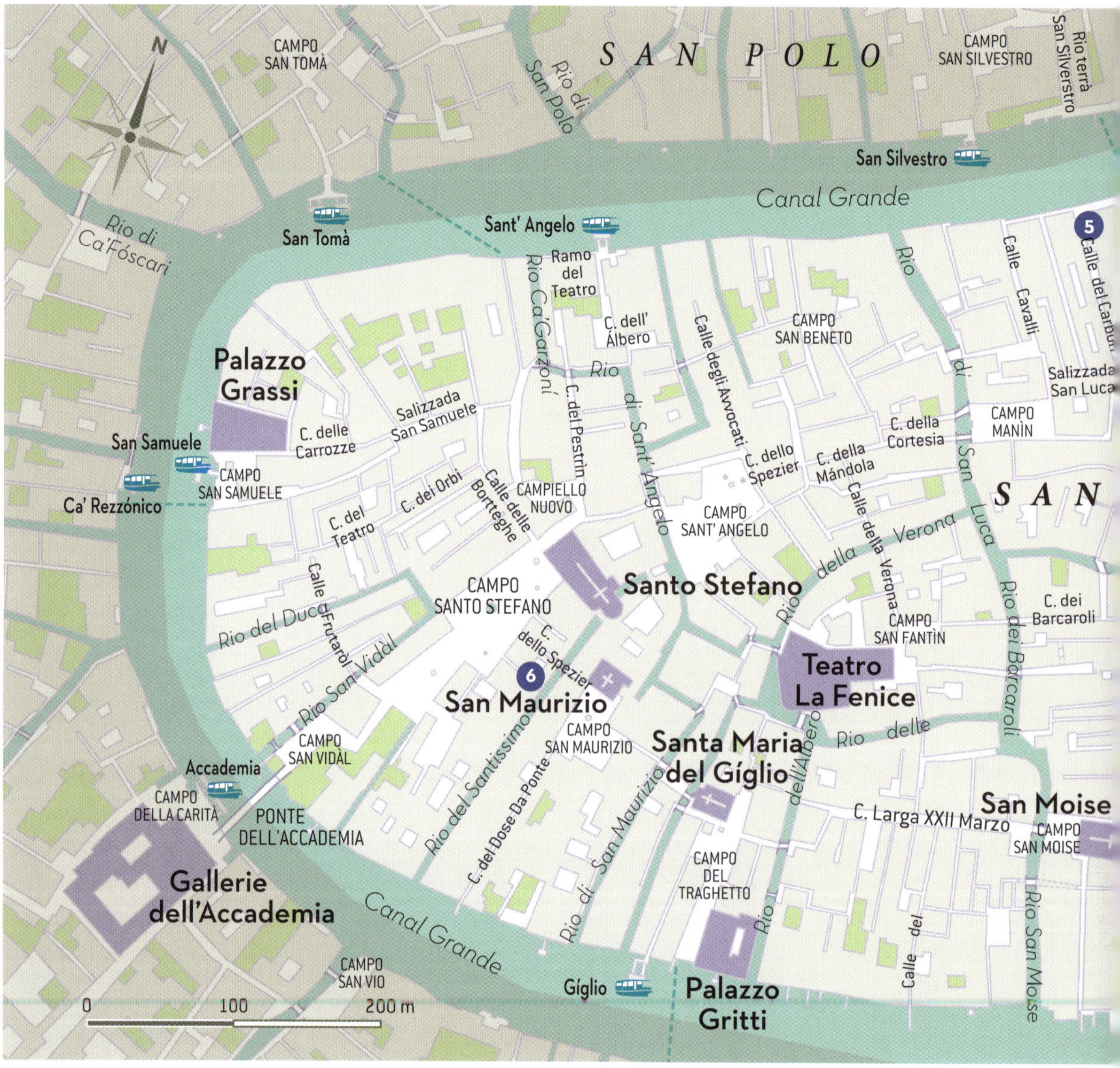
N
CAMPO SAN TOMÀ
S A N   P O L O
Rio di San Polo
CAMPO SAN SILVESTRO
Rio terrà San Silverstro
San Silvestro
Canal Grande
Sant' Angelo
San Tomà
Rio di Ca'Fóscari
5
Calle del Carbon
Ramo del Teatro
Rio Ca'Garzoni
C. dell' Álbero
Calle degli Avvocati
CAMPO SAN BENETO
Rio di San Luca
Calle Cavalli
Salizzada San Luca
Palazzo Grassi
Rio di Sant' Angelo
C. del Pestrin
Salizzada San Samuele
C. delle Carrozze
San Samuele
CAMPO SAN SAMUELE
Ca' Rezzónico
C. della Cortesia
CAMPO MANÌN
C. dello Spezier
C. della Mándola
S A N
C. dei Orbi
Calle delle Botteghe
CAMPIELLO NUOVO
C. del Teatro
CAMPO SANT' ANGELO
Calle della Verona
Rio della Verona
Santo Stefano
CAMPO SANTO STEFANO
Calle d. Frutarol
Rio del Duca
C. dello Spezier
Rio San Vidal
C. dei Barcaroli
Rio dei Barcaroli
CAMPO SAN FANTÌN
Teatro La Fenice
6
San Maurizio
CAMPO SAN MAURIZIO
Santa Maria del Gíglio
Rio delle
Rio dell'Albero
CAMPO SAN VIDÀL
Accademia
CAMPO DELLA CARITÀ
PONTE DELL'ACCADEMIA
Rio del Santissimo
C. del Dose Da Ponte
Rio di San Maurizio
San Moise
C. Larga XXII Marzo
CAMPO SAN MOISE
CAMPO DEL TRAGHETTO
Gallerie dell'Accademia
Canal Grande
Rio
Calle del
Rio San Moise
CAMPO SAN VIO
0
100
200 m
Gíglio
Palazzo Gritti

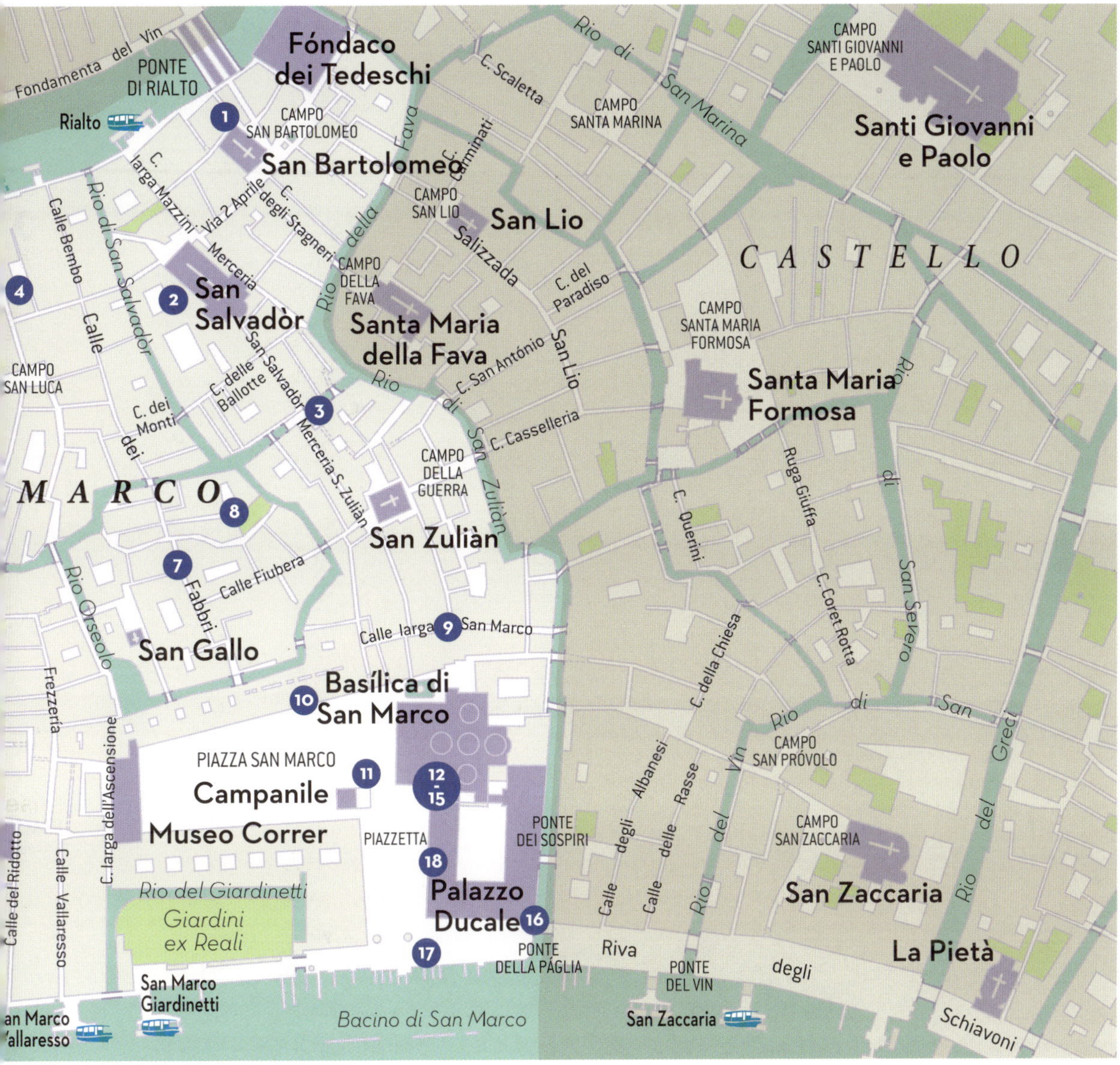
Fondamenta del Vin
PONTE DI RIALTO
Rialto
Fóndaco dei Tedeschi
CAMPO SAN BARTOLOMEO
San Bartolomeo
C. larga Mazzini
Via 2 Aprile
C. degli Stagneri
Rio della Fava
C. Caminati
C. Scaletta
Rio di San Marina
CAMPO SANTA MARINA
CAMPO SANTI GIOVANNI E PAOLO
Santi Giovanni e Paolo
CAMPO SAN LIO
San Lio
Salizzada San Lio
C. del Paradiso
CASTELLO
Calle Bembo
Rio di San Salvador
Merceria
CAMPO DELLA FAVA
San Salvadòr
Santa Maria della Fava
C. San Antònio
CAMPO SANTA MARIA FORMOSA
Santa Maria Formosa
CAMPO SAN LUCA
Calle dei Fabbri
C. delle Ballotte
San Salvador
C. dei Monti
Rio di San Zulian
C. Casselleria
CAMPO DELLA GUERRA
Merceria S. Zuliàn
MARCO
San Zuliàn
Ruga Giuffa
C. Querini
Rio di San Severo
Calle Fiubera
C. Coret Rotta
Rio Orseolo
Calle larga San Marco
C. della Chiesa
San Gallo
Frezzeria
Basílica di San Marco
Rio di San Provolo
CAMPO SAN PROVOLO
PIAZZA SAN MARCO
Campanile
Museo Correr
C. larga dell'Ascensione
Calle del Ridotto
Calle Vallaresso
PIAZZETTA
PONTE DEI SOSPIRI
Calle degli Albanesi
Calle delle Rasse
Rio del Vin
CAMPO SAN ZACCARIA
San Zaccaria
Rio dei Greci
Rio del Giardinetti
Giardini ex Reali
Palazzo Ducale
PONTE DELLA PÁGLIA
Riva degli Schiavoni
PONTE DEL VIN
La Pietà
San Marco Giardinetti
San Marco Vallaresso
Bacino di San Marco
San Zaccaria

01.

Salizada Pio X
Rialto

DER GOLDENE KOPF AM RIALTO

Der Wächter über das Geheimrezept der „Himmelsarznei“

Wer am Fuße der Rialtobrücke den Blick nach rechts auf San Bartolomeo richtet, wird von einem einzigartigen Goldkopf überrascht. Die scheinbar in der Luft schwebende Bronzeskulptur ist das alte Zeichen der Apotheke Alla testa d'oro. In Zeiten, in denen nur wenige lesen konnten, sollte sie für alle gut sichtbar und erkennbar sein.

Wovon sich der Schöpfer inspirieren ließ, als er den mit Lorbeer bekränzten Männerkopf mit kräftigen Gesichtszügen gestaltete, weiß man nicht genau – vielleicht von Virgilio Zorzi, einem der früheren Besitzer, oder vielleicht von Mithridates oder Andromachos.

An der Wand lässt sich noch ein Schriftfragment erkennen, das auf die Arznei *Theriaca andromachi* anspielt: ein universelles Wundermittel, das – so glaubte man – alle Krankheiten heilen konnte und seit 1603 die Spezialität der Apotheke war. Den Behauptungen nach wurde hier nämlich der beste Theriak der Stadt hergestellt. Deswegen hatte die Apotheke die Erlaubnis, das Mittel nach einem komplizierten Ritual dreimal im Jahr zuzubereiten, was ansonsten nur einmal jährlich erlaubt war. Nach dem Fall der Republik Venedig im Jahr 1797 war die Apotheke die einzige, die die „Himmelsarznei“ bis zum Ende des vorigen Jahrhunderts weiter produzierte. Als in den 1940er-Jahren allerdings Normen zur Drogenkontrolle eingeführt wurden, wurde das im Originalrezept wegen seiner schmerzlindernden Wirkung vorhandene Opium gestrichen.

SPUREN DER LUCCHESER GEMEINSCHAFT AM RIALTO

1317 zogen aus politischen Gründen verbannte Händler und Handwerksmeister von ihrer Heimatstadt Lucca nach Venedig, um sich mit der Seidenverarbeitung und ihrer Vervollkommnung zu beschäftigen. Zwischen San Giovanni Grisostomo und der Calle de la Bissa sind mehrere Spuren sichtbar, die beweisen, dass die Gemeinschaft aus Lucca sich nicht nur rund um die Cappella del Volto Santo (s. S. 79), sondern auch im Bezirk Rialto angesiedelt hatte.

In der Calle de la Bissa Nummer 5512 (die Fortführung der Calletta Pistor, die vor dem Haupteingang des Fontego dei Tedeschi beginnt) kann man das in den Pfeiler gemeißelte Wappen der Seidenzunft erkennen – einen Maulbeerbaum, von dessen Blättern sich die Seidenraupe ernährt. Links vom Pfeiler kommt man in die Corte del Tentor, wo die Stoffe gefärbt wurden; rechts davon befindet sich die Corte de l'Orso – benannt nach der aus Lucca stammenden Familie Orso, die sich dort niedergelassen hatte. Die Wohngebäude rund um den kleinen Hof zählen bis zu sechs Stockwerke. Interessant ist dabei, dass diese in Venedig sonst ziemlich ungewöhnlich großen Gebäude nicht nur im Ghetto zu finden sind, sondern auch in anderen Bezirken, wo sich Menschen aus demselben Ursprungsort und beruflichen Bereich versammelten.

Die Calle de la Bissa mit ihrem schlangenartigen Verlauf (venezianisch: *bissa* = Schlange) war einst als Calle dei Thoscani bekannt, weil eben dort Menschen aus dem toskanischen Lucca wohnten. Ihre Kirche war San Giovanni Grisostomo. In unmittelbarer Nähe davon befindet sich die Corte Amadi o dei Amai, wo die reiche Luccheser Familie Amadi wohnte. Hinter der Kirche, Richtung Teatro Malibran, befanden sich zahlreiche Lagerräume für die Einlagerung der Seide. Am Haus mit der Nummer 5864 sind noch Spuren eines bedeutenden Zimmers zu sehen, das das Büro des Seidenamtes beherbergte. Der venezianischen Seidenzunft standen die sogenannten *Provisores Serici* vor, die die Gerichtsbarkeit für alle Angelegenheiten des Seidenhandwerks innehatten.

Über dem Haupteingang des jetzigen Restaurants ist noch die lateinische Inschrift lesbar, die auf das Jahr 1515 verweist und die fünf Familienwappen zeigt: Paruta (Wappenschild mit drei Rosen), Sandei (stehender Löwe), Ridolfi (Wappenschild mit Meerwellen), Amadi (Wappenschild mit drei Bergen und einem Vogel) und Pedrucci (Wappenschild mit drei Stöcken). Im späteren Türsturz sind das Jahr 1578 und drei weitere Wappen erkennbar, deren Herkunft nicht geklärt ist.

Ein weiteres Büro des Seidenamtes befand sich am Campo Novo am Rialto (in der Nähe liegt auch die Calle Toscana). Am Türpfosten der Hausnummer 553 kann man noch einen in Stein gemeißelten Maulbeerbaum erkennen, das Symbol für die Berufsgruppe der Seidenhersteller.

553

02.

Kirche San Salvador
sansalvador@inwind.it

DIE PALA D'ARGENTO IN DER KIRCHE SAN SALVADOR

Ein Tizian verschwindet und gibt den Blick auf ein Meisterwerk frei ...

Während der Markusdom eine Pala d'oro (italienisch etwa „Goldenes Altarbild") besitzt, ist in der Kirche San Salvador eine Pala d'argento (ein silbernes Altarbild) zu sehen. Es ist ein Meisterwerk der venezianischen Goldschmiedekunst aus dem ausgehenden 14. Jahrhundert. Den Touristen sowie den Venezianern unbekannt, kann man es nur dreimal im Jahr besichtigen: zu Weihnachten, zu Ostern und am 6. August (Verklärung des Herrn). Meistens befindet sich die Pala d'argento hinter dem Bild *Verklärung des Herrn* von Tizian, das dann im richtigen Moment durch ausgeklügelte Gegengewichte im Altar verschwindet und den Blick auf die Pala freigibt.

Wie die Pala d'oro im Markusdom und der Großteil der meistens nicht erhaltenen Altarbilder, die die Kirchen der Lagunenstadt schmückten, war die Pala d'argento anfänglich ein Andachtsaltar, der nur zu besonderen kirchengeschichtlichen Anlässen gezeigt wurde. Da die Kirche San Salvador Jesus Christus selbst geweiht ist, wird die Pala nur zu den entscheidenden Momenten seines Lebens gezeigt, nämlich anlässlich seiner Geburt (Weihnachten), seiner Verklärung (s. oben) und seines Todes und seiner Auferstehung (Ostern).

Laut der im Jahr 2000 von Renato Polacco durchgeführten Untersuchung geht die Pala mit großer Wahrscheinlichkeit auf das ausgehende 14. Jahrhundert zurück. Obwohl sie anfänglich ein einfaches Triptychon zum Thema der Verklärung war (wie das Bild von Tizian), besteht sie heute aus fünf waagerechten Elementen (s. Bild). Die Pala wurde so konzipiert, dass man sie schließen konnte. Der Mittelteil, der die Verklärung darstellt, blieb fest, während die unmittelbar darunter und darüber liegenden Teile beweglich waren und so die zwei mit cherubinischen Figuren und dem Lamm Gottes versehenen Teile sichtbar machten. Die Botschaft war eindeutig – das Lamm als Symbol für das Opfer, durch das sich die Himmeltür (nebst der Pala) öffnet, die durch die Verklärung des Herrn dargestellt wird, der seinerseits von Maria, den Heiligen und den Propheten umgeben ist.

WARUM WIRD DIE VERKLÄRUNG DES HERRN AM 6. AUGUST GEFEIERT?

Getreu dem alten byzantinischen Ritual wird die Verklärung schon seit dem 7. Jahrhundert am 6. August gefeiert, also am Tag, als am Berg Tabor, wo sich das Ereignis zutrug, die erste Basilika der Verklärung geweiht wurde. Später, im Jahr 1456, bestätigte auch Papst Kallixt III., dass die katholische Kirche das Ereignis am besagten Tag feiern sollte. Der Papst lehnte sich auf diese Weise an ein allgemein anerkanntes Datum an, denn durch einen glücklichen Zufall feierte er gleichzeitig den am 22. und 23. Juli 1456 in Belgrad errungenen Sieg der christlichen Truppen gegen die Türken, der erst am 6. August in Rom bekannt wurde.

WAS IST DIE VERKLÄRUNG?

Die Verklärung ist Teil der Evangelien (Mt 17,1–8; Mk 9, 2–9; Lk 9, 28–36). Nach der wundersamen Brotvermehrung nahm Jesus die Jünger Petrus, Jakobus und Johannes beiseite und führte sie auf einen hohen Berg. Dort wurde er von überirdischem Licht überstrahlt („verklärt“) und Elija und Mose erschienen an seiner Seite. Die beiden verschwanden, als schließlich eine Stimme zu Petrus sprach: „Dies ist mein geliebter Sohn. Auf ihn sollt ihr hören!“ Die Verklärung nimmt symbolisch die Auferstehung Christi vorweg, die von zahlreichen Propheten – hier durch Elija und Mose verkörpert – bereits angekündigt worden war. Der Sage nach ist der Ort, an dem das Ereignis stattfand, der Berg Tabor, in der Nähe des Sees Genezareth. Die Maroniten behaupten hingegen, es handle sich um das Libanon-Gebirge, während andere sagen, es handle sich um den Berg Hermon im heutigen Grenzbereich zwischen Libanon und Syrien.

03.

Sitz der Alliance Française in Venedig
alliancefrancaise@libero.it

DAS SPIELCASINO VENIER

Eines der ersten und bezauberndsten Spielcasinos in Venedig

Das Casino Venier ist seit 1987 der Sitz der Alliance Française in Venedig und eines der letzten und schönsten Casinos der Stadt (siehe folgende Doppelseite). Die Einrichtung aus den Jahren 1750–1760 ist intakt geblieben – die Marmorfußböden, die Stuckdecken, Fresken und Spiegel machen das Spielcasino zu einem kleinen Schmuckstück, das von 1981 bis 1993 vom französischen Ausschuss für den Schutz der Stadt Venedig wunderschön restauriert wurde. Das Casino, wo man einst dem Glücksspiel und der Unterhaltung frönte, gehörte dem Staatsanwalt Venier; allerdings wurde es viel häufiger von seiner Frau Elena Priuli besucht. Die Anordnung der Räume spiegelt das typische Schema der venezianischen Paläste wider, durch deren Haupteingang man Zutritt zu den verschiedenen Sälen hatte. Über der Eingangstreppe trennen zwei aus vergoldetem Holz geschnitzte Gitter den für die Musiker bestimmten Raum ab. Hier waren sie vor den Blicken der Gäste geschützt und konnten ungestört musizieren. Der Speisesaal (am Ende des Korridors, links) prunkt mit graziösen Stuckarbeiten, die Pflanzen und Vögel darstellen, und mit einem Fresko, das den Triumph des Bacchus zeigt. Rechts im Saal sind ein entzückender Kamin aus Delfter Porzellan und ein Fresko (Guarana zugeschieben) zu sehen. Nicht zu vergessen – der kleine überdachte Balkon, der auf die Barettieri-Brücke geht. Von hier aus konnte man das Leben auf der Straße beobachten, ohne dabei gesehen zu werden.

EIN VERSTECKTES GUCKLOCH, UM SICH IN ALLER RUHE AUS DEM STAUB ZU MACHEN

Lassen Sie sich das kleine versteckte Guckloch am Marmorfußboden im Eingangsraum nicht entgehen, durch das man sehen kann, wer gerade vor der Eingangstür unter der Brücke steht. Falls die Gäste unerwünscht waren, konnte man das Gebäude durch einen Nebeneingang verlassen, der heute nicht mehr existiert, sich seinerzeit allerdings hinter einem Wandschrank im ersten Zimmer rechts befand.

04.

Corte del Teatro
San Luca

DER KOPF EINER ALTEN FRAU

Der Gute, der Arme und die Geizige

Auf halber Höhe des Gebäudes in der Corte del Teatro hängt ein sonderbarer Marmorkopf einer alten Frau, auf den vermutlich das Ladenschild der nahe gelegenen Apotheke La Vecchia („die Alte") zurückgeht. Dazu erzählt man sich folgende interessante Geschichte: Eine alte, von Natur aus geizige Frau aus der Pfarrei San Paternian versteckte ihr Geld immer im Innenfutter eines alten Mantels in der Dachkammer. Eines Wintertages schenkte ihr Sohn Vincenzo Quadrio, der nichts davon wusste, den Mantel einem mitleiderregenden Armen aus seinem Stadtteil.
Eine Woche danach ging die Frau wieder in die Dachkammer, um ihr Geld zu verstecken, fand aber den Mantel nicht mehr. Um ihren Sohn dazu zu bewegen, ihr das wertvolle Kleidungsstück wieder zurückzubringen, teilte sie ihm mit, dass sie ihm als Erbschaft den gesamten Inhalt des Mantels hinterlassen wolle. Der Mann machte sich daraufhin auf die Suche nach dem Armen, verkleidete sich sogar als Bettler und setzte sich so auf die Stufen der Rialtobrücke. Schließlich fand er den Armen, und mit scheinbar großmütiger Geste und mit dem Hinweis auf die beißende Kälte bot er ihm seine warme Jacke anstelle des abgenutzten Mantels zum Tausch an.
Mit dem wiedergefundenen Geld eröffnete der Mann eine florierende Apotheke, deren Rückseite von einem Marmorbild seiner Mutter geschmückt wurde, die zu Füßen ihres Sohnes sitzt.
Heute ist vom Hochrelief nur noch der Kopf der Dame erhalten, umgeben von einer Zeder (Zeichen einer nahe gelegenen, heute nicht mehr existierenden Apotheke), den Waffen der Familien Bembo und Moro sowie dem Wappen der Bruderschaft San Rocco, die im 16. Jahrhundert Eigentümer des Gebäudes wurde.

05.

Zweite Säule am Palazzo Loredan
Riva del Carbon

DER IN STEIN GRAVIERTE MANN MIT DER PFEIFE

Das Opfer von Biagio

An der zweiten Säule von links an der Vorderseite des Palazzo Loredan erkennt man einen Mann mit einer langen Pfeife. Die Darstellung erinnert an eine interessante Sage. Ein Fischer namens Biagio, ein guter und von allen geachteter Mann, hielt sich oft vor dem Palazzo Loredan auf, um sich dort etwas Geld zu verdienen. Während seiner Pausen saß er gerne am Ufer des Canal Grande und rauchte in aller Ruhe seine Pfeife. Eines Abends, als die Stadt menschenleer war, färbte sich das Wasser unter einer vorbeifahrenden Gondel plötzlich rot. Die Fluten spalteten sich, die Gondel schwebte für einen Moment in der Luft, und der von Panik erfasste Gondoliere sprang ins Wasser und ergriff die Flucht. Aus dem Wasser sah man zwei kräftige schwarze Arme mit Krallen kommen, die nach dem sogenannten *Felze*, der kleinen Kabine in der Mitte der Gondel, griffen. Biagio konnte gerade noch zwei Kinder erkennen, bevor sie von den riesigen Händen erfasst wurden. Kurz darauf tauchte ein abscheulicher Kopf mit zwei Hörnern aus dem Kanal auf. Es bestand kein Zweifel: Es war der Teufel persönlich. Später wurde bekannt, dass die zwei Mädchen zur Familie Gradenigo gehörten. Vermutlich wollte sich der Satan an ihrem Vater rächen, der die Geheimnisse der Zauberei begreifen wollte und dem Teufel dabei versehentlich die Seelen seiner Töchter vermacht hatte. Während des schrecklichen Schauspiels warf Biagio instinktiv seine Pfeife ins Wasser und schrie dem Satan mit ausgebreiteten Armen zu, er solle ihn anstelle der Kinder mitnehmen. Satan verspottete ihn daraufhin, weil er es gewagt hatte, mit seinen Armen Christus am Kreuz nachzuahmen, und antwortete, er wolle die zwei Kinder nur dann freilassen, wenn seine Arme die ganze Welt umarmen könnten. Sobald er dies gesagt hatte, trennten sich Biagios Arme von seinem Körper, ohne dass er dabei Schmerz empfand, und flogen mit einer Cherubimschar davon. Wie vom Schlag getroffen ließ der Teufel sowohl die Kinder als auch Biagio frei, denn Gott hatte ihm nicht erlaubt, ihn mitzunehmen.

06.

Palazzo Morosini
Campo Santo Stefano

DAS GEFLÜGELTE PFERD DES PALAZZO MOROSINI

Auf der Suche nach dem Stein der Weisen

Der Palazzo Morosini liegt zwischen dem Campo Santo Stefano (Haupteingang) und dem Kanal Rio del Santissimo. Obwohl es eine Brücke über den Kanal gibt, werden Sie Mühe haben, die wunderschönen Skulpturen, die die Rückseite des Palastes schmücken, sehen zu können. Es empfiehlt sich deshalb, ein Boot zu mieten oder den Gondoliere Ihres Vertrauens zu bitten, daran vorbeizufahren, damit Sie die überraschende Darstellung des von zwei Greifen flankierten, geflügelten Pferdes bewundern können.
Es handelt sich um Pegasus (griechisch: „geflügeltes Pferd"). Der griechische Mythos erzählt, dass Pegasus dem von Medusa vergossenen Blut entsprang, als diese von Perseus geköpft wurde. Mit einem Hufschlag ließ Pegasus außerdem die Quelle der Unsterblichkeit von Hippokrene aus einem Felsen sprudeln. Zeus schenkte ihm die Unsterblichkeit und verwandelte das Tier in ein Sternbild der nördlichen Hemisphäre. Pegasus wurde so zum Symbol der dichterischen Schöpferkraft, denn auch die Poesie ist unsterblich. Das geflügelte Pferd ist auch das Symbol der Urtradition. Die goldenen Zügel verweisen auf das Gold, das mit dem Stein der Weisen hergestellt wurde und das das große Ziel der Alchemisten war.
Die Position der Skulptur in einem Nebenkanal ist nicht rein zufällig gewählt. Sie symbolisiert die göttliche Weisheit, die Gabe Pegasus, Wunderquellen sprudeln zu lassen, die die Menschen unsterblich machen.
Die göttliche Weisheit wird von zwei Greifen begleitet und bestärkt, die das alchemistische Verfahren der Sublimation (siehe folgende Seiten) verkörpern.
Der Tradition und der Mythologie nach paaren sich die Greife mit einer Stute und zeugen den Hippogryph. Der Satz aus dem Mittelalter *Jungentur jam grypes equis* sagt aber, diese Kreuzung sei unmöglich, weshalb der Hippogryph das Symbol des Unmöglichen und der Liebe ist.
In den mittelalterlichen Legenden ist dieses Fabelwesen das Lieblingstier der unsterblich verliebten Ritter, die vergebens versuchen, eine Dame zu erobern. Außerdem ist er das Sinnbild der Zauberer, die mit ihrer Zauberei schier Unmögliches schaffen.

07.

Rio terà de le Colonne,
an der Südostecke der Calle dei Fabbri

DAS FRESKO DES WÜRFELSPIELS

Das Spiel zwischen den Säulen der Piazzetta San Marco

Wie der Name schon sagt, handelt es sich beim Rio Terà de le Colonne (*rio* bedeutet „Bach", „Kanal") um einen alten Kanal. Der einstige Gehsteig am Kanal (venezianisch: *fondamenta*) ist heute ein Bogengang (venezianisch: *sotoportego*). An der Kreuzung mit der Calle dei Fabbri übersieht man an der Decke des Bogengangs leicht ein Fresko, das einige Würfel und eine Laterne zeigt. Auch wenn das Datum auf das Jahr 1691 verweist, handelt es sich wohl um ein modernes Werk.

Der Platz zwischen den zwei Säulen auf der Piazzetta San Marco war der erste Ort in Venedig, an dem es erlaubt war, dem Würfelspiel nachzugehen. Die Geschichte dazu ist interessant: Die zwei aus dem Osten stammenden, großartigen Säulen blieben lange am Boden liegen, weil niemand wusste, wie man sie am besten aufrichtet. Der bergamaskische Ingenieur Nicola Starantonio Barattiero, der die erste Rialtobrücke gebaut hatte, hatte 1172 dann die Idee, eines der beiden Enden der Säule festzumachen und das andere Ende mit Seilen am Boden zu befestigen. Die Seile wurden daraufhin gewässert, wodurch sie sich verkürzten und ihr Durchmesser zunahm. Auf diese Weise konnte der Kopf der Säule wenige Zentimeter angehoben werden. Unter die angehobene Säule wurden dann Holzklötze gelegt, die nassen Seile wurden durch trockene ersetzt und nach etlichen Wiederholungen konnten die zwei Säulen aufgerichtet werden.

Als Belohnung bekam Barattiero die Genehmigung, dort Würfelspiele zu organisieren und eine „Spielhölle" zu eröffnen, obwohl dieses Spiel bis dahin verboten war.

DER EINZIGE UNTERIRDISCHE KANAL IN VENEDIG

Wenn Sie ein Boot besitzen oder die Gondolieri reicher machen wollen, dann können Sie eine Fahrt durch den Rio del Santissimo genießen, den einzigen unterirdischen Kanal in Venedig. Er führt unter dem Chor der Kirche Santo Stefano hindurch und ist Treffpunkt für junge Venezianer, die dort in aller Ruhe rauchen. Vorsicht bei Hochwasser! Kopf einziehen!

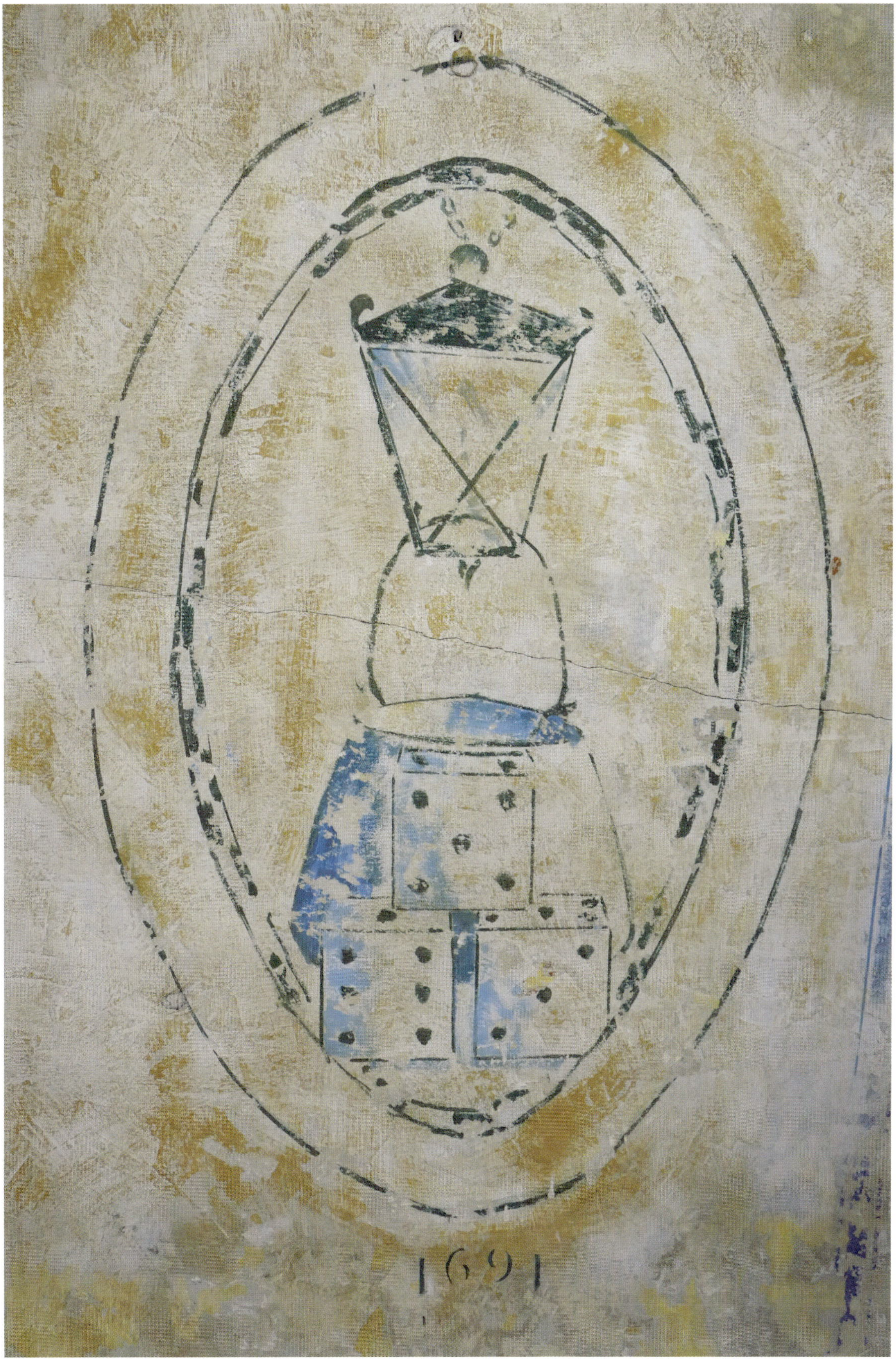
1691

08.

Corte Gregolina

DIE EINFASSUNG DES BRUNNENS DER CORTE GREGOLINA

Ein Brunnen aus dem 15. Jahrhundert, der wie ein großer Korb aussieht

Die nicht weit von der belebten Calle dei Fabbri mitten im Stadtteil San Marco gelegene Corte Gregolina ist ein ruhiger, friedlicher Platz mit einem Brunnen, dessen schöne Einfassung vermutlich aus der zweiten Hälfte des 15. Jahrhunderts stammt.
Dieser Brunnen aus istrischem Stein ist von raffinierter Eleganz. Er steht auf einer runden Bodenplatte und ist wie ein großer geflochtener Korb gestaltet. Ebenfalls sehenswert ist das von zwei dünnen Marmorsäulen gestützte Fenster mit drei gemauerten Rundbögen an einer der angrenzenden Gebäudefassaden – eine Seltenheit in Venedig.

BRUNNEN UND IHRE EINFASSUNGEN

Die venezianischen Brunnen waren als unterirdische Zisternen angelegte, hochkomplexe und kostspielige Anlagen, die für die Trinkwasserversorgung in der Lagune lebensnotwendig waren. Das Wasser wurde durch Auffangen und Filtern von Regenwasser gewonnen – nicht aus einer unterirdischen Quelle. In der Umgebung der Brunnen musste daher eine ausreichend große Fläche vorhanden sein, um das Regenwasser, das in der Mitte zusammenlief, auffangen zu können. Aus diesem Grund stehen venezianische Brunnen meist im Zentrum der sogenannten Campi oder in den größten Höfen. Für den Bau eines Brunnens wurde an dem ausgewählten Standort ein fünf bis sechs Meter tiefes Loch gegraben, das anschließend mit einer undurchlässigen Tonschicht abgedichtet und schließlich mit Sand als Filter aufgeschüttet wurde. Das Wasser wurde über zwei oder drei steinerne Abläufe gesammelt, die symmetrisch zu dem Brunnenloch und höher als dieses lagen. Der Brunnen bestand aus speziellen Backsteinen, durch die das gefilterte Wasser einlaufen konnte. Der umgebende Bereich war mit einer Backsteinschicht ausgelegt und anschließend mit Platten z. B. aus istrischem Stein gekachelt. Dieses System wurde bis 1884 benutzt. In diesem Jahr wurde das öffentliche Aquädukt eingeweiht, über das von da an Trinkwasser aus dem Fluss Sile in die Stadt geführt werden konnte. Heute findet man in Venedig noch etwa 600 Brunnen, um 1850 waren es rund 6200. Keiner von ihnen ist mehr in Betrieb. Der venezianische Begriff *vera da pozzo* (dt. „Puteal“) bezeichnet den einzigen sichtbaren Teil dieses komplexen Systems. Diese ursprünglich als Brüstung oder Halterung zur Befestigung einer Riemenscheibe zum Hochziehen der Wassereimer genutzten Brunnenumrandungen wurden mit der Zeit zu einem der dekorativsten Elemente der Brunnen, die von den venezianischen Steinmetzen (venez. *tagiapiera*) gestaltet wurden. In früheren Zeiten wurden auch große Aufsätze aus römischer Zeit als Brunnenbrüstung genutzt.

09.

Mercerie, all'angolo con il Sotoportego del Cappello
Mercerie 149

DAS HOCHRELIEF DER ALTEN FRAU MIT DEM MÖRSER

Die Erinnerung an eine Verschwörung im Jahr 1310

Wenige Schritte von Markusplatz entfernt übersieht man oft ein interessantes Hochrelief. Es erinnert an ein überraschendes Ereignis, das am 15. Juni 1310 Geschichte schrieb. Zusammen mit den Querini und anderen Adelsfamilien plante die Familie Tiepolo eine von Bajamonte Tiepolo angezettelte Verschwörung mit dem Ziel, den Dogen Pietro Gradenigo zu stürzen. Die Verschwörer mussten am Markusplatz allerdings mit den Milizen des Dogen kämpfen, die schon im Vorfeld über die Pläne informiert worden waren und den Verschwörern den Weg abgeschnitten hatten. Schließlich mussten die Verschwörer den Rückzug antreten und verließen den Platz in Richtung Rialto. Doch als die Flüchtlinge zur Mercerie-Straße kamen, wurden sie von einer alten Frau namens Giustina (in anderen Quellen Lucia Rossi) bemerkt. Sogleich ließ sie einen Mörser von ihrem Balkon fallen, der Bajamonte Tiepolos Fahnenträger tödlich verletzte.

Die alte Frau versäumte es nicht, eine Belohnung dafür zu fordern: Zum einen wollte sie die Erlaubnis, jedes Jahr am 15. Juni und an anderen Feiertagen die Markusfahne zu hissen. Zum anderen bat sie darum, dass ihr und ihren Töchtern die Miete nicht mehr erhöht würde. Der Doge kam den Forderungen großzügig nach und dehnte das Privileg auf alle Nachkommen der Frau aus.

Nach mehr als 500 Jahren ließ die letzte Bewohnerin des Hauses, Elia Vivante Mussati, 1861 ein Relief anbringen, das das Datum des Ereignisses zeigt und die alte Frau, wie sie den Mörser wirft.

Auch andere Spuren in Venedig erinnern an die Verschwörung von Bajamonte Tiepolo. Am Campo Sant'Agostino, in der Nähe vom Campo San Polo, erinnert eine Schandsäule an die Stelle, wo sich das Haus von Bajamonte Tiepolo befand, bevor es zerstört wurde. Später wurde zur Erinnerung ein Trachytpflaster (venezianisch *masegno*) in den Boden eingelassen. Die Häuser der Verschwörer wurden mit einem noch heute sichtbaren Zeichen markiert; die Symbole der zwei Bruderschaften, die zum Scheitern der Verschwörer beigetragen hatten, befinden sich hingegen am Campo San Luca.

Gleich unter dem Hochrelief kann man unter dem Datum in römischen Ziffern auch einen kleinen weißen Stein erkennen, der den Punkt markiert, wo der Mörser aufgeschlagen ist.

ADDI XV GIVGNO MCCCX

10.

Markusplatz

DIE SONNENUHR VON SANT'ALIPIO

Eine sehr verborgene Sonnenuhr

Die meisten Touristen und auch Venezianer gehen ganz unbedacht an der unscheinbaren eisernen Stange vorüber, die horizontal aus dem oberen Bereich an der äußersten linken Säule der Vorderfront des Markusdoms in Richtung Piazzetta dei Leoncini herausragt: ihr löffelförmiges Zifferblatt mit einem Loch in der Mitte verweist darauf, dass es sich um eine Sonnenuhr mit Gnomon handelt. Der Name dieser Sonnenuhr von Sant'Alipio geht auf die Statue des heiligen Alypius des Styliten zurück, die früher in der oberen Ädikula stand.

Diese in Konstruktion und Nutzung sehr einfache Sonnenuhr ist vor allem hinsichtlich der Materialien interessant, aus denen sie gefertigt ist und die sich im Vergleich zu dem wuchernden Prunk des Doms sehr schlicht ausnehmen. Eine weitere Besonderheit sind die drei Öffnungen, die am vorderen, verlängerten Ende des Gnomons um das mittlere Loch herum angeordnet sind. Sie stehen möglicherweise in Zusammenhang mit den wechselnden Jahreszeiten. Die Skala ist ebenfalls bemerkenswert: auf etwa eineinhalb Metern Höhe befindet sich die Zeichnung eines Glöckchens (ein Symbol, das häufiger auf den Skalen von Sonnenuhren zu finden ist). Unterhalb der Stelle, an der das Gnomon befestigt ist, wurden zwei kleine Rillen eingeritzt (auf 60 und auf 120 cm), die möglicherweise die Sommer- und Wintersonnenwende anzeigen.

In der Mitte der hervorstehenden, um etwa 45° nach unten gebogenen Seite des Gnomons befindet sich ein kleines Loch, durch das feine Sonnenstrahlen hindurchtreten, die das Ablesen der Skala auf der zylinderförmigen Oberfläche erleichtern. Mithilfe solcher Sonnenuhren kann einzig das durch die schmale Öffnung einfallende Sonnenlicht auf der Linie an der Säule beobachtet werden. Der Sonnentag wird nicht aufgegliedert, die Uhr zeigt nur den wahren Mittag auf der Meridianlinie an.

Bereits in der Antike wurden Sonnenuhren, um diese Einschränkung zu überwinden, mit anderen, in Zeitabschnitte unterteilte Linien kombiniert, um so die Uhrzeit berechnen zu können.

Die Dauer des wahren Sonnentages variiert jedoch aufgrund verschiedener Unregelmäßigkeiten und der Neigung der Erdachse, wodurch diese Berechnungen erschwert wurden.

11.

Markusplatz

DIE DREI FAHNENMASTEN AM MARKUSPLATZ

Symbole von Candia, Morea und Zypern

Heute läuft man oft achtlos an den Fahnenmasten vor dem Markusdom vorbei. Zur Zeit der Serenissima stellten die Mäste die drei von den Dogen eroberten Königtümer dar: Zypern, Candia (das heutige Iraklio) und Morea (der heutige Peloponnes).

Ab dem 12. Jahrhundert bezeichneten die Kreuzfahrer den Peloponnes wegen der vielen Maulbeerbäume als Morea (griechisch „Maulbeerbaum"). Außerdem glaubten sie, die Halbinsel habe die Form eines Maulbeerbaumblattes. „Peloponnes" leitet sich dagegen von Pelops, dem Namen des Sohnes des lydischen Königs Tantalos, ab. Heute ist Lydien eine Region der Türkei. 1715 eroberten die Osmanen die Morea und die letzten Kolonien der Serenissima auf Kreta zurück. Dennoch dauerte der Krieg bis 1718.

„Candia" leitet sich vom lateinischen *Candicus* (dt. „Graben") ab und war der ursprüngliche Name der wichtigsten Stadt auf Kreta, Heraklion. Im Mittelalter wurde die Bezeichnung sowohl für die Insel als auch für die Stadt verwendet. Candia war von 1204 bis 1648 unter venezianischer Herrschaft; Venedig beherrschte damals nur drei Städte auf Kreta: Gramvousa (fiel 1691), Spinalonga und Souda (fiel 1715).

Zypern war von 1489 bis 1571 unter venezianischer Herrschaft, nachdem die Venezianerin Katharina Cornaro 1468 den König von Zypern Jakob II. von Lusignan geheiratet hatte.

Im Ehevertrag stand, dass die Insel nach Jakobs Tod in den Besitz Katharinas übergehe. Deshalb soll Katharina nach der Geburt ihres ersten Sohnes einen Plan zur Vergiftung Jakobs ausgeheckt haben.

Heute wehen an den Fahnenmästen die venezianische, die italienische und die europäische Flagge.

ÄNDERUNG DER SYMBOLE STATT ABRISS

Zur Zeit Napoleons forderte ein gewisser Giuliani, die Fahnenmäste abzureißen, weil sie zum Symbol der Tyrannei geworden waren. Nach langen Diskussionen entschied man sich gegen den Abriss, stattdessen wurden die Masten offiziell zu Symbolen der Freiheit, der Tugend und der Gleichheit.

12.

Markusdom (vor dem Haupttor)

DIE PORPHYRRAUTE IM ATRIUM DES MARKUSDOMS

Der Ort des Kniefalls von Friedrich I. (1177)

Vor dem Haupttor in der Vorhalle des Markusdoms erinnert eine Porphyrraute an die Stelle, wo es am 24. Juli 1177 zum Kniefall Friedrich Barbarossas vor Papst Alexander III. kam, bevor er im Palazzo Ducale zur Audienz empfangen wurde. Friedrich I. erkannte mit seinem Kniefall Alexander III. als alleinigen Papst des Christentums an und verzichtete gleichzeitig auf das Recht, Bischöfe zu ernennen. Dies war eine große Demütigung für den Kaiser, der sich als Erbe der römischen Kaiser verstand und davon träumte, alle einst römischen Gebiete wieder in Besitz zu nehmen. Kurz nach Beginn des Pontifikats von Alexander III. (1159) ließ Friedrich Barbarossa Viktor IV. zum Gegenpapst* ernennen, und zwar mit Hilfe einer Gruppe von Kardinälen, die dem Kaiser freundlich gesinnt waren. Später sollten noch zwei weitere Gegenpäpste folgen: Paschalis III. und Kalixt III. Die großen katholischen Staaten (Frankreich, England, das Königreich Sizilien und die Königreiche der iberischen Halbinsel) setzten sich schon lange gegen die Macht des Heiligen Römischen Reichs deutscher Nation zur Wehr und zollten Alexander III. ihre Anerkennung. Dieser exkommunizierte Friedrich im Jahr 1160, was zum Krieg führte. Nach der Schlacht von Legnano im Jahr 1176 wurde Venedig zum Ort der Versöhnung zwischen dem geschlagenen Kaiser und dem Papst. Das Ereignis war von enormer Bedeutung, denn die Stadt wurde zum Vermittler zwischen den zwei Mächten und gewann auf diese Weise an Prestige. Nachdem man Barbarossa sowohl in Ravenna als auch in Chioggia abgewiesen hatte, musste er vor dem Treffen mit dem Papst vor dem Eingangstor des Markusdoms den von ihm ernannten Gegenpäpsten abschwören.

** Gegenpapst: unter besonderen Umständen gewählter Papst, neben dem es bereits einen kanonisch gewählten Papst gab. Die katholische Kirche erkannte die Gegenpäpste nicht an. Meistens wurden sie von Kaisern aus persönlichem Interessenschutz ernannt.*

DIE MYSTERIÖSE GLÜCKWUNSCHKARTE DES PRIESTERKÖNIGS JOHANNES

Nach dem Friedensabkommen schickte der sogenannte Priesterkönig Johannes einen Brief an den Papst und den Kaiser, mit dem er den beiden zum Friedensschluss gratulierte.

Wer genau dieser Johannes war, bleibt bis heute unklar. Einigen Quellen zufolge handelte es sich um einen Kaiser des Orients, der bei den Tempelrittern einen legendären Ruf genoss.

Demnach sollte er in einem geheimnisvollen Reich irgendwo in Asien herrschen, dort sowohl Papst als auch Kaiser sein und sogar von der Mutter Jesu gekrönt worden sein. Anscheinend wurde der Brief, der voller Gedanken zur Eintracht unter den Völkern und voller Reflexionen über die Heilige Jungfrau war, von den Tempelrittern selbst angefertigt.

Johannes war mitunter einer der Auslöser der portugiesischen Feldzüge, deren Ziel es war, die Muslime im Nahen Osten zwischen Westeuropa und Asien mit seiner Hilfe rücklings zu überfallen. Mehr Informationen dazu finden Sie im Reiseführer *Verborgenes Lissabon* (im selben Verlag).

WORAUF GEHT DER BEGRIFF *BUCENTAUR* ZURÜCK?

Der Tradition zufolge wollte der Papst Venedig für den Einsatz im Friedensprozess mit Friedrich I. belohnen und schenkte dem Dogen deshalb einen Ring. Er war es, der den Ring am Himmelfahrtstag zum ersten Mal in die Adria warf, um so die Vereinigung zwischen Venedig und dem Meer zu symbolisieren. Das vom Dogen zu diesem Anlass benutzte Boot wurde als *Bucentaur* bezeichnet, allerdings erst ab 1311, als die Tempelritter in Frankreich gerade ausgerottet wurden. Einige behaupten, der Begriff *Bucentaur* gehe auf ein mittelalterliches, mit mehreren Rudern versehenes Boot mit dem Namen *bucio* zurück, während die Endung -aur vom italienischen Wort *oro* („Gold“) komme und mit der goldenen Verzierung zusammenhänge. Andere glauben jedoch, es komme von Beaucéant, mit dem das Wappen des Templerordens bezeichnet wird. Denn 1177 war der Papst bei den Templern in Venedig zu Gast (s. S. 84), die dank ihrer großen Flotte und ihrer Besitztümer im Heiligen Land den Handel zwischen Venedig und Asien aufrechterhielten.

13.

Vorhalle des Markusdoms

DAS MOSAIK DES DODEKAEDERS

Das Dodekaeder und die kosmische Harmonie

Vor dem Haupttor des Markusdoms ist am Boden ein sternenförmiges Dodekaeder dargestellt, das auch im Chor zu sehen ist. Es wird dem bekannten florentinischen Maler Paolo Uccello (1397–1475) zugeschrieben, der in der Renaissance tätig war. Er wurde vermutlich vom Franziskaner und Mathematiker Luca Bartolomeo Pacioli (1445–1517) beeinflusst, der als Vater der modernen Buchführung gilt, auch wenn er beim Tod von Paolo Uccello erst 30 Jahre alt war. In der 1509 veröffentlichten Abhandlung *De Divina Proportione* beschreibt Pacioli hauptsächlich den Goldenen Schnitt und dessen Anwendungen in der Malerei und Architektur.

Verlängert man die Seiten des Dodekaeders bis zu ihren Schnittpunkten, entstehen pyramidenartige Formen, die ein sternenförmiges Dodekaeder ergeben, das aus zwölf Fünfecken besteht. Für die Weisen der Antike war das Fünfeck, aus dem das Pentagramm (oder fünfeckiger Stern) hervorging, das Symbol der Venus. Der Planet spielte in der Geschichte Venedigs eine große Rolle, weshalb er an dieser Stelle dargestellt wurde.

In der traditionellen Symbolik ist das Dodekaeder die Figur, die die Erscheinung Gottes in der Natur am besten darstellt. Bei Platon verkörpert es die kosmische Harmonie. Außerdem symbolisiert es die dreidimensionale Symmetrie des Fünfeckes und des Goldenen Schnitts – zwei Begriffe, die überall in der Welt der Physik zu finden sind.

Der Goldene Schnitt (1,618) wird von Kepler in seinem Werk *Mysterium Cosmographicum* als „ein kostbares Juwel" beschrieben und ist eine grundlegende Eigenschaft des Dodekaeders und aller anderen platonischen Körper. Diese fünf Körper zusammen stellen alle Formen der materiellen Welt dar (siehe folgende Doppelseite). Diese universellen Formen werden systematisch in geometrische Figuren geordnet, wobei jede eine eigene mathematische und philosophische Bedeutung hat, und dementsprechend in der religiösen Kunst und Architektur angewandt wird.

Auch unter der Ikonostase kann man einen Dodekaeder erkennen, wenn man vom Eingang der Pala d'oro Richtung Chor schaut.

DIE FÜNF REGELMÄSSIGEN KÖRPER UND DIE HEILIGE GEOMETRIE

Die Heilige Geometrie ist eine Weltanschauung, die die Hauptkriterien ihrer Existenz als heilig betrachtet. Die Grundlage dieser Kriterien ist zum Beispiel, dass man das *Magnum Mysterium*, den „Großen Plan" des Universums, deutet und dessen Regeln, Gesetze und wechselseitigen Verhältnisse der Formen erlernt. Laut der Theorie sind diese universellen Formen in einem geometrischen System geordnet, wobei es für jede Figur eine mathematische und philosophische Deutung gibt. Sie werden in der kirchlichen Kunst und Architektur verwendet, die sich immer auf die „göttlichen" Proportionen stützt, wo der Mensch das Universum widerspiegeln kann und umgekehrt. Solche Proportionen sind auch in der Musik, im Licht und in der Kosmologie zu finden. Schon in der Urgeschichte, in der Megalith- und jungsteinzeitlichen Kultur, entdeckte der Mensch dieses Wertesystem und betrachtete es als universelles Element, das der Natur des Menschen eigen ist. Die Heilige Geometrie ist für die Errichtung von Sakralbauten von fundamentaler Bedeutung und spiegelt sich oft auch in Altären und Tabernakeln wider. Als Vermächtnis der griechischen und ägyptischen Kultur kam sie ins antike Rom und beeinflusste den Bau von romanischen und gotischen Basiliken bis ins europäische Mittelalter durch die Vereinigung geometrischer Prinzipien und kirchlicher Symbole.

Man sagt, es sei Pythagoras gewesen (geb. um 570 v. Chr. in Samos, gest. um 497 v. Chr. in Metapont in Süditalien), der die Heilige Geometrie in seiner Schule im heute in Italien liegenden Crotone (früher Griechenland) begründet hat, und zwar dank der in Ägypten und Indien erworbenen Kenntnisse, die er in sein Heimatland gebracht hatte. Durch Anwendung des Goldenen Schnitts (1,618) auf die fünf Grundkörper der Geometrie hat Pythagoras die mathematische Methode der pythagoreischen Geometrie begründet. Um die fünf Grundkörper (Tetraeder oder Pyramide, Hexaeder, Oktaeder, Dodekaeder und Ikosaeder – Platon hatte sich darüber dermaßen den Kopf zerbrochen, dass man sie noch heute Platonische Körper nennt) zu finden, hat sich Pythagoras vom Mythos des Spielzeugs vom göttlichen Kind Dionysos inspirieren lassen: Es bestand aus Korb, Würfel, Kreisel, Kugel und Spiegel. In kosmischer Hinsicht symbolisiert der Korb das Universum. Die Würfel symbolisieren die fünf platonischen Körper, die die Grundelemente (Äther, Luft, Feuer, Wasser und Erde) verkörpern. Der Kreisel symbolisiert das Atom der Materie. Die Kugel verkörpert die Erdkugel. Der Spiegel stellt schließlich das ganze Werk des „Großen Geometers" (Dionysos) dar.

Jeder der fünf Körper repräsentiert auch eine planetarische Kraft, die sich dank ihrer Gestalt mit einem der Grundelemente in Verbindung setzt. Das Dodekaeder ist traditionsgemäß mit Venus und der natürlichen Quintessenz (Äther) verbunden und wird in der Kuppel dargestellt; das Oktaeder ist mit Saturn und der Luft verbunden und wird im Querschiff dargestellt; das Tetraeder ist mit Mars und dem Feuer verbunden und wird durch Schlitze symbolisiert, die als Lichtquellen dienen; das Ikosaeder ist mit dem Mond und Wasser verbunden und entscheidet über die Harmonie der Formen; das Hexaeder schließlich verbindet die Sonne mit der Erde und verkörpert so das irdische Element, das den Grundriss des Baus bestimmt.

Der Hauptzweck der Heiligen Geometrie ist es, die universelle Perfektion durch perfekte mathematische Formen und Berechnungen wiederzugeben und die Vielfältigkeit durch die kirchliche Architektur mit der Einzigkeit zu verbinden, und zwar in geometrisch dazu bestimmten Räumen.

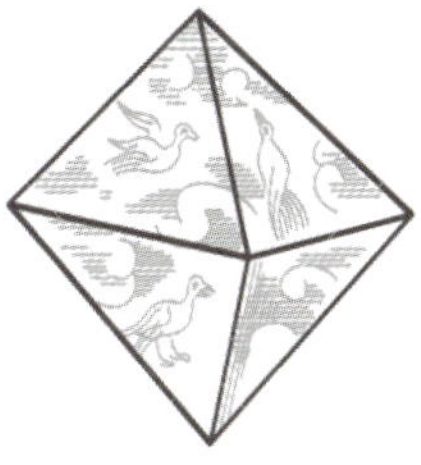

OKTAEDER
Luft

WÜRFEL
Erde

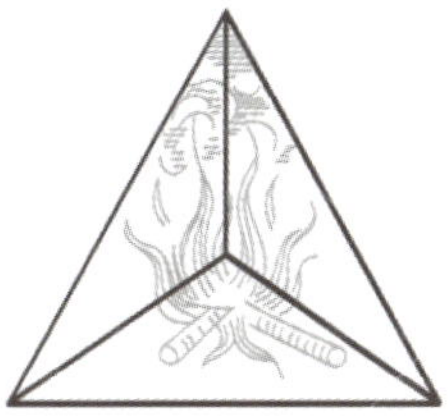

TETRAEDER
Feuer

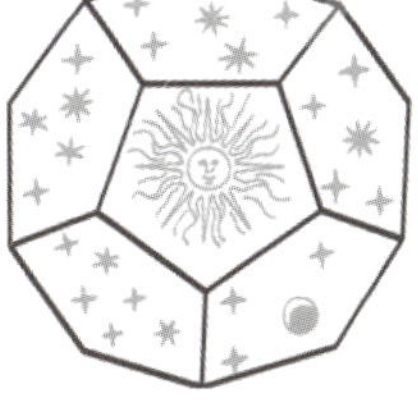

DODEKAEDER
Quintessenz

IKOSAEDER
Wasser

14.

Markusdom

DAS NASHORNMOSAIK

Ein Nashorn in der Basilika

Dank der langen Geschichte des Markusdoms befinden sich an den Wänden der Basilika wundervolle und oft besondere Darstellungen. Links vom Seiteneingang, gegenüber der Isidor-Kapelle, ist ein ungewöhnliches Mosaik zu erkennen, das ein Nashorn darstellt und über dessen Ursprung sich die Fachleute streiten. Manche führen es – wie die meisten Mosaike der Basilika – auf das 13. Jahrhundert zurück, andere auf das 15., 16. oder 18. und einige sogar auf das 20. Jahrhundert. Obwohl Plinius der Ältere, Strabon, Solinus und Isidor von Sevilla schon davon berichtet hatten, bekam man das erste Nashorn der Neuzeit in Westeuropa erst im Jahr 1515 zu sehen. Damals schenkte der Sultan von Cambay (im heutigen Bundesstaat Gujarat in Indien) dem König von Portugal Manuel I. ein Exemplar. In Lissabon wurde sogar ein Kampf zwischen einem Nashorn und einem Elefanten organisiert. Die sofortige Flucht des Elefanten bestätigte die Aussage antiker Werke, das Nashorn sei das einzige Tier, das einen Elefanten in die Flucht schlagen könne. Später wurde es an Papst Leo X. geschickt und erregte eine solche Neugierde, dass Franz I. von Frankreich während einer Fahrt nach Marseille dem Papst einen Besuch abstattete, um das Nashorn zu bestaunen. Das Tier starb während eines Seesturms, worauf es laut einiger Quellen präpariert und dem ursprünglich Beschenkten zurückgegeben wurde. Im selben Jahr (1515) realisierte Albrecht Dürer den bekannten Holzschnitt *Rhinocerus*. In Venedig bekam man das erste Nashorn 1751 anlässlich einer von seinem Besitzer, einem gewissen Douwe Mout van der Meer, organisierten Besichtigung zu Gesicht. Mit dem Spitznamen „Clara“ wurde es zu einer der Faschingsattraktionen und von Pietro Longhi in einem Gemälde verewigt.

Einige sehen in dem Baum hinter dem Nashorn das Symbol der Stärke, andere halten das Tier für einen Talisman gegen Krankheiten.

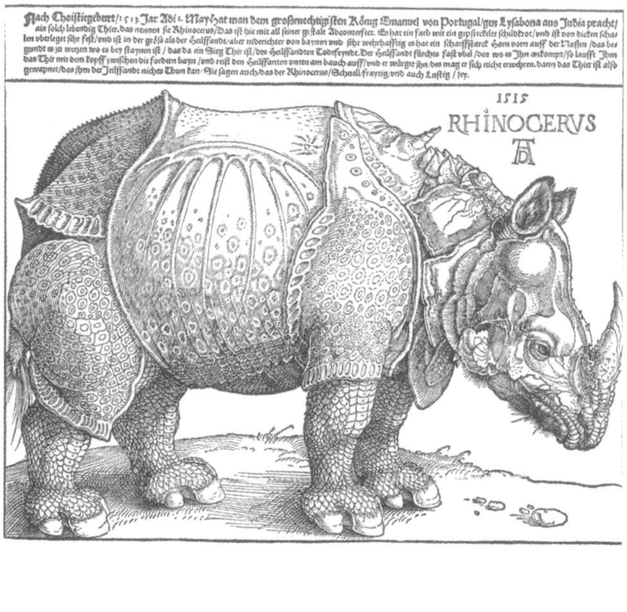

15.

Markusdom

DER STEIN DES HERZENS DES DOGEN FRANCESCO ERIZZO

Ein Dogenherz in der Basilika

Ganz in der Nähe der Pala d'oro in Richtung Ausgang trifft man auf einen besonderen Stein, auf dem ein Herz und eine Dogenmütze zu erkennen sind. Der Stein weist darauf hin, dass hier das Herz des Dogen Francesco Erizzo (1566–1646 – von 1631 bis 1646 im Amt) auf eigenen testamentarischen Wunsch hin begraben ist. Der Leichnam befindet sich hingegen in der Kirche San Martino di Castello, in der Nähe seines Geburtsortes. Das schwarze Bild unter der Dogenmütze stellt einen Igel (ital. *riccio*) dar, der die Adelsfamilie Erizzo symbolisiert. Grund dafür ist die Ähnlichkeit des italienischen Wortes *riccio* mit dem Familiennamen Erizzo.

WAS VERSTEHT MAN UNTER BASILIKA?

In der Zeit des Römischen Reiches war die Basilika der Ort der königlichen Rechtsprechung (von gr. *basileus* = „König"). Nach dem Mailänder Edikt (313 n. Chr.) mussten die Christen nicht länger im Untergrund leben; als Geschenk für den Papst ließ Kaiser Konstantin I. in Rom vier Basiliken erbauen, die sogenannten Patriarchalbasiliken. Es handelt sich um den Petersdom, wo Apostel Simon Petrus als Märtyrer gestorben sein soll; Sankt Paul vor den Mauern, wo Apostel Paulus sein Martyrium erlitten haben soll; Santa Maria Maggiore, die erste Kirche des Christentums, die der Heiligen Jungfrau geweiht wurde; und den Lateran, der Johannes, dem Lieblingsjünger Jesu, geweiht wurde. Die übrigen Basiliken sowohl in Rom als auch auf der Welt werden als *basilicae minores* bezeichnet: Sie befinden sich unter dem Schutz des Heiligen Stuhls und sind mit einer der vier Patriarchalbasiliken verbunden.

GEHEIMTIPP: WIE MAN BEI DER BESICHTIGUNG DIE TOURISTEN UMGEHT

Nach der offiziellen Schließung um 17 Uhr ist die Basilika nur den Gläubigen zugänglich. Der Eingang befindet sich an der Nordseite. Um 17:30 Uhr im Winter und um 18 Uhr im Sommer kann man so der Vesper beiwohnen. Das Gleiche gilt für die Messe um 18:45 Uhr und den Rosenkranz um 18:30 Uhr. Da der Zutritt nur für Gottesdienstbesucher erlaubt ist, sollte man auf keinen Fall mit Fotoapparat anrücken. Aus demselben Grunde sollte man sich auch hinsetzen und unnötiges Herumlaufen vermeiden. Außerdem ist es unratsam, zu spät zu kommen oder früher wegzugehen. Die Alternative dazu ist eine offizielle und etwas teurere, private Nachtbesichtigung der Basilika (ca. 400 € für bis zu 50 Teilnehmer; Reservierung: Tel. 041 270 2424 oder 041 270 8334). Mit inbegriffen ist auch die Besichtigung der Krypta.

DIE VERGESSENE SYMBOLIK DES NAMENS „VENEDIG" – WARUM DIE SERENISSIMA AUF DER SUCHE DER RELIQUIEN DES HEILIGEN MARKUS IST

Die Anfänge der Stadt Venedig gehen auf das biblische Volk der Veneter zurück. Nach dem römisch-jüdischen Historiker Flavius Josephus (37–100 n. Chr.) gingen die Veneter aus den Paphlagoniern hervor, einem in Kleinasien ansässigen Volk. Der Stammvater der Paphlagonier war Riphath, Sohn von Gomer, Enkel von Japhet und Enkel des Patriarchen Noah. Auch der Epiker Homer schrieb, dass die Veneter in Paphlagonien sesshaft waren. Die Veneter waren ein kriegerisches, wissensdurstiges Volk, in dessen Weltanschauung die Religion die Hauptrolle spielte. Ihre Hauptgottheit war Reitia, die im griechischen und römischen Pantheon Hera bzw. Juno entspricht. Die Paphlagonier nannten den Planet Venus Reitia, die „Aufrichtige, Gerechte und Adelige". Deshalb wurden die Veneter bei den Römern und den Hunnen mit der gleichen Etymologie bedacht wie Reitia. Allerdings kamen noch die Beinamen Splendida („Herrliche") und Serenissima („Heiterste") hinzu. Serenissima entspricht der autonomen Regierungsweise von Venedig weit vor der Römerzeit und verweist damit auf den Einfluss der Urmuttergottheit. *Veneto* (italienisch für Venetien), auch *Heneto*, kommt vom lateinischem *Uenus*, Venus. In diesem Namen sind zwei sumerische Wörter zu erkennen, nämlich *W* und *Anu*, „Tochter" und „Himmel". Venus ist demnach die Tochter des Himmels, da sie die Eigenschaft hat, vor der Morgendämmerung und nach dem Sonnenuntergang sichtbar zu sein. In der Mythologie der Antike war Venus nicht nur die Göttin des Abends, die Liebe und Lust begünstigt (diese beiden Themen sollten in der Geschichte Venedigs zu Leitmotiven werden). Sie war auch die Göttin der Morgenröte, die den Kriegs- und Eroberungsaktionen beiwohnt. Die Veneter waren nämlich ein kriegerisches Volk, wie der Gott Ares bzw. Mars. Die Legende sagt, dass die Stadt am 25. März 421 n. Chr. unter diesem Zeichen gegründet wurde. Die Tagundnachtgleiche stand bevor: Von jenem Tag an steht die Sonne im Widder und Mars. Venus war die Tochter des Mondes und die Schwester der Sonne; ihre Mutter war die Herrscherin über die Unterwelt, das Wasser der Lagune und des darin lebenden Krokodils. Dieses verkörpert die Götter der Unterwelt, der Nacht, der Geheimnisse oder des Verborgenen. Venus ist am Tag sowohl im Osten als auch im Westen zu sehen und ist deshalb ein wichtiges Symbol für Tod und Wiedergeburt. Die Totenmaske, die in der Antike auf das Gesicht des Toten gelegt wurde, nimmt dieses Thema wieder auf. In Venedig hat diese Tradition im Karneval überlebt, wobei die Feierlichkeit einen bitteren Beigeschmack hat. Nicht zufällig hat Venedig sich Mühe gegeben, die Reliquien des heiligen Markus zu finden. Der Name Markus hat indoeuropäische Wurzeln: *Makara* – das heißt Krokodil. Heutzutage wird der Schutzheilige von Venedig am 25. April gefeiert, wenn die Sonne (von einem Löwen symbolisiert) ins Sternbild Stier tritt, das von Venus gestützt wird.

DIE VERLORENGEGANGENE SYMBOLIK DES KARNEVALS UND DIE VERRÄTERISCHEN MASKEN DER WAHRHEIT

Im Laufe des Lebens ist der Mensch ständig hin- und hergerissen zwischen einem besseren und geistigeren Leben und seinen niedrigen Instinkten.

Der Ochse und der Esel, die neben Jesus in der Krippe standen, verkörpern die Kraft des Guten (der Ochse) beziehungsweise des Bösen (der Esel) und nehmen bei der Kreuzigung Jesu die Gestalt der zwei Schächer an.

Es sei auch darauf hingewiesen, dass Jesus bei seinem Einzug in Jerusalem auf dem Rücken eines Esels reitet, was als Sieg über die Macht des Bösen zu verstehen ist.

Dies ist auch der Sinn des Karnevals, der im ständigen Kampf zwischen Gut und Böse die Macht des Bösen kanalisiert und sie so für kurze Zeit und in einem festgesetzten Kontext sichtbar macht. Deshalb sind die Masken oft sehr hässlich, denn sie verkörpern ja die niedrigen Instinkte.

Dieser Auffassung nach verstecken wir uns nicht hinter der Maske, sondern geben in Wirklichkeit unsere wahre Identität der unheilvollsten Mächte preis, die in uns wohnen. Im 18. Jahrhundert dauerte der Karneval in Venedig mehrere Monate, wodurch der Kern des Festes verloren ging.

Auch hier wird die Dekadenz der Stadt vor dem Ende der Republik sichtbar.

16.

Ponte della Paglia

DER ALTAR DER MADONNA DEI GONDOLIERI

Die verborgene Segnung der Gondolieri

An der südwestlichen Arkade der Ponte della Paglia („Strohbrücke") befindet sich auf der Seite der Piazzetta San Marco und gegenüber dem gleichnamigen Becken ein Altar aus istrischem Stein, der einst der Bruderschaft der Gondolieri gehörte.

In der Nische aus dem Jahr 1573 verbirgt sich eine Marienstatue mit gefalteten Händen, umhüllt von einem weiten Mantel, zu deren Füßen das Jesuskind sitzt und seinen linken Arm in Richtung seiner Mutter hebt. Im kleinen Tympanon des Altars steht eine Büste von Gott dem Vater, die rechte Hand zum Segen erhoben, während im unteren Teil, zwischen zwei Gondeln mit *felze* („Verdeck"), eine Gedenkinschrift zu lesen ist.

Der *stazio* (der Bereich, von dem die Gondeln abfuhren) lag in unmittelbarer Nähe des Ponte della Paglia, dessen Name auf den Umstand zurückzuführen ist, dass die Boote, mit denen Stroh und Heu befördert wurde, nicht weit von hier vertäut waren. Die erste Brücke war aus Holz und wurde um das Jahr 1100 errichtet. 1360 wurde sie aus istrischem Stein wieder aufgebaut und 1847 schließlich vollständig neu errichtet und vergrößert. Zu ihren Füßen befanden sich kleine Holzhäuser (die Schilderhäuschen): eines auf Seiten der Gefängnisse, das andere neben dem Dogenpalast. Diese dienten als Stützpunkt der Soldaten, die alle Überquerenden kontrollierten, den Handel überwachten und die staatliche Abgabe für das Entladen des Strohs einzogen, welches für das Leben in der Stadt unabkömmlich war. Neben den Schilderhäuschen wurden vor den Gefängnissen die Leichen Ertrunkener zur Identifikation aufgereiht.

17.

Piazzetta San Marco

DIE GESCHICHTE DER KAPITELLE DES DOGENPALASTES

Das steinerne Buch des Dogenpalastes

Der Dogenpalast war das Regierungszentrum und zugleich das Symbol der Größe und Macht der Republik. Der Palast ist mit 600 Kapitellen geschmückt, die die Geschichte der Schöpfung darstellen und dabei durch Allegorien und moralische Lektionen, Geschichten und Mythen, Heiliges und Profanes die Erhabenheit Gottes widerspiegeln. Quellen sind biblische Texte und die Schrift *Tetrabiblos* (*Previsioni Astrologiche*) von Claudius Ptolemäus, die dazu einladen, die Weisheit, die Gerechtigkeit und das Gebet zu suchen, um das Heil zu erreichen. Die Außenskulpturen wurden von 1340 bis 1355 von einer Arbeiterschaft unter der Oberaufsicht der zwei Protomagister Pietro Baseggio und Henricus Tajapiera geschaffen. Anders als die Chronisten der Renaissance weisen jüngste Forschungsergebnisse darauf hin, dass diese Werke nicht dem Bildhauer Filippo Calendario zuzuschreiben sind. Dennoch wird Calendario in Dokumenten aus dem 14. Jahrhundert erwähnt, da er Steine für den Bau des Palastes lieferte und als Teilnehmer an der Verschwörung von Marin Faliero festgenommen und zum Tode verurteilt wurde.

Die Eckkapitelle

Die biblischen Eckskulpturen (*Der Sündenfall von Adam und Eva, Die Trunkenheit Noahs* und *Das Urteil Salomons*) sind größer als die anderen, weil diese in der Erzählung eine wichtige Rolle spielen und die politische Richtung der Republik betonen, die sich auf den christlichen Glaube stützte. Die Kapitelle waren als steinernes Buch konzipiert, das von links nach rechts zu lesen ist. Die Geschichte fängt mit dem südwestlichen Kapitell (d. h. der *Erschaffung Adams*, dem wichtigsten Kapitell des Palastes) an und endet mit dem südöstlichen Kapitell (der Geschichte Noahs). Neben den zwei Säulen der Piazzetta San Marco finden sich an der südwestlichen Ecke die Erschaffung Adams, der Sündenfall und der Erzengel Michael, der den Eingang zum Garten Eden bewacht. Diese Figuren stellen die Menschheitsgeschichte dar. Der Erzengel bewacht den danebenliegenden Versammlungssaal (Sala del Maggior Consiglio), in dem man das Gemälde *Paradiso* („Paradies") von Tintoretto bewundern kann. Der Versammlungssaal war das Zentrum der Macht – der Ort, wo die Patrizier die Ehre hatten, sich der Weisheit und den in den Kapitellen dargestellten Eigenschaften zu widmen. Die Hochreliefs neben der südöstlich liegenden Seufzerbrücke (Ponte dei sospiri) stellen die Trunkenheit Noahs, den Spott seines Sohnes Ham, die Besorgnis der anderen Kinder und den Erzengel Raphael, den Patron der jungen Leute und weisen Ratgeber von Tobias, mit dem er abgebildet ist, dar und drücken die Kindesliebe und die Hoffnung auf die Auferstehung aus. Neben der nordwestlichen Porta della Carta wird vom Urteil des weisen Salomons und dem Erzengel Gabriel das Kommen des Messias angekündigt, der die Frohe Botschaft verkündigen wird. Diese eckige Skulptur, die Bartolomeo Bon zugeschrieben wird, geht auf das Jahr 1435 zurück.

Die 13 Kapitelle des Bogengangs

Die Kapitelle des Bogengangs sind gemäß der Vorlage des Dogenpalastes nummeriert, damit Sie die Kapitelle auch im Museo dell'Opera wiederfinden können.

Der Besuch beginnt mit dem Kapitell Nr. 1 der Statuengruppe *Das Urteil Salomons* neben der Porta della Carta und endet mit dem Kapitell Nr. 36 bei der Brücke Ponte della Paglia.

– **Vögel und ihre Beute (35).** Laut Claudius Ptolemäus sind die sehr fein gearbeiteten Vögel von der Symbolik des Sonnenwendepunkts und der Tagundnachtgleiche beeinflusst. Ein Vogel frisst einen Fisch, ein Storch verschlingt eine Schlange und ein Ibis putzt sich mit geneigtem Kopf sein Gefieder.

– **Das römische Volk (34).** Diese Darstellung, die als *die Familie des Kreuzritters* allgemein bekannt ist, zeigt den Kopf eines Soldaten und andere weibliche und männliche Figuren verschiedenen Alters. Nach der von Ptolemäus beschriebenen Universellen Astrologie glaubte man im Mittelalter, dass die Planeten und die Sternzeichen Auswirkungen auf die Eigenschaften der verschiedenen Völker haben.

– **Könige und Kaiser (32).** Dieses Hochrelief stellt eine Reihe von Königen dar – vom weisen Nebukadnezar, dessen Lilienzepter die auf der Reinheit des Geistes basierende „Gute Regierung" symbolisiert, bis zum römischen Kaiser Trajan, dessen Schwert die Gerechtigkeit und die militärische Macht verkörpert. Damals erklärten die von Jupiter beherrschten Sternkonjunktionen die Entstehung, den Aufstieg und das Ende der Königreiche.

– **Römische Frauen (31).** Das Kapitell der römischen Frauen im römischen Stil zeigt schöne Frauenhäupter, die nach Alter und Zensus frisiert sind. Die Szene wird von Jupiter und Mars beherrscht.

– **Die Todsünden (27).** Die sieben Todsünden und die Eitelkeit werden durch wirksame Allegorien und lateinische Inschriften dargestellt. Die Wollust ist eine junge Frau mit einem Perlendiadem, die ihren Busen freimacht und sich im Spiegel betrachtet. Ein Krieger, der den gehörnten Helm Satans und einen mit einem funkelnden Drachen geschmückten Schild trägt, verkörpert den Hochmut. Darauf folgt die Völlerei, die sich betrinkt und in eine Keule beißt. Der Zorn reißt sich mit im Wind wehenden Haaren die Kleider vom Leib, während der Geiz von einer alten Frau verkörpert wird, die sich an zwei Beutel klammert. Die Faulheit wird von der Apathie beherrscht, die sie mit der Zeit umbringt (dargestellt durch die Zweige eines Baums ohne Blätter, die sie umschlingen). Die von Blumen umgebene Eitelkeit, die emblematisch mit der Wollust verbunden ist, wird wütend vom Neid beobachtet. Begleitet wird der durch eine alte Frau verkörperte Neid von teuflischen Tieren (einem Drachen und zwei Schlangen, die sich um Oberkörper und Kopf schlingen).

– **Die Völker der Erde (21).** Die wirklichkeitsgetreue Darstellung der Völker der Erde stützt sich auf die Astrologie. Zu sehen ist ein maurischer Mann mit Turban, ein tartareischer Mann mit Plattnase und ein alter Mann. Letzterer trägt eine mit zwei kleinen Markuslöwen *in moeca* (in Frontansicht) geschmückte Mütze und stellt wahrscheinlich eines der von Venedig beherrschten Völker dar.

– **Die freien, von Salomon und den sieben Weisen verkörperten Künste (20).** Die sieben Weisen in nachdenklicher Haltung und im Schneidersitz verkörpern die freien Künste des Triviums (Priscian für die Grammatik, Aristoteles für die Dialektik, Tullius Cicero für die Rhetorik) und des Quadriviums (Pythagoras für die Arithmetik, Euklid für die Geometrie, Tubalkain, nach der mittelalterlichen Tradition der Erfinder der Musik, Claudius Ptolemäus, der Autor der Schrift *Tetrabiblos*, für die Astronomie). Allen voran ist Salomon als Lehrer der Weisen und Symbol der höheren göttlichen Weisheit. Dieses Kapitell will alle daran erinnern, dass die menschlichen Wissenschaften aus der göttlichen Wissenschaft stammen, und betont die Wichtigkeit der „Guten Regierung", die die Tür des Himmels öffnen und nur durch die Kenntnis der Gesetze des Universums erreicht werden kann.

– **Die Planeten und ihre Lage (19).** Das Kapitell der Erschaffung Adams ist der erzählerische Ausgangspunkt, von dem aus sich die Geschichten der zwei Seiten des Dogenpalastes entwickeln. Es wurde vom englischen Kritiker John Ruskin zu „dem schönsten Kapitell Europas" erklärt und verweist auf das 1. Buch Mose und die griechische Mythologie. Das Hochrelief stellt die sieben Planeten, die zwölf Sternzeichen und die verschiedenen Lebensperioden dar. An der Seite 1 wird Adam in Kindergestalt von Gott geformt. An der Seite 2 sitzt ein alter und bärtiger Saturn auf dem Steinbock. Er trägt den Krug des Wassermannes und hat Löcher in den Schuhen (der Planet verkörpert nämlich die Armut, die Alterssorgen, die Gefangenschaft und die

Not). An der Seite 3 befindet sich Jupiter zwischen dem Fisch und dem Schützen, der vom Zentauren Cheiron, dem Erzieher von Achilles und Jason, verkörpert wird. An der Seite 4 ist Mars zwischen dem Widder und dem Skorpion zu sehen. Er ist ein Krieger, der ein Schwert und ein Schild trägt, das mit auf dem Wasser brennenden Flammen geschmückt ist. Dieses alchemistische Symbol weist auf die Inschrift des Banners „*Sono di ferro*" („Ich bin aus Eisen") hin. An der Seite 5 sieht man den jungen Phöbus, dessen Kopf Licht ausstrahlt. Er sitzt auf einem Löwen und stützt die Sonne, während (an der Seite 6) Venus, der Morgen- und Abendstern, die Waage stützt, die auf dem Stier reitet und sich im Spiegel betrachtet. An der Seite 7 geht ein feierlicher, zwischen der Jungfrau und den Zwillingen stehender Merkur einer jungen Frau voran, deren Haare im Wind wehen und die sich in einem Boot befindet. Sie verkörpert den Mond, der die Kindheit, die Winde und die Gezeiten beeinflusst. Diese Mondgöttin Selen ist an der Seite 8 zu sehen, während sie den Mond stützt und den Krebs berührt.

– **Die Heiligen und die Schutzpatrone der Steinmetze (18).** Um der Bruderschaft Tajapiera Ehre zu erweisen, wurden die christlichen Märtyrer Claudius, Sempronianus, Simplicius, Castorius und Nikostratus – jetzt Schutzpatrone der Steinmetze – in dieses Kapitell gemeißelt. Unter ihren Figuren befinden sich auch andere, wie z. B. „der Optimus", „der Tatarus" mit mandelförmigen Augen und Plattnase und „der Ungläubige", der einen Turban und einen Kaftan trägt.

– **Tiere mit ihrer Beute (17).** Diese Darstellung zeigt mehrere Tiere – einen Löwen, einen Wolf, einen Fuchs, einen Greif (das einzige mythologische Tier), ein Wildschwein, einen Hund, eine Katze und einen Bären. Unter jedem Kopf ist ein anderer Zweig zu erkennen, was die Verbindung zwischen der Tierwelt und dem Pflanzenreich ausdrückt.

– **Handwerke (16).** Unter den wenigen dargestellten Handwerken, die als praktische Künste (*artes mechanicae*) bezeichnet wurden, sind der Schmied und der Schuster zu finden. Als Handarbeit wurden auch der Beruf des Notars (er benutzt sein Gedächtnis und seine Intelligenz) und der Beruf des Goldschmieds betrachtet (eine „edle Tätigkeit" aufgrund der Kostbarkeit der Rohstoffe). Zu sehen sind auch andere Personen aus der Landwirtschaft: Bauer, Steinmetz, Tischler und eine Person, die Getreide und Hülsenfruchte wiegt. Der berufliche Status ist an der Kopfbedeckung zu erkennen. Der Lehrer, der Goldschmied, der Notar und der Steinmetz tragen einen großen und auffälligen Hut; die „Gehaltsempfänger", wie der Schmied und der Tischler, tragen eine Haube; die Gesellen, wie der Schuster, tragen hingegen gar nichts auf dem Kopf.

– **Monate (12).** Das astrologische Jahr, das entgegen dem Uhrzeigersinn zu lesen ist, und auch der venezianische Kalender beginnen im März. Dieser windige Frühlingsmonat des Widders wird von einem Doppelhornspieler verkörpert. Danach kommen April und Mai, die von Venus beherrscht werden und mit Blumen umgeben sind. April hält einen kleinen Stier (Sternzeichen) auf seinen Knien, während der zweite eine Rose in der Hand hält. Juni lässt die Kirschen reifen, Juli mäht das Korn und August bereitet den Bottich für die Weinlese vor. September, der wie Bacchus mit Reblingen und Trauben geschmückt ist, keltert die Trauben. Das Korn wird von Oktober und November gedroschen, deren Darstellungen beschädigt sind. Dezember schlachtet das Schwein und der alte und haarige Januar wärmt sich am Feuer. Er muss sich zwischen dem alten und dem neuen Jahr aufteilen und ist deshalb doppelgesichtig (drei Augen und zwei Nasen). Februar brät den Fisch (Sternzeichen) auf offenem Feuer.

– **Die Früchte (10).** In der Schrift *Tetrabiblos* von Claudius Ptolemäus wird erklärt, wie die verschiedenen Planeten die Erde, die Zeit, die Jahreszeiten, die Fruchtbarkeit der Tiere und Pflanzen, die Wasserläufe und die Winde beeinflussen können. Insbesondere wirken sich die Sonnenwenden und die Tagundnachtgleichen auf die Witterungsverhältnisse, die Jahreszeiten und auf deren Früchte aus. Das Kapitell zeigt Körbe, die je nach Jahreszeit voller Kirschen, Birnen, Gurken, Pfirsiche, Kürbisse, Feigen und Trauben sind.

Am Ende des 19. Jahrhunderts wurden die 42 Kapitelle (13 im Außenbogengang und 29 in der Loggia) bei den Restaurationsarbeiten durch Kopien ersetzt. Die echten Kapitelle kann man heute aus nächster Nähe in den sechs Sälen des Museo dell'Opera des Dogenpalastes bewundern.

18.

Dogenpalast
Markusplatz

DIE ROSA SÄULEN DES DOGENPALASTES

Weshalb sind zwei Säulen des Dogenpalastes rosa?

Zwei Säulen der obersten Loggia des Dogenpalastes sind rosa, während alle anderen weiß sind. Der Sage nach war der Platz zwischen den zwei Säulen bei offiziellen Anlässen für den Dogen reserviert, und außerdem wurden von hier auch die Todesurteile verkündet. Das Rosa der Säulen soll also an das Blut der Verurteilten erinnern.
Oftmals war es so, dass das Schafott zwischen den zwei Säulen der Piazzetta San Marco gegenüber dem Uhrenturm stand. Sobald der Verurteilte auf das Schafott geführt wurde, konnte er so die exakte Zeit seines Ablebens ermessen.
Der Glockenturm von San Marco wurde manchmal auch als Folterstelle verwendet. Dazu wurde ein Käfig (venez. *cheba*) auf halber Höhe am Turm befestigt, in den die Verurteilten gesperrt wurden.

DIE BRENNENDEN LICHTER DES DOGENPALASTES

An der Südwestseite des Dogenpalastes kann man nachts zwei kleine Lichter sehen, die immer brennen. Sie erinnern an einen der wenigen Justizirrtümer der Serenissima: Als Piero Tasca an einem Wintermorgen auf dem Weg zu seinem Laden war, stieß er mit seinem Fuß an einen Gegenstand. Er bückte sich und erkannte die Scheide eines Dolches, der einen wenige Meter daneben liegenden Mann tödlich verletzt hatte. Als er wegen Mordes angeklagt und gefoltert wurde, gestand er das Verbrechen, das er nicht begangen hatte, und wurde am 22. März 1507 vor dem Markusdom zum Tode verurteilt. Der wahre Täter wurde einige Zeit später gefasst.

SANTA CROCE

01. DIE SÄULE DER EHEMALIGEN KIRCHE SANTA CROCE *S. 62*

02. GARTEN DES PALAZZO SORANZO CAPPELLO *S. 64*

03. DAS HOCHRELIEF VON JOHANNES DEM TÄUFER *S. 66*

04. DIE SPUREN DES CASINO TRON *S. 68*

05. DAS WUNDER DER JUNGFRAU IN DER KIRCHE SAN GIACOMO DELL'ORIO *S. 70*

01.

Fondamenta del Monastero,
an der Ecke der Fondamenta di Santa Croce

DIE SÄULE DER EHEMALIGEN KIRCHE SANTA CROCE

War dies der Ort, an dem Verbrechern die Hände abgetrennt wurden?

Am Fuße der Brücke von Santa Croce, am Canal Grande zwischen den Papadopoli-Gärten und dem Rio dei Tolentini, ist in der Ecke eine antike Säule eingelassen, die man leicht übersieht.

Es ist das Einzige, was noch von der Kirche Santa Croce und dem Kloster übrigblieb, nachdem sie zu Beginn des 19. Jahrhunderts zerstört wurde. Die ersten Spuren der Kirche gehen vermutlich bis ins 9. Jahrhundert zurück. Im 12. Jahrhundert wurde die Kirche an die Benediktiner abgetreten, die ein Kloster erbauen und die Kirche erneuern ließen. 1470 ging das Kloster an die Klarissen (Franziskanerinnen) über. Am Ende des 16. Jahrhunderts wurde die Kirche nochmals erneuert und am Anfang des 19. Jahrhunderts, wie bereits erwähnt, zerstört.

Viel wurde über die Säule diskutiert. Die Ähnlichkeit der Inschriften des Kapitells mit denen an der Säule an der Vorderseite des Baptisteriums des Markusdoms (sie soll 1256 nach Venedig gebracht worden sein) lässt vermuten, dass sie ähnlichen Ursprungs sind, auch wenn einige davon ausgehen, dass die erste Säule wohl eher vom Grabmal des Dogen Domenico Morosini oder vom Dogen Orio Mastropiero (Malipiero) stammt, die beide in der Kirche Santa Croce beerdigt sind.

Einige Quellen behaupten, das Kapitell sei aus dem Kaukasus oder aus Tikhil (siehe folgende Doppelseite).

Historiker gehen davon aus, dass die Verbrecher vor dem Vollzug der Todesstrafe genau vor dieser Säule gefoltert und ihnen die Hände abgetrennt wurden.

02.

Fondamenta Rio Marin

GARTEN DES PALAZZO SORANZO CAPPELLO

Ein romantischer Geheimgarten

Der Garten Palazzo Soranzo Cappello gilt als einer der schönsten Venedigs. Er liegt hinter dem Palazzo versteckt, in dem sich die Abteilung für alte Architektur des Kultusministeriums der Provinzen Venedig, Belluno, Padua und Treviso befindet. Während der Bürozeiten kommt man durch die Gartentür in den Innenhof, von dem aus man den Garten kostenlos besichtigen kann. Man sollte sich diskret und anständig verhalten und den Garten als historische Stätte betrachten. Der Garten besteht aus zwei Hauptteilen. Der erste liegt gegenüber dem Palazzo und beherbergt in einem Hof die Statuen von Julius Caesar und der ersten elf römischen Kaiser. Sie machen den Reichtum der Familie Soranzo deutlich, die den Palazzo im 17. Jahrhundert erbauen ließ. Am Ende des Gartens befindet sich ein Pavillon mit acht Säulen, auf dessen Spitze sich allegorische Statuen befinden. Rechts, im übrigen Teil des großen Gartens, befinden sich eine Laube und eine Wiese mit Obstbäumen. Nach dem Verkauf des Palazzo wurde der Garten vom Ministerium für Kultur- und Landschaftsgüter auf der Grundlage einer Darstellung von Vincenzo Coronelli (1709) restauriert. Man beschloss (vernünftigerweise), einen Teil des Gartens „wild" zu lassen, um an die Werke *Das Feuer* von Gabriele D'Annunzio und *Die Aspern-Schriften* von Henry James zu erinnern.

03.

Kirche San Zan Degolà
(it. San Giovanni Decollato, Johannes der Enthauptete)
Campo San Zan Degolà

DAS HOCHRELIEF VON JOHANNES DEM TÄUFER

Eine köstliche Soße mit Kinderfleisch!

An der südostlichen Seite der Kirchenfassade erinnert ein Hochrelief an eine makabre Geschichte. Die Skulptur stellt Johannes den Täufer dar. Sie war bis zur Hälfte des letzten Jahrunderts Teil der Fassade des Palazzo Gidoni-Bembo hinter der Brücke gegenüber der Kirche.

Die Einwohner des Stadtviertels erzählten ihren Kindern zur Abschreckung, dass es sich bei der Skulptur um einen gewissen Biasio handelte, der schon viele Kinder ermordet habe.

Biasio lebte im 16. Jahrhundert und besaß ein Wirtshaus, das wegen seiner guten Fleischsoße bald in der ganzen Stadt berühmt war. Das Geschäft lief bestens, bis eines Tages ein Stammkunde ein Fingerglied in seinem Teller entdeckte. Biasio wurde öffentlich angezeigt. Später erfuhr man, dass das Geheimnis seiner Soße Kinderfleisch war.

Biasio wurde daraufhin von einem Pferd bis vor sein Wirtshaus gezogen, wo ihm die Hände abgeschnitten und um den Hals gehängt wurden. Dann wurde er mit Zangen gefoltert und auf den Markusplatz getrieben, wo er zwischen den zwei Säulen auf dem Platz erhängt wurde.

Sein Körper wurde gevierteilt, und die Körperteile wurden an verschiedenen Stellen der Stadt aufgehängt. Sein Wohnhaus und seine Gaststätte wurden abgerissen.

Trotz der grausamen Geschichte wurden sowohl das Ufer (Riva di Biasio) als auch die Haltestelle des Vaporetto nach ihm benannt.

Eine ähnliche Geschichte spielte sich im Palais Royal in Paris ab, wo ein Friseur seinen Kunden die Kehle durchschnitt und „alles" seinem Nachbarn, dem Metzger gab …

WOHER KOMMT DER NAME „JOHANNES DER ENTHAUPTETE"?

Der Name Johannes beruht auf der berühmten Geschichte von Salome, die für ihre Mutter Herodias von Herodes den Kopf von Johannes dem Täufer forderte. Johannes hatte Herodes vorgeworfen, Herodias, die Frau seines Halbbruders Philippus, geheiratet zu haben.

04.

Calle Tron 1957

DIE SPUREN DES CASINO TRON

Spuren vom alten Glanz

Der Fachbereich Planung der Fakultät für Architektur hat seinen Sitz in einem schönen, im Jahr 1971 restaurierten Palazzo, dessen Eingang sich am Ende der Calle Tron neben der Haltestelle von San Stae befindet. Das Gebäude mit Blick auf den Canal Grande hat seinen Zauber nicht verloren: Die Räume sind ziemlich gut erhalten und zeigen die Spuren der einstigen Pracht der Familie Tron, der ehemaligen Eigentümer des Palazzo. In der Beletage zwischen den Fresken des Franzosen Dorigny mit Darstellungen des Alten Testaments hängen die Familiengemälde der Trons. Der Fußboden des Empfangszimmers mit einem Kamin aus dem späten 15. Jahrhundert weist verschiedene chromatische Facetten auf.

Vom einstigen Casino des 18. Jahrhunderts ist nur wenig erhalten. Es befand sich am Ende des Gartens und wurde am Anfang des 19. Jahrhunderts nach dem Tod von Cecilia Tron, der letzten Vertreterin der Familie, zerstört. Erhalten sind noch zwei bossierte Pfeiler mit ionischen Kapitellen aus istrischem Marmor und eine Statue des heiligen Georg mit Drachen.

Früher waren die prächtigen Innenräume mit Spiegeln, vergoldeten Stuckwerken, Gemälden von Dorigny und Fresken von Guarana dekoriert. Das Casino war Schauplatz vieler Intrigen und Leidenschaften und Tanzsalon des mächtigen Prokurators Andrea Tron, auch *El Paron* („Herr von Venedig") genannt. 1775 wurde hier der österreichische Kaiser Joseph II. empfangen.

CECILIA TRON, DIE LIEBHABERIN VON CAGLIOSTRO

Cecilia Zen, Gattin von Francesco Tron, war eine bezaubernde und geistreiche Frau und Muse des Dichters Angelo Barbaro. Auch Giuseppe Parini fühlte sich von ihrem Charme angezogen und widmete ihr seine Ode Il Pericolo (1787). Sie liebte das schöne Leben und gab prunkvolle Empfänge für die Herrscher, die die Serenissima besuchten. In ihrem prächtigen Palazzo empfing sie talentierte Menschen und Literaten. Sie war die Liebhaberin des Grafen Cagliostro. Die Beziehung zerbrach aber, denn der Graf musste ziemlich plötzlich abreisen, da er einen reichen venezianischen Händler bestohlen haben soll.

05.

Kirche San Giacomo dell'Orio

DAS WUNDER DER JUNGFRAU IN DER KIRCHE SAN GIACOMO DELL'ORIO

Vom Ungläubigen, der seine Hände verlor

Die Kirche San Giacomo dell'Orio hat viele bemerkenswerte Besonderheiten, darunter ein interessantes Gemälde, das sich gleich rechts beim Eingang befindet. Das Werk von Gaetano Zompini (1702–1778) stellt ein relativ unbekanntes Wunder der Jungfrau dar, das auch Jacobus de Voragine in seiner Erzählung *Legenda aurea* erwähnt. Dem Text nach näherte sich der ungläubige Gefonio dem Körper der schlafenden Jungfrau (der christlichen Tradition nach stirbt der Körper Mariens erst nach der Himmelfahrt, hier schläft sie hingegen nur), der von den Gläubigen getragen wurde. Um zu sehen, ob Maria ihre Heiligkeit eingebüßt hatte, berührte er den Sarg der Jungfrau, woraufhin sich seine Hände von den Armen lösten und er zu Boden fiel. Dieses Gemälde zeigt genau diese wundersame Szene. Man sieht den Mann am Boden mit erhobenen Armen, während seine Hände noch am Sarg haften.

VENEZIANISCHE SPUREN DER WALLFAHRT NACH SANTIAGO DE COMPOSTELA

Die Kirche San Giacomo dell'Orio war der Ort, von dem aus die Pilger nach Santiago de Compostela aufbrachen. Auf dem Kirchturm kann man noch eine Spur davon entdecken. Man sieht einen Mann mit einer Jakobsmuschel.

DAS VERGESSENE WUNDER VON SANTIAGO DE COMPOSTELA

Über der Tür der ersten Kapelle auf der linken Seite, unmittelbar nach dem Eingang, ist ein Gemälde von Antonio Palma zu sehen, das an ein apokryphes Wunder des heiligen Giacomo erinnert. Es erzählt von einem Jungen, der mit seinen Eltern auf dem Jakobsweg in einem Gasthaus übernachtet. Die Tochter des Gastwirtes verliebt sich in ihn und beschließt, ihm Goldmünzen in die Satteltasche zu stecken, um einen Diebstahl vorzutäuschen und so seine Rückkehr zu erzwingen. Der junge Mann wird verhaftet, während seine Eltern den Weg nach Santiago fortsetzen. Bei ihrer Rückkehr bemerken die Eltern, dass er zu Unrecht beschuldigt worden war. Er soll deshalb begnadigt werden, wenn er zwei bereits gekochte Hühner auf dem Küchentisch wieder zum Leben erweckt. Die Eltern des Jungen rufen den heiligen Jakob an, der oben rechts auf dem Bild zu sehen ist, woraufhin die zwei Tiere wieder zum Leben erwachen. Der Junge wird sofort freigelassen.

SAN POLO

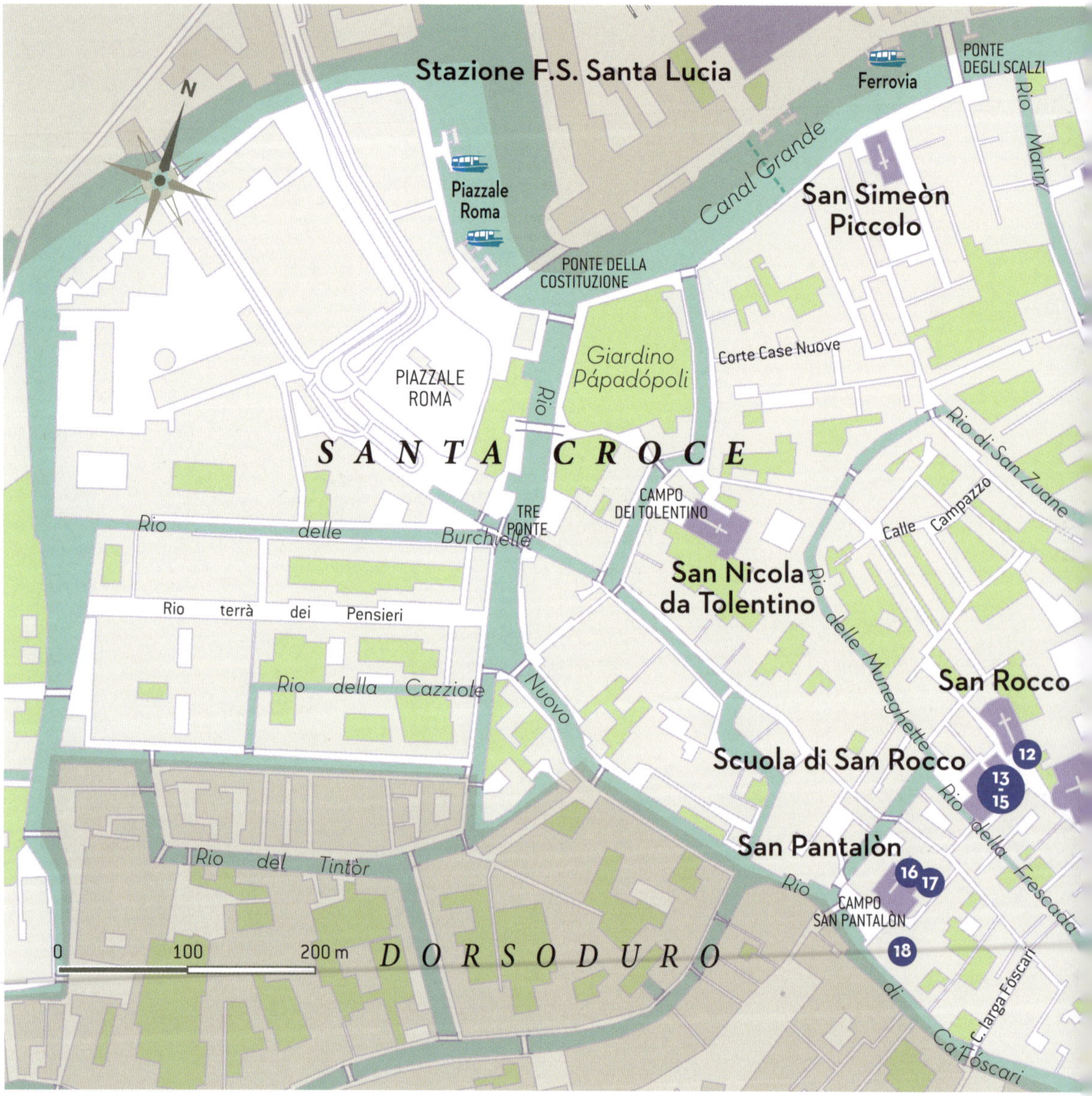
Stazione F.S. Santa Lucia
Ferrovia
PONTE DEGLI SCALZI
Rio Marin
Canal Grande
San Simeòn Piccolo
Piazzale Roma
PONTE DELLA COSTITUZIONE
Giardino Pápadópoli
Corte Case Nuove
PIAZZALE ROMA
Rio
SANTA CROCE
Rio di San Zuane
Calle Campazzo
CAMPO DEI TOLENTINO
TRE PONTE
Rio delle Burchielle
San Nicola da Tolentino
Rio delle Muneghette
Rio terrà dei Pensieri
Rio della Cazziole
Rio Nuovo
San Rocco
Scuola di San Rocco
Rio della Frescada
San Pantalòn
CAMPO SAN PANTALÒN
Rio del Tintòr
0 100 200 m
DORSODURO
C. larga Fóscari
Rio di Ca' Fóscari
12
13-15
16
17
18
N

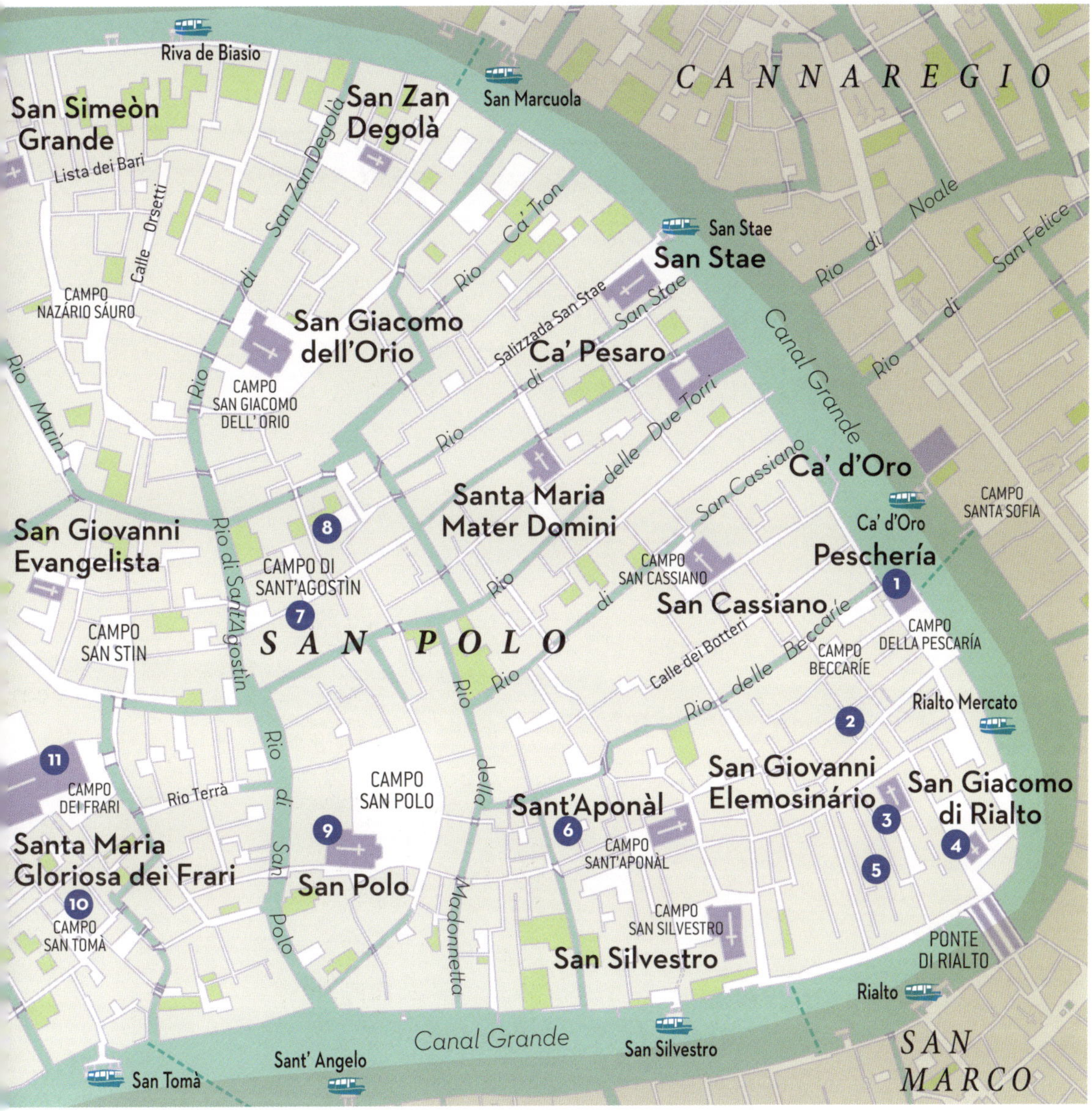
CANNAREGIO
SAN POLO
SAN MARCO
Riva de Biasio
San Marcuola
San Simeòn Grande
San Zan Degolà
Lista dei Bari
Calle Orsetti
Rio di San Zan Degolà
Rio di Ca' Tron
San Stae
San Stae
Salizzada San Stae
Rio di San Stae
Rio di Noale
Rio di San Felice
Rio di
CAMPO NAZÁRIO SÁURO
San Giacomo dell'Orio
Ca' Pesaro
Rio Marin
Rio
CAMPO SAN GIACOMO DELL' ORIO
Rio delle Due Torri
Canal Grande
Ca' d'Oro
CAMPO SANTA SOFIA
Ca' d'Oro
San Cassiano
Santa Maria Mater Domini
San Giovanni Evangelista
Rio di Sant'Agostin
CAMPO DI SANT'AGOSTÌN
CAMPO SAN CASSIANO
Pescheria
San Cassiano
Rio di
CAMPO SAN STIN
Calle dei Botteri
Rio delle Beccarie
CAMPO BECCARÍE
CAMPO DELLA PESCARÍA
Rio
Rio
Rialto Mercato
Rio di San Polo
CAMPO DEI FRARI
Rio Terrà
CAMPO SAN POLO
Rio della Madonnetta
Sant'Aponàl
San Giovanni Elemosinário
San Giacomo di Rialto
CAMPO SANT'APONÀL
Santa Maria Gloriosa dei Frari
San Polo
CAMPO SAN TOMÀ
CAMPO SAN SILVESTRO
San Silvestro
PONTE DI RIALTO
Rialto
Canal Grande
San Silvestro
Sant' Angelo
San Tomà
1
2
3
4
5
6
7
8
9
10
11

01.

Pescheria Nuova
Rialto

DIE KAPITELLE AM FISCHMARKT

Darstellungen interessanter Meerestiere

Auf der Pescheria Nuova, dem Neuen Fischmarkt, stehen viele Säulen mit schönen Kapitellen, die allerdings oft übersehen werden.
Die Säule in der Mitte, auf der vier in Stein gemeißelte Köpfe zu sehen sind, erinnert an das Jahr, in dem der erste Teil des Gebäudes vom Architekten Domenico Ruopolo nach einem Entwurf des Malers Cesare Laurenti abgeschlossen wurde. Das Kapitell trägt den Namen des Künstlers.
An einer der Säulen an der Seite sind Boote mit großen Körben zu sehen, in denen die Fische im Wasser frischgehalten wurden.
An den anderen Kapitellen sind verschiedene Meerestiere dargestellt: Krabben, Langusten, Fische, Kraken und Seepferdchen.
Bei genauerer Betrachtung der Kapitelle erkennt man die Namen Ruopolo und Laurenti unter den Darstellungen.
Die Pescheria wurde zur Zeit des Symbolismus erbaut: Am oberen Ende der sechs großen inneren Pfeiler sieht man deshalb Seemanns- und Blumensymbole (unter anderem Windrosen, Jakobsmuscheln, Meeresschnecken, Porzellanschnecken, Krustentiere, Krabben und Fische).
Auch esoterische Symbole wie Sonne, Mond und Sterne und ein leeres Wappen sind dargestellt.

EIN BEISPIEL DER NEUGOTIK AUS DEM JAHR 1907

Die heutige Pescheria erscheint viel älter, als sie eigentlich ist. Das Gebäude wurde 1907 eingeweiht und vom Künstler und Handwerker Umberto Bellotto gestaltet.

D. RVPOLO F.

02.

San Polo 456
Calle Arco

DIE TÜR DER FÄSSER

Eine verbreiterte Tür für den Transport der Fässer

In dem Gassenlabyrinth hinter der Rialtobrücke werden Sie an der Hausnummer 456 eine erstaunliche Besonderheit bemerken: Der untere Teil der Tür wurde leicht verbreitert, damit die Weinfässer durchpassten.

DIE ZUNFT DER BÖTTCHER

Die Böttcher waren die Hersteller der Fässer, die ihren Sitz gegenüber der Jesuitenkirche (in der Nähe der Fondamenta Nuove) hatten. Normalerweise verwendeten sie zur Herstellung von leichten und handlichen Fässern hochqualitatives Eichenholz. Doch oft benutzten sie auch Kastanien- und Tannenholz. Sie waren dazu verpflichtet, die Fässer des Dogenhofs kostenlos zu reparieren.

Am Haus mit der Nummer 553 ist die Darstellung eines Maulbeerbaums zu sehen. Die Pflanze repräsentiert die Seidenhersteller, die in dieser Gegend ihren Sitz hatten (s. S. 16).

DAS HOCHRELIEF MIT DEM FASS

Am Campo Rialto Novo (wörtlich: „neuer Rialtoplatz", weil er im Vergleich zum Campo di Rialto bei San Giacometto später geschaffen wurde) kann man einige Pfeiler aus dem 16. und 17. Jahrhundert sehen, die verschiedene Handwerkskünste darstellen. Am Haus mit der Nummer 551 erkennt man ein Fass, Symbol für die Zunft der Böttcher (venezianisch: *boteri*), die hier ihre Lager hatten. Noch heute erinnert der Straßenname Calle dei Boteri neben dem Fischmarkt an die Zunft.

456

03.

Calle Toscana
San Giovanni a Rialto

DER „ABSTANDHALTER“

Eine kuriose Abgrenzung zwischen Gebäuden und Straße

Neben dem Campo Rialto Novo befindet sich gegenüber der Apsis der Kirche von San Giovanni Elemosinario, die um die Ecke an die Kirche angrenzt, in der sich einst die Schola dei oresi, zogielieri e diamanteri („Zunft der Goldschmiede, Schmuckhandwerker und Diamantschleifer“) befand, linkerhand die kurze Calle dei Preti. Diese führt nur wenige Schritte von hier in die Calle Toscana. Wendet man sich nach links und hebt den Blick, sieht man quer zur Straße, zwischen dem ersten und dem zweiten Stock der Gebäude, eine kleine Skulptur aus istrischem Stein. Seitlich davon befindet sich, abgetrennt durch das Wappen der Familie Gradenigo, eine Inschrift:

PER · IVRIS DITION ·
DE · LA · CALE · DI GRADENIGI

Dieses eigenartige Objekt ist ein so genannter *distansiador*, ein Abstandhalter, der dort oben offenbar angebracht wurde, um sicherzustellen, dass die neu gegründete Zunft der Goldschmiede den vorgeschriebenen Abstand zum gegenüberliegenden Gebäude einhielt. Eines der beiden Gebäude, an denen sich der Stein befindet, war Sitz der Schola dei oresi, der Zunft der Goldschmiede; das Gebäude wurde 1717 wiederaufgebaut. Der Abstandhalter sollte verhindern, dass der Straße Luft, Licht und Raum genommen wurden, was im Stadtteil Rialto mit seiner seit dem Mittelalter hohen Bevölkerungsdichte häufig vorkam.

Diese Straße hieß früher Calle dei Gradenigo, möglicherweise deshalb, weil die dort liegenden Gebäude der angesehenen Familie desselben Namens gehörten. Diese Familie kam in der zweiten Hälfte des 9. Jahrhunderts nach Venedig und wurde zu einem der mächtigsten Häuser des venezianischen Patriziats. Ihre Herkunft ist ungewiss: einige Quellen verweisen nach Ravenna, andere nach Transsylvanien. Nach längerem Aufenthalt in Aquilea soll sie an der Gründung von Grado beteiligt gewesen sein, woraus sich der Familienname Gratico ableiten lässt, der später in Gradenigo geändert wurde. In Venedig soll die Gründung mehrerer Kirchen auf die Familie zurückgehen. Zahlreiche Mitglieder ihrer verschiedenen Zweige stiegen zu mächtigen Personen des militärischen, klerikalen, politischen und kulturellen Lebens der Republik Venedig auf.

WARUM HEIßT DIESE STRASSE CALLE TOSCANA?

In der Calle Toscana lebten, wie der Name vermuten lässt, zahlreiche Menschen aus der Toskana. Sie stammten aus Lucca und kamen im 8. Jahrhundert nach Venedig, um den endlos wütenden Kämpfen in ihrer Heimat zu entfliehen. Nachdem sie in der Lagune Zuflucht gefunden hatten, widmeten sie sich dem Seidenhandel und der Verarbeitung der wertvollen Stoffe. So gelangten sie zu Reichtum und wurden zu venezianischen Bürgern mit verschiedenen Privilegien (s. S. 16).

04.

Campo San Giacometto di Rialto

DIE FORMEN EINER AUSTER UND EINES FISCHES

Die Mindestgröße der zum Verkauf bestimmten Fische

An der zweiten Säule des Portals der Kirche San Giacomo di Rialto sind die Umrisse einer Auster und eines Fisches dargestellt. Diese sollen die Mindestgrößen angezeigt haben, die diese Produkte aufweisen mussten, um auf dem benachbarten Fischmarkt verkauft werden zu dürfen. Diese Maßnahme diente dem Artenschutz und sollte verhindern, dass das Ökosystem durch unkontrollierten Fischfang aus dem Gleichgewicht geriet. Der Verkauf von Fischen, die noch nicht eine bestimmte Größe erreicht hatten, war sogar verboten und unterlag strengen und genauen Vorschriften. Ein Edikt der Republik Venedig aus dem Jahr 1173 informierte die Verbraucher über die vorgeschriebenen Mindestgröße für die zum Verkauf angebotenen Fische.
Seit der Zeit der ersten Kolonien waren sich die Bewohner der Lagune bewusst, dass das besondere Gebiet, auf dem sie lebten, für ihr Überleben und ihre politische Autonomie, aber auch für den wirtschaftlichen Aufschwung der Region wesentlich waren. Fisch war zu jener Zeit das Hauptnahrungsmittel, und die Menschen wussten um die Notwendigkeit strenger Kontrollen zum Schutz dieses grundlegenden Wirtschaftszweigs, die auch die Reglementierung des Handels umfassten. Bestimmtes Fischereizubehör war an vorgegebenen Stellen oder zu bestimmten Jahreszeiten verboten, und es gab sogar Vorschriften, um bei der Aufteilung der Fanggründe Konflikte zwischen den Fischern zu vermeiden. Der Fischverkauf unterlag entsprechend ebenfalls zahlreichen Vorschriften, auch im Bezug auf das Wiegen, wodurch betrügerisches Handeln unter Androhung von Bußgeldern verhindert werden sollte. Es ging um den Schutz der öffentlichen Gesundheit und der Rechte der Verbraucher auf den Märkten von Rialto und San Marco.

Außen an der Apsis der Kirche ruft eine lateinische Inschrift die Händler zu Ehrlichkeit auf: „*Hoc circa templum sit jus mercantibus aequum, pondera nec vergant, nec sit conventio prava*" („Um diesen Tempel herum lasst das Gesetz des Kaufmanns gerecht, seine Gewichte geeicht und seine Verträge ohne Argwohn sein.")

Nicht weit von hier finden sich an der Pescheria, dem Fischmarkt von Rialto, aber auch am Campo Santa Margherita und hinter dem Arsenal (Schiffswerft, Zeughaus und Flottenbasis der ehemaligen Republik Venedig), entlang dem Rio de la Tana, verschiedene Tafeln, auf denen die Mindestgröße der in Venedig zum Verkauf angebotenen Fische vermerkt ist.

05.

Calle della Madonna 574

DAS *BARBACANI*-MUSTER

Barbacan – der Musterbalken für ganz Venedig

Zwischen den letzten Häuserfassaden der Riva del Vin kann man einen aus der Hausmauer ragenden Balken aus istrischem Stein erkennen. Er diente als Muster und Modell zur Realisierung der typisch venezianischen vorspringenden Holzbalken (der sog. *barbacani*), auf denen die oberen Stockwerke lagern. Die Ausmaße der Balken waren von der Stadtbehörde Venedig genauestens vorgegeben.

DIE *BARBACANI* IN VENEDIG

Die *barbacani* sind Holzbalken, die die Funktion hatten, die knappen Raumverhältnisse der venezianischen Häuser optimal zu nutzen, ohne dabei die venezianischen Straßen, die sog. *calli*, noch enger machen zu müssen. Man ließ also die oberen Stockwerke über das Erdgeschoss ragen, um so die Wohnfläche zu vergrößern. Die Straßen blieben dabei unverändert und die Fußgänger konnten weiterhin ungestört ihren Geschäften nachgehen. Früher hatte der Begriff *barbacan* auch eine kriegerische Bedeutung. In alten Werken bezeichnet das Wort ein militärisches Bauwerk zur Verstärkung. Außerdem stand der Begriff auch für die Mauern mit Schießscharten, die über dem Eingangstor der Festung emporragten und der Verteidigung dienten. Barbacan stand überdies für die Strebemauern, die manchmal mit den Festigungsbögen des Wehrgangs verbunden waren. Im Allgemeinen stand das Wort auch für die Stützbauwerke an der Außenseite der Wohnhäuser. Die Etymologie des Wortes ist relativ unklar. Einige behaupten, dass es vermutlich aus dem Arabischen *b-al-baqára* kommt, was soviel heißt wie „Tor der Kühe". Es handelte sich um eine Schutzwand für das Gehege neben der Hauptmauer, wo das Vieh stand. Auch in Konstantinopolis gab es *barbacani*, die den venezianischen sehr ähnlich waren. Dies beweist eine Skizze des berühmten Illustrators Cesare Biseo aus dem Jahr 1878. *Barbacani* sind in ganz Venedig zu finden. Gut erhaltene Exemplare kann man in der Nähe der Rialtobrücke und in der Calle del Paradiso beim Campo Santa Maria Formosa sehen.

PER LA IVRIDICIOM DI
BARBACAN

06.

Sottoportego della Madonna

DAS RELIEF DES SCHLAFENDEN PAPSTES

Die (falsche) Legende vom Papst, der auf der Straße schlafen musste

Wenige Meter vom Campo Sant'Aponal entfernt befindet sich beim Eingang des Sotoportego de la Madonna (an der Ecke zwischen der Calle de la Madonna und der Calle del Perdon) direkt unter dem gemalten Straßenschild (venezianisch: *nizioleto*) ein Holzbalken mit einer Inschrift und einem kleinen Relief, das an eine interessante Geschichte erinnert. Als Papst Alexander III. nach Venedig kam, um den Friedensvertrag mit Kaiser Barbarossa (s. S. 38) zu unterschreiben, schlief er nicht im nahe liegenden Palazzo des Patriarchen (vom Palazzo sind noch Spuren im Sotoportego zu sehen, der zur Vaporetto-Haltestelle führt), sondern mitten auf der Straße, denn er hatte Angst vor einem Komplott des Kaisers. Eine andere Quelle sagt, dass der Papst jene Nacht in San Salvador verbrachte. Andere wiederum behaupten, der Papst habe im nahen Patriarchat oder möglicherweise in der Nähe des Sotoportego, nicht aber auf der Straße genächtigt. Es existieren tatsächlich Dokumente, die bezeugen, dass die Templer (anscheinend die Leibgarde des Papstes, s. S. 263) das Gebäude Casa della Madonna besaßen, das sich eben an der Stelle befand, an der heute das Haus links vom Sotoportego steht. Vielleicht hat der Papst also hier geschlafen.
Man kann außerdem einige andere interessante, neutemplerische Darstellungen an den Innenmauern des Sotoportego sehen (siehe nächste Seite), während hinter dem Gitter der Nische im Sotoportego eine kleine Statue des schlafenden Papstes erkennbar ist.

Wer hier zum Gedenken an das Ereignis ein Vaterunser und ein Ave-Maria betet, bekommt den vollkommenen Ablass für seine Sünden.

DAS VENEZIANISCHE KREUZ

Das Kreuz, das man am Anfang des Sotoportego de la Madonna sieht, ist kein Templerkreuz, sondern ein venezianisches Kreuz. Auch am Campo San Polo an der Ecke der Calle Bernardo und am Ende der Calle del Perdon wenige Meter nach dem Sotoportego kann man dasselbe Kreuz sehen.

DIE NEUTEMPLERISCHEN DARSTELLUNGEN DES SOTOPORTEGO DE LA MADONNA

Wer sich im Sotoportego de la Madonna umdreht und nach oben blickt, kann einige interessante Darstellungen erkennen, die an den Wänden befestigt sind. Darunter ist das berühmte *Non nobis domine, non nobis, sed nomini tuo da gloriam nos perituri mortem salutamos*. Wer genau hinsieht, erkennt auch eine kleine Templerfigur hinter einem Blumenstrauß in der Nische des schlafenden Papstes. Diese Darstellungen gehen sicher nicht auf die Epoche der Templer zurück, sind aber höchstwahrscheinlich auf die Renaissance der neutemplerischen Bewegung an der Stelle zurückzuführen, an der die Casa della Madonna del Tempio di re Salomone erbaut wurde. Vermutlich geht das Gebäude auf das Jahr 1830 zurück, während von der Templerzeit nichts erhalten ist.

DIE PROSTITUTION IN VENEDIG: IM 16. JAHRHUNDERT GAB ES ÜBER 11.000 PROSTITUIERTE IN DER LAGUNENSTADT!

In der Blütezeit der Serenissima gehörte das Viertel hinter der Rialtobrücke der Prostitution – dem florierenden Gewerbe, das beachtliche Einnahmen verzeichnete. Heute finden sich noch einige Spuren, wie z. B. das Restaurant Antiche Carampane, was soviel bedeutet wie „alte Dirnen". Daneben steht die Brücke Ponte delle Tette („Tittenbrücke"), deren Name auf ihre Vergangenheit schließen lässt: Hier stellten sich die Kurtisanen barbusig zur Schau und lockten Kunden an. Laut Tradition war diese Sitte von der venezianischen Regierung vorgeschrieben. Denn diese sah es lieber, wenn die Bürger ihren „kleineren" Lastern nachgingen, als wenn sie sich der weit verbreiteten und als „unnatürlich" geltenden Homosexualität hingaben. Die Homosexualität war im Venedig des 16. Jahrhunderts so verbreitet, dass die Prostituierten 1511 den Patriarchen Contarini baten, Maßnahmen dagegen zu ergreifen. Denn durch die Homosexualität hatten die Männer weit weniger das Bedürfnis, ihre sexuelle Befriedigung bei den Dirnen zu suchen. Allerdings muss man sich die finanziellen Sorgen der leichten Mädchen auch dadurch erklären, dass es zu viele Prostituierte in der Stadt gab.
Laut Zählung hatte Venedig im Jahr 1509 mindestens 11.164 Prostituierte. Ein Fünftel der Einwohner (andere Quellen sprechen von einem Zehntel) ging in den Straßen der Stadt somit dem ältesten Gewerbe der Welt nach.

Das Traghetto del Buso („Fähre des Lochs") erinnert an die Stelle, von der die Gondolieri die Kunden zu den Prostituierten an den Fuß der Rialtobrücke auf der Seite des Fondaco dei Tedeschi transportierten. Das venezianische Wort *buso* bedeutet Loch und spielt vulgär auf das weibliche Geschlecht an. Padre Coronelli zitiert in seinem Werk *Viaggio d'Italia in Inghilterra* (1697) das „Traghetto dei Ruffiani" („Fähre der Kuppler"), das später zum „Traghetto del Buso" wurde. Nach einer anderen Quelle hat die Fähre ihren Namen daher, dass die Dirnen, nachdem sie eines Tages von der Republik wegen „Säuberungsmaßnahmen" verbannt worden waren, genau hier vorbeikamen. Andere wiederum behaupten, das „Loch" beziehe sich auf die Münze, mit der man die Überfahrt bezahlte und dic in der Mitte ein Loch hatte.

DIE „CARAMPANE": VENEZIANISCHE PROSTITUIERTE

Bis zum Jahr 1358 waren die Prostituierten nur im sogenannten Castelletto zu finden, einer Häusergruppe in der Nähe Kirche San Matteo beim Rialto. Abends nach dem dritten Glockenschlag von San Marco mussten die Prostituierten ins Haus. Zu Kirchenfesten durften sie sich überhaupt nicht zur Schau stellen. Doch im Laufe der Zeit nahmen die Prostituierten immer mehr Raum in der Stadt ein und trieben ihr Gewerbe, wo es ihnen gerade gefiel, vor allem in der Nähe der Kirchen. Genervt von dieser wenig rücksichtsvollen Art beschloss die Stadt 1421, die Prostituierten wieder in ihre Häuser zurückzuverbannen. Da der ursprüngliche Palazzo Ca' Rampani hieß, wurden die venezianischen Prostituierten seither auch *carampane* genannt. Die Männer kamen von weit her, um sich hier der käuflichen Liebe hinzugeben, auch wenn das Gewerbe strengstens kontrolliert und reglementiert war. So waren die Kurtisanen dazu verpflichtet, gegen Geldstrafe und zehn Peitschenhiebe am Abend in ihren Häusern zu bleiben. Außerdem durften sie die Männer zu Weihnachten, Ostern oder zu anderen kirchlichen Festen nicht verführen. Wer gegen diese Regeln verstieß, wurde mit 15 Peitschenhieben bestraft. Die Prostituierten durften auch nicht in Cafés, Bars und Restaurants verkehren und nur samstags mit einem gelben Tuch um den Hals spazierengehen. Im 17. Jahrhundert durften die Prostituierten dann wieder die verschiedenen Viertel durchkämmen, während im alten Carampane-Viertel nur noch die alten Dirnen anzutreffen waren. Da diese nicht mehr sehr ansehlich waren, war ihnen übrigens in der Zwischenzeit verboten worden, aus dem Haus zu gehen. Auch für die jüngeren waren die Regeln weiterhin eisern, wie z. B. das Gesetz vom 13. August 1644 beweist: Sie durften nicht am Canal Grande wohnen, sie durften nicht mit Booten mit zwei Rudern fahren, während des Gottesdienstes und der religiösen Feste nicht in die Kirche gehen, nicht den weißen Umhang der Mädchen und auch sonst keinen Schmuck, keine Halsketten oder Perlen tragen ... Bei Strafprozessen durften sie weder Zeugenaussagen machen, noch Kunden anklagen, die sich weigerten, zu bezahlen.

© Didier Descouens, via Wikimedia Commons

07.

San Polo 2311
Rio terà Secondo

GEDENKTAFEL DER DRUCKEREI VON ALDUS MANUTIUS

Aldus Manutius – der Erfinder der Kursivschrift

Die Inschrift „*MANUCIA GENS ERUDITOR NEM IGNOTA HOC LOCI ARTE TIPOGRAPHICA EXCELLUIT*" der Gedenktafel am Haus mit der Nummer 2311 erinnert an die Stelle, wo sich vermutlich die Druckerei befand, die im 15. Jahrhundert von Aldus Manutius (1449–1515) gegründet wurde. Die Tafel erinnert an die glorreiche Vergangenheit Venedigs und ihre Druckereien. Kurz nachdem Johann Gutenberg um das Jahr 1440 den Buchdruck mit beweglichen Lettern erfunden hatte, verstand die Stadt, dass eine Revolution stattfand. Johannes de Spira bekam 1468 die erste Genehmigung, eine Druckerei zu eröffnen, und druckte das erste Buch in Venedig, die *Epistolae Ciceros*. Einer der berühmtesten Buchdrucker war Aldus Manutius, der seine Druckerei 1494 in Venedig eröffnete.
Manutius wurde von Pico della Mirandola beeinflusst und nahm sich vor, die besten Texte vor der Inquisition zu bewahren. Auf diese Weise half er den Humanisten der Renaissance, ihre kulturelle Revolution voranzutreiben, die antiken Kulturen wiederzuentdecken und den Grundstock einer neuen Gesellschaft zu legen. Um seine Werke besser vertreiben zu können, druckte Manutius einige Ausgaben, die preisgünstig waren und ein kleines Format hatten. 1501 hatte er die geniale Idee, die Buchstaben leicht schräg zu setzen, um so die Wortanzahl zu erhöhen. Auf diese Weise wurde die Kursivschrift geboren. Eines seiner berühmtesten Werke ist *Hypnerotomachia Poliphili* („Der Traum des Poliphilo").
Das Francesco Colonna zugeschriebene Werk wurde 1499 veröffentlicht und stellt wegen seiner zahlreichen Holzschnitte und seines makellosen Umbruchs eines der schönsten Werke der Renaissance dar (s. S. 216).

MANVCIA·GENS·ERVDITOR·NEM·IGNOTA·
HOC·LOCI·ARTE·TIPOGRAPHICA·EXCELLVIT·

08.

Rio terà I
San Polo 2281
0421 66171
info@adriabella.com

CA' SAN BOLDO

Ein Tennismatch auf dem einzigen Tennisplatz von Venedig

Wer nicht in der Nähe wohnt, kann sich schwer vorstellen, dass es direkt im Zentrum einen außergewöhnlichen Hartplatz zum Tennisspielen gibt. Wer in den gegenüberliegenden Wohnungen untergebracht ist, kann den Platz mieten und ein Tennisspiel (für 15 € pro Stunde) wagen. Die Atmosphäre ist einzigartig. Die umliegenden Häuser und Palazzi geben einem das Gefühl, irgendwo auf dem Land zu sein. Von den drei von der Familie Pasti zur Verfügung gestellten Wohnungen empfiehlt sich die Grimani-Wohnung (140 m² für sechs Personen), von der man direkten Zugang zum kleinen Garten zwischen Tennisplatz und Haus hat. Die Ausstattung der drei sehr funktionellen Wohnungen ist wirklich sehr angenehm (unter anderem mit Balkendecke). Sowohl vom Tennisplatz als auch von den Wohnungen aus hat man einen herrlichen Blick auf den „verstümmelten" Glockenturm der ehemaligen Kirche San Boldo, die 1826 zerstört wurde. Im aktuellen Turm befinden sich einige Wohnungen.

WOHER KOMMT DER NAME SAN STIN?

Unweit vom Tennisplatz befindet sich der Platz Campo San Stin. San Stin ist die venezianische Verkleinerungsform von Santo Stefanino und der Name der kleinen Kirche, die kurz nach 1810 zerstört wurde. Die Kirche war dem heiligen Stephan (Santo Stefano) geweiht und wurde später zu Santo Stefanino, um sie nicht mit der gleichnamigen und weit größeren Kirche in der Nähe des Markusplatzes zu verwechseln. Interessant ist, dass es sich allerdings nicht um denselben Heiligen handelt: Beim heiligen Stephan in der Nähe vom Markusplatz handelt es sich um den ersten christlichen Märtyrer, während der Stephan bei Santa Croce ein Glaubensbekenner war.

09.

Kirche San Polo
Campo San Polo

DIE INSCHRIFT „*STATIONI DELLE SETTE CHIESE DI ROMA IN PERPETUO*“

Zum Gedenken an die Pilgerfahrt des heiligen Philipp Neri nach Rom?

Über dem Eingangsportal der Kirche San Polo befindet sich die Inschrift „*Stationi delle sette chiese di Roma in perpetuo*“ die auf die sieben Kirchen in Rom anspielt. Wahrscheinlich erinnert sie an eine Pilgerfahrt, die vom heiligen Philipp Neri (1515–1595) organisiert wurde. Ziel war es, die sieben Hauptkirchen von Rom zu besuchen – also nicht nur die Patriarchalbasiliken Petersdom, Lateranbasilika, Santa Maria Maggiore und Sankt Paul vor den Mauern, sondern auch San Lorenzo, Santa Croce in Gerusalemme und San Sebastiano.

Der Tradition zufolge stellte jede Strecke der Pilgerfahrt eine der sieben Stationen der Passion Christi dar. Vom letzten Abendmahl bis zum Ölberg, vom Garten Gethsemane zum Hohepriester Hannas, und weiter zum Hohepriester Kaiphas; dann zum Palast von Pontius Pilatus, weiter zu Herodes, noch mal zum Stadthalter von Rom und am Ende zur Kreuzigung.

In Venedig wurde während der Renaissance ein ähnlicher Weg geschaffen, der über sieben Kirchen der Stadt Venedig führte und für diejenigen gedacht war, die nicht nach Rom fahren konnten. Obwohl es heutzutage schwierig ist, die Spuren dieses Pilgerwegs zu finden, gehörten wahrscheinlich San Polo, die Fava-Kirche (Sitz der Kongregation des heiligen Philipp Neri in der Lagunenstadt), San Martino, die ehemalige Kirche dell’Umiltà bei den Zattere und die Maddalena-Kirche dazu.

Im 15. und 16. Jahrhundert war eine Pilgerfahrt nach Jerusalem mit Gefahren verbunden, weshalb die Franziskaner einige Pilgerziele geschaffen haben, an denen Bilder der Passion dargestellt wurden. Auch im westlichen Europa wurden drei Orte ausgewählt: Montaione in der Toskana, Varallo in der Lombardei und Braga in Portugal.

PHILIPP NERI – DER HEILIGE MIT DEM DOPPELT SO GROSSEN HERZ

Philipp Neri (1515–1594) hat die Kongregation des Oratoriums – ihm zu Ehren auch Kongregation der Philippiner genannt – gegründet und wurde wegen seiner jovialen Art auch „Apostel der Freude“ genannt. Er lehnte sich an die ersten christlichen Glaubensgemeinschaften an und wollte dem Alltagsleben eine intensive Spiritualität geben, die auf dem Gebet (er war einer der Ersten, der zusammen mit Laien betete), der Lektüre, der Meditation des Wort Gottes und des Lob des Herrn (vor allem durch den Gesang und die Musik) beruhte. Für ihn war die Musik das beste Mittel, um die Herzen der Menschen zu erreichen und sie zu Gott zu führen. Er war einer der Verfechter der Renaissance der Kirchenmusik.

1544 wurde er während eines Gebets auf dem Grabmal der ersten Märtyrer in den Katakomben von San Sebastiano von einem Licht erleuchtet, und sein Herz wurde von Freude erfasst. Er hob den Kopf und sah einen Feuerball, der sich seinem Mund näherte und in seine Brust drang. Als er mit der Flamme in Berührung kam, vergrößerte sich sein Herz, wodurch zwei Rippen brachen. Der Heilige Geist war über ihn gekommen, wie an Pfingsten über die Jünger.

Im 17. Jahrhundert bestätigte die Autopsie, dass das Herz von Philipp Neri doppelt so groß war wie ein normales Herz.

Von diesem Tag an war nichts mehr so wie vorher. Sein Herzschlag war so stark, dass man ihn auch in einigen Metern Entfernung noch hören konnte, und sein Körper strahlte so viel Wärme aus, dass er der Winterkälte mit einem einfachen Hemd trotzen konnte. Auch das Symbol der Kongregation geht auf das Ereignis zurück. Es ist das flammende Herz.

Philipp Neri kümmerte sich um die Armen und Kranken, aber auch um die Jungen, die er von der Traurigkeit und Langeweile der Welt fernhalten wollte. Er versammelte sie um sich und erinnerte sie daran, in Freude zu leben. Eines Tages, als der Lärm überhand nahm, soll er zu den jungen Leuten gesagt haben: „Seid brav, meine Freunde, wenn ihr könnt!“ Durch seine zahlreichen spirituellen Kräfte konnte er einen verstorbenen Jungen einige Augenblicke lang ins Leben zurückrufen.

10.

Campo San Tomà 2857

DAS FLACHRELIEF DER SCUOLA DEI CALEGHERI

Der heilige Markus – Schutzpatron der Schuster und der Stadt Venedig

Der alte Sitz der Scuola dei Calegheri („Schuster“ im venezianischen Dialekt) aus dem Jahr 1466 zeigt über der Eingangstür ein Flachrelief, das häufig übersehen wird. Es wurde von Pietro Lombardo geschaffen und stellt den heiligen Markus dar, der in Alexandrien den Schumacher Anianus heilt. Dieses Ereignis im Leben des Stadtpatrons von Venedig (siehe unten) erklärt, warum der heilige Markus auch der Schutzpatron der Schuhmacher ist.

Auch in der Fassade des Schuhmuseums in Barcelona befindet sich ein Relief mit dem Markuslöwen (siehe *Verborgenes Barcelona* im selben Verlag).

Der Sitz der Bruderschaft der deutschen Schuster war am Campo Santo Stefano. Hier ist ein interessantes Hochrelief aus dem 14. Jahrhundert zu sehen, das ein Schuhwerk darstellt.

Im ersten Stock befinden sich einige Fresken, die allerdings schwierig zu deuten und nur für Fachleute von Interesse sind.

WARUM IST DER HEILIGE MARKUS DER SCHUTZPATRON DER SCHUHMACHER?

Nachdem Markus Italien evangelisiert hatte, kam er nach Ägypten, wo er der erste Bischof von Alexandrien wurde. Hier gründete er die christlich-orthodoxe Kirche, deren erster Papst er wurde. Da viele wegen seiner Taten zum Christentum übertraten, wurde er gefangen genommen und starb im Jahr 67 als Märtyrer. Bevor der Leichnam geraubt und nach Venedig gebracht wurde, wurde er in einer Kapelle des kleinen Fischereihafens Bucoli in der Nähe von Alexandrien aufbewahrt, wo der Heilige den Märtyrertod erlitten hatte. Im Jahre 42 verletzte sich der Schuster Anianus beim Reparieren der Schuhe des Heiligen schwer. Der Heilige bewirkte ein Wunder und heilte ihn sofort. Der heilige Crispinus, der im 3. Jahrhundert einen Märtyrertod erlitt, ist ein zweiter Schutzpatron der Schuster. Die Brüder Crispinus und Crispinianus aus Rom kamen nach Soissons, wo sie im Jahr 285 oder im Laufe des folgenden Jahres wegen ihres christlichen Glaubens enthauptet wurden.

11.

Frarikirche

DIE SYMBOLE DES KENOTAPHS VON ANTONIO CANOVA

Canova, ein großer Initiierter

Das Kenotaph des weltberühmten Bildhauers Antonio Canova (geb. 1. November 1757 in Possagno, gest. 13. Oktober 1822 in Venedig) befindet sich in der Frarikirche und stellt einige relativ unbekannte Symbole dar. Das Kenotaph erinnert an die mittelalterliche Kunst und Symbolik. Ursprünglich war es für den Maler Tiziano gedacht; aber nach einigen kleinen Veränderungen wurde es schließlich in Wien als Grabmal für die Erzherzogin Marie Christine von Österreich errichtet. Nach dem Tod des Bildhauers nahmen seine Lehrlinge die ursprünglichen Pläne wieder auf und verwirklichten das Kenotaph zu Ehren ihres Meisters. Das pyramidenförmige Monument ist mit mythologischen Figuren geschmückt. Diese wurden von Canovas Schülern gemeißelt (wie die Unterschriften neben jeder Figur zeigen) und zeigen unter anderem *Amor und Psyche* (Symbole der Liebe, des Verlangens und der Seele), *Perseus und Medusa* (spirituelle Darstellung des siegreichen Helden, der über die weltlichen Schwierigkeiten gesiegt hat), *Die drei Grazien* (die einerseits für die theologische Tugenden des Christentums – also Glaube, Hoffnung und Liebe – stehen, aber auch die Kardinaltugenden oder die „Drei Lichter der Freimaurerei" – das Buch des Gesetzes, das Winkelmaß und den Zirkel – darstellen). Am Ende des 19. Jahrhunderts wurde Canova in die schottische Freimaurerei eingeweiht. Später gaben einige berühmte Freimaurer bei ihm diverse Werke in Auftrag: 1816 vollendete der Künstler das Gesicht George Washingtons. Das Werk ging leider bei einem Brand verloren. Tief religiös und ehrlich lehnte Canova jegliche Extravaganz und Mondänität ab. Obwohl er sehr begehrt war, galt der Künstler bei seinen Zeitgenossen als Vorbild sowohl für die Vollkommenheit seiner Kunst als auch für sein persönliches Verhalten. Er unterstützte nämlich junge Künstler und war als Wohltäter bekannt. Freimaurer, Künstler und gewöhnliche Personen trauerten um seinen Tod. Das dreieckige Kenotaph stellt die Allerheiligste Dreieinigkeit sowie das Delta des großen Architekten des Universums dar. Ein von zwei Engeln getragenes Medaillon mit Canovas Büste bildet die Sonne (oder zentrales Auge) des Werkes. Für die

Eingeweihten der Urtradition bedeutet es, dass der Meister und Künstler ein wichtiger Eingeweihter war und deshalb in der Lage ist, sich dem Ewigen Osten oder dem Himmlischen Jerusalem zuzuwenden. Ein Trauerzug geht Richtung Tür, die sich unter dem Medaillon öffnet. Eine verschleierte Gestalt (der Tod) trägt eine Kanopenvase, gefolgt von einem halbnackten Jungen mit einer brennenden Fackel. Er steht für die Unsterblichkeit, die symbolisch mit dem Tod kommt.
Zwei Frauen halten einen Blumenkranz und verkörpern die Hoffnung. Zwei Jungen mit Fackeln schließen den Trauerzug. Die Fackeln weisen auf den Glauben hin. Auf der ersten Stufe links, die zur Tür führt, erkennt man einen schlafenden, geflügelten Löwen mit gekreuzten Beinen auf einem geschlossenen Buch. Er verkörpert die Macht, die Weisheit und die Gerechtigkeit und ebenso den Vater, den Meister und den Herrscher. In der Apokalypse ist es der geflügelte Löwe, der das Buch des Lebens öffnet, nachdem er dessen sieben Siegel zerbrochen hat. So wurde er zum Christus-Emblem, wie der Evangelist Markus schreibt. Die Anwesenheit des Löwen und des geschlossenen Buches auf dem Kenotaph bedeutet auch, dass Antonio Canova seine Augen für immer geschlossen hat.
Dabei bringt er die Weisheit und den Glauben vor den Thron Gottes. Auf der zweiten Stufe ist ein Engel mit geöffneten Flügeln zu sehen. Sein Kopf ist Richtung Tür geneigt, und in seinem Ausdruck vereinigen sich Schmerz und Melancholie. Er stützt sich mit der linken Hand ab und verkörpert den Schutzengel der durch das Tor des Todes entflohenen Seelen. Er ist der himmlische Zeuge der Inexistenz des Todes ohne Unsterblichkeit.
Ein Teil der Tunika gleitet auf die dritte Stufe hinab, auf der auch ein Lorbeerkranz zu sehen ist – der Kranz des aufgegebenen Sieges von Seiten desjenigen, der im Leben glänzte, sich aber dabei von jeglicher Eitelkeit und Ruhmsucht fernhielt. Ohne seine Tunika ist der Engel nackt – wie die nackte Wahrheit oder die sogenannte „entschleierte Isis“.

12.

Scuola Grande di San Rocco
Campo San Rocco
scuolagrandesanrocco.it
snrocco@libero.it

DIE MÜHLE DER SCUOLA GRANDE DI SAN ROCCO

Ein einfaches Spiel oder ein esoterisches Symbol?

Links vom Haupteingang der wunderschönen Scuola Grande di San Rocco befindet sich ein Stein, auf den sich viele Besucher setzen, ohne dabei das darin eingemeißelte Zeichen zu bemerken.

Einige sagen, es handle sich um ein Mühlespielbrett; andere wie René Guénon und Paul Le Cour hingegen betonen, dass dieses Zeichen auch an einer senkrechten Mauer zu finden ist und so kleine Ausmaße hat, dass es nicht als Spielbrett benutzt werden kann.

Dasselbe Zeichen ist auch im ersten Obergeschoss des Fontego dei Tedeschi zu sehen. Weisen diese Symbole vielleicht darauf hin, dass Venedig ein heiliger Ort ist?

Schon in der Antike in Rom, Griechenland und Ägypten wurde Mühle gespielt.

Als Spielsteine benutzte man einfach Steine mit verschiedenen Farben. Jeder der zwei Spieler verfügt über neun Spielsteine, die auf dem Spielbrett mit vierundzwanzig Positionen bewegt werden können.

Ziel des Spiels ist es, drei Steine in eine Reihe zu bringen.

HANDELT ES SICH UM EINE ESOTERISCHE MÜHLE?

Sowohl in Europa als auch in China, und sogar in Sri Lanka, kann man dieses Zeichen aus drei konzentrischen Quadraten mit vier zentralen Linien im inneren Quadrat finden. Die Mühle steht manchmal für das esoterische Symbol, das die drei Phasen des spirituellen Wegs der Eingeweihten darstellt. Vor dem Erreichen des Endzieles müssen drei Etappen durchlaufen werden: die körperliche, die geistige und die spirituelle oder göttliche. Bei den Druiden verkörpert dieses Symbol die drei Klassen der priesterlichen Hierarchie, und zwar *druides* (Priester), *vātes* (Seher) und *bardi* (Dichter). Außerdem wurden in Europa im Mittelalter da Schlösser mit drei Ringmauern erbaut, wo die tellurischen Kräfte einen besonders günstigen Ort zur spirituellen Besinnung anzeigten. Nachdem das Zeichen die drei Ringmauern des salomonischen Tempels in Jerusalem dargestellt hatte (vgl. 1 Kön, 7–12), verkörperte es auch das himmlische Jerusalem mit seinen zwölf Stadttoren (drei Tore an jeder Seite; vgl. Offb 21, 11–22). Die vier kreuzförmigen Linien, die die drei Ringmauern verbinden, verkörpern die Wege, auf denen die Lehre verbreitet wird. Aus der Mitte, der „Quelle der Tradition", entspringen die vier symbolischen Flüsse des *pardes*, des Paradieses. Die drei „Mauern" können auch kreisförmig sein. Der Kreis entspricht dem Anfang des Wegs, während das Quadrat das Ende verkörpert. Daher kommt auch der Ausdruck „die Quadratur des Kreises".

13.

Scuola Grande di San Rocco
Campo San Rocco
scuolagrandesanrocco.it
snrocco@libero.it

DIE GEHEIMNISSE DER SCUOLA GRANDE DI SAN ROCCO

Die Geheimbotschaft der Hauptgemälde von Tintoretto

Ab 1564 wurden beim Maler Tintoretto (1518–1594) viele großartige Gemälde in Auftrag gegeben, die die Scuola di San Rocco heute zum Ort mit den bedeutendsten Exemplaren venezianischer Malerei aus der Renaissance macht.

Die Räume der Scuola wurden stufenweise mit drei Zyklen von Leinwandgemälden ausgeschmückt: in der Sala dell'Albergo (1564–1567) zeigen die Bilder die Passion Christi, in der Sala del Capitolo (1576–1584) erzählen die Gemälde an der Decke die Geschichte des Alten Testaments und die an den Wänden die Ereignisse aus dem Leben Jesu.

In der Sala Terrena (1582–1584) werden die Geschichten des Lebens der Heiligen Jungfrau Maria und der Kindheit Jesu geschildert.

Auch wenn diese Werke bis heute als eine Reihe von Bildern der Heiligen Schriften gelten, beweisen neueste Untersuchungen, dass sich sowohl die unveröffentlichten Darstellungen als auch einige sonst unerklärliche Einzelheiten an die theologische Lehre von Guillaume Postel anlehnen könnten. 1555 wurde der französische Sprachforscher und Prophet Postel vor dem Inquisitionsgericht in Venedig wegen Häresie angeklagt (s. folgende Seite).

Auf dem Gemalde *Die Anbetung der Heiligen Drei Könige* im Erdgeschoss ist das Porträt eines knienden Mannes im Pilgergewand zu sehen, der Guillaume Postel überraschenderweise sehr ähnlich sieht (s. folgende Doppelseite).

Das Leben der Heiligen Jungfrau und der Kindheit Jesu wurden somit neu interpretiert und haben eine völlig neue Bedeutung gewonnen.

In der *Anbetung der Heiligen Drei Könige* soll Venedig demnach als neues Jerusalem zu verstehen sein, während die Heiligen, die hinten im Saal auf einer stimmungsvollen Landschaft dargestellt sind, einen zweiten Messias heraufbeschwören sollen. Nach Postel soll dieser Messias eine Frau sein, die die schon von Jesus begonnene Mission vollbringen und die Menschheit vom Sündenfall seitens Eva (s. folgende Seite) befreien wird.

Auch wenn die Entscheidung, die Lehre Postels als Inspirationsquelle zu nehmen, ganz klar auf die Auftraggeber zurückgeht, schließt das nicht aus, dass sich Tintoretto und der französische Theologe zwischen 1547 und 1548, als Letzterer in Venedig weilte, kennenlernten und mehrmals trafen.

Man darf nicht vergessen, dass Tintoretto in dieser Zeit sein erstes Meisterwerk *Das Wunder des heiligen Markus* fast vervollständigt hatte. Es wurde für die Scuola Grande di San Marco geschaffen, die sich nur wenige Schritte vom Krankenhaus Ospedaletto befindet, in dem Postel als Geistlicher arbeitete.

GUILLAUME POSTEL UND DIE WEISSAGUNG DES NEUEN, WEIBLICHEN MESSIAS

Postel wurde um 1510 in Barenton in der Diözese von Avranches in der Normandie geboren und studierte am Collège Sainte-Barbe in Paris asiatische Sprachen. Seine Sprachbegabung ermöglichte ihm den Zugang zum französischen Hof, wo ihm Franz I. den Titel *Lecteur royal* (königlicher Lektor) verlieh. Im Jahr 1537 bereiste er zum ersten Mal den Orient. Obwohl man die Etappen seiner Route nicht genau kennt, ist bekannt, dass er sich in Ägypten und in Konstantinopel aufhielt, um seine Sprachkenntnisse zu verbessern. Während seiner Rückreise entdeckte er Venedig. Sein Wunsch aber war, sich den Jesuiten anzuschließen, weswegen er sich nach Rom begab. Hier wurde er sofort wegen seiner unorthodoxen Ansichten verstoßen. Er flüchtete nach Venedig, wo er zwei Jahre lang (1547–1548) wohnte und im Krankenhaus San Giovanni e Paolo – auf venezianisch Ospedaletto – als Geistlicher arbeitete. Dort traf er Mutter Giovanna, eine fromme Frau, die seiner Meinung nach den neuen Messias verkörperte. Ihre barmherzige Gesinnung und vor allem ihr außergewöhnliches Verständnis der alten kabbalistischen Texte faszinierten ihn. Obwohl Giovanna kaum lesen und schreiben konnte, soll sie ihm die Geheimnisse des Zohar verraten haben, die er während seines Aufenthalts in Venedig ins Lateinische übersetzen wollte. Dank ihrer übersinnlichen Kräfte soll Giovanna durch die Gegenstände hindurchgesehen und fast ohne Essen und Trinken überlebt haben. Laut Postel sollte Giovanna die Mission Christus zum Abschluss bringen. Während der Sohn Gottes sein Leben opferte, um die Männer vor dem Sündenfall zu retten, sollte ein neuer weiblicher Messias dieselbe Mission auch für die Frauen vollenden. Die Menschheit sollte so wieder zur ursprünglichen Reinheit zurückfinden und die Welt sollte dem Ende aller religiösen Kriege beiwohnen, die in jener Zeit ausgebrochen waren. Es würden endlich Frieden und Wohlstand herrschen, womit das Zeitalter der universellen Eintracht beginnen könnte. 1555 veröffentlichte Postel zwei kleine Werke auf Italienisch (*Libro de la Divina Ordinatione* und *Prime nove del altro mondo*), in denen er seine Ansichten zusammenfasst. Da beide Schriften sofort auf den Index gesetzt wurden, bat Postel die Richter des Heiligen Offiziums um Erklärungen. Er wurde aber sofort inhaftiert. Die venezianische Inquisition beschloss, ihn vom Gericht in Rom verurteilen zu lassen. Er wurde als *amens* (Schwachsinniger) bezeichnet, weswegen er nicht zum Tode sondern zu lebenslänglicher Haft verurteilt wurde. Durch einen Aufstand nach dem Tod von Papst Paul IV. (1559) gelang es ihm, aus Rom zu fliehen. Der Theologe kehrte nach Frankreich zurück, wo der König ihn 1562 wegen der religiösen Kämpfe, die zuerst in Paris und später im ganzen Land stattfanden, ins Kloster Saint Martin des Champs verbannte, wo er im Jahre 1581 starb. Der sehr komplexe Leitgedanke von Guillaume Postel basiert auf der Kabbalah, und seine metaphernreichen Schriften sind schwer verständlich. Die Begabung von Giovanna, nur von Wasser und Wein zu leben, wird von Postel mit genauer und symbolischer Sprache beschrieben: Das Wasser, das Korn und das Weiß sind männliche Symbole, während der Wein, das Blut und das Rot weibliche Symbole sind. Laut Postel kann Giovanna mit ihrer Ernährung, vor allem geistlich gemeint, deshalb überleben, weil diese Ernährung die Vollkommenheit darstellt.

14.

Unterer Saal der Scuola Grande di San Rocco
Campo San Rocco
scuolagrandesanrocco.it
snrocco@libero.it

DIE GEMÄLDE MIT DEN ZWEI MARIEN

Die zwei Marien und die Weissagung des zweiten Erlösers

Man glaubte, dass die zwei Gemälde hinten in der Sala Terrena neben dem Altar die heilige Maria Magdalena und die heilige Maria von Ägypten darstellten. Nach der Studie der Lehre von Guillaume Postel sind sie aber ganz anders auszulegen. Die Hauptfigur beider Gemälde ist dieselbe, und zwar eine einmal von vorne und einmal von hinten dargestellte Frau, die immer gleich angezogen ist und dieselbe Frisur hat. Ihr Aussehen erinnert an die Jungfrau, die auf den im selben Saal hängenden Gemälden *Die Anbetung der Heiligen Drei Könige* oder *Die Verkündigung* sichtbar ist.
Auf den zwei Bildern sind zwei große Bäume dargestellt: Welche Art von Baum der linke ist, ist schwer zu sagen, aber der rechte Baum ist eine Palme.
Im Buch *Prime nove del altro mondo* erzählt Postel, dass es im irdischen Paradies zwei Arten von Bäumen gibt: Die Zweige des ersten richten sich gen Himmel und seine Wurzeln in die Erde, während die Zweige des zweiten sich gen Erde und seine Wurzeln gen Himmel richten. Laut Postel verkörpern die zwei Bäume den weiblichen bzw. den männlichen Teil der Gottheit. Der Stamm des ersten Baums, der den weiblichen Teil Gottes verkörpert, breitet sich in der Mitte aus und schließt sich dann wieder. Genau in diesem Punkt handelt der Heilige Geist.
Der Baum des ersten Gemäldes entspricht dieser Beschreibung genau: Seine Wurzeln sind klar zu sehen und die Krone möchte aus dem Bild ragen. Sie lässt erahnen, dass es einen anderen umgestürzten Baum gibt. In der Mitte des Bildes ist ein weißer Fleck zu bemerken, der auf die Taube, Symbol des Heiligen Geistes, anspielt. Postel betont, dass die Mutter der Welt, der weibliche Messias, „ihren Stuhl auf den Wurzeln des unteren Baums gebaut hat“: Die heilige Frau, die am Fuß des Baums sitzt, weist auf das Kommen des zweiten Messias hin.
Im selben Werk berichtet Postel auch über die Weissagung der Hochzeit von Thamar. Dieser Name bedeutet auf Hebräisch „Palme“. Die Besonderheit dieses Baums ist, dass der weibliche Baum ohne den männlichen Baum derselben Art nicht blühen kann. Es handelt sich um eine Metapher: Einerseits beschwört er die zweifache Natur der Gottheit – die weibliche und die männliche – und andererseits das baldige Kommen des weiblichen Messias. Die Darstellung der kleinen Holzbrücke, die die heilige Frau im wahrsten Sinne mit der Palme verbindet, könnte genau auf die Hochzeit von Thamar hinweisen, die für das Kommen des Zeitalters der universellen Eintracht von fundamentaler Bedeutung ist.

15.

Scuola Grande di San Rocco
Campo San Rocco
scuolagrandesanrocco.it
snrocco@libero.it

DIE DECKE DES KAPITELSAALS

Handelt es sich etwa um den Initiationsweg der christlichen Kabbalah?

Die Decke im großen Saal im Obergeschoss, auch Kapitelsaal genannt, weil sich hier einst die mit der Leitung der Scuola beauftragten Mitbrüder trafen, ist mit 33 Gemälden ausgeschmückt. Die von Tintoretto zwischen 1576 und 1581 geschaffenen Bilder schildern die Geschichte des Alten Testaments. Einige Forscher hatten in der Vergangenheit schon auf die Verbindung zwischen den Wandbildern vom Leben Christi und den Deckengemälden vom Alten Testament hingewiesen. Doch aufgrund der Theorien von Postel kann man die Darstellungen an der Decke noch anders auslegen. Die Ähnlichkeit zwischen der Anordnung der Bilder an der Decke und der Form des Sephirothbaums nach der christlichen Kabbalah, in der Postel Experte war (s. folgende Seite), ist erstaunlich.

Wenn man der Anordnung der Sephiroth folgt, befindet sich die Darstellung des hebräischen Osterfestes an der Stelle der Sphäre Kether, die im Buch Zohar als „das Oster- und Beschneidungsblut" oder als „dunkler Punkt, der Licht ausstrahlt" beschrieben wird. Diese Beschreibung ist schon sehr beunruhigend, aber das Gemälde von Tintoretto noch mehr: Auf dem Bild hebt sich ein seltsamer schwarzer Gegenstand ab, der auf dem Tisch liegt und ein starkes, die Hauptfiguren beleuchtendes Licht ausstrahlt.

Das Gemälde *Raccolta della manna* („*Die Ernte des Mannabrotes*"), auch „Himmelsbrot" (Ps. 78, 24), bezieht sich natürlich auf die Eucharistie. Die genaue Bedeutung des Mannabrotes ist im Buch Zohar zu finden: Das Manna ist der Tau, der von Kether kommt und dessen Licht das ganze Universum beleuchtet.

Weiter unten befindet sich das *Sacrificio di Isacco* („*Isaaksopfer*") genau in derselben Lage der Sphäre Tiphareth, die im Buch Zohar mit dem Ereignis des Alten Testaments verbunden ist. Außerdem entspricht die Schlange aus Bronze auf dem prächtigen Gemälde der traditionellen Gestalt des hebräischen Buchstabens *Teth*, der „Schlange" bedeutet.

Am anderen Ende der Decke befindet sich das Gemälde *Tentazione di Adamo ed Eva* („*Versuchung von Adam und Eva*"), die letzte Darstellung der Sphären, in derselben Lage der Sphäre Malkuth, die im Buch Zohar als „Apfelland" beschrieben wird. Für Blaise de Vigenère, einen Freund von Postel, ist es der Ort, wo Adam „aus Neugier von der Frucht der Erkenntnis des Guten und Bösen essen wollte".

WAS IST DIE KABBALAH?

Der Ursprung der Kabbalah (aus dem Hebräischen: „Überlieferung") liegt weit zurück. Kurz nach dem Auszug aus Ägypten sollen die Juden mit ihrem Anführer Mose das geheime esoterische Wissen der ägyptischen Weisen geerbt und dieses dann ihrem Monotheismus angepasst haben.

Nachdem sich die Pharisäer und die Sadduzäer von dem korrekten Verständnis des Pentateuchs abgewandt hatten, entstand die neue Linie der Reinen oder Essener, die als Gläubige die Garanten der Weisheit der Kabbalah bis zur Zeit von Jesus Christus waren, der sie sofort in seiner Lehre assimilierte. Nach dem Tode Jesu assimilierten die Gnostiker von Alexandrien die jüdische Kabbalah und passten sie dem Konzept des Universums und des Menschen an. So entstand die jüdisch-christliche Kabbalah.

Im 12. Jahrhundert wurde die Idee der Kabbalah im großen Werk *Sepher-Ha-Zohar* („*Buch des Glanzes*") des Rabbiners Mose von Leon ein weiteres Mal umgeschrieben. Dieses in Leon verfasste, aber in Lissabon konzipierte Werk erneuert das kabbalistische System auf der Grundlage des *Sepher-Ha-Jetzirah* („*Buch der Schöpfung*") aus dem 3. Jahrhundert nach Christus.

Die Ursprünge gehen auf das erste mystische judäische System Maasseh Merkabah zurück, das die heiligen Schriften der Tora im 2. Jahrhundert n. Chr. auslegte und eine neue Doktrin schuf, die anfänglich mündlich (*shebeal pe*) durch die Anhänger (*iordei merkabah*) überliefert wurde.

Im Buch *Sepher-Ha-Jetzirah*, in dem es um das Universum und seine Gesetze geht, beschreibt Abraham die Natur und ihre Erscheinungsformen als Ausdruck Gottes. Die Schöpfung bildet zehn untereinander verbundene Sphären/Elemente (*sephirots*), die die Wege der spirituellen Entwicklung des Kabbalisten aufzeigen und den Lebensbaum (*Otz Chaim*) bilden. Der zum Wort werdende Geist ist die erste Sphäre, und der aus ihm kommende Hauch (die zweite Sphäre) erschafft die anderen Sphären durch die Kombination der verschiedenen hebräischen Buchstaben. Die dritte Sphäre ist das Wasser, das die Erde und die Materie hervorbringt. Die vierte ist das Feuer, das das Leben nährt. Die letzten sechs Sphären entsprechen den vier Himmelsrichtungen und den zwei Himmelspolen.

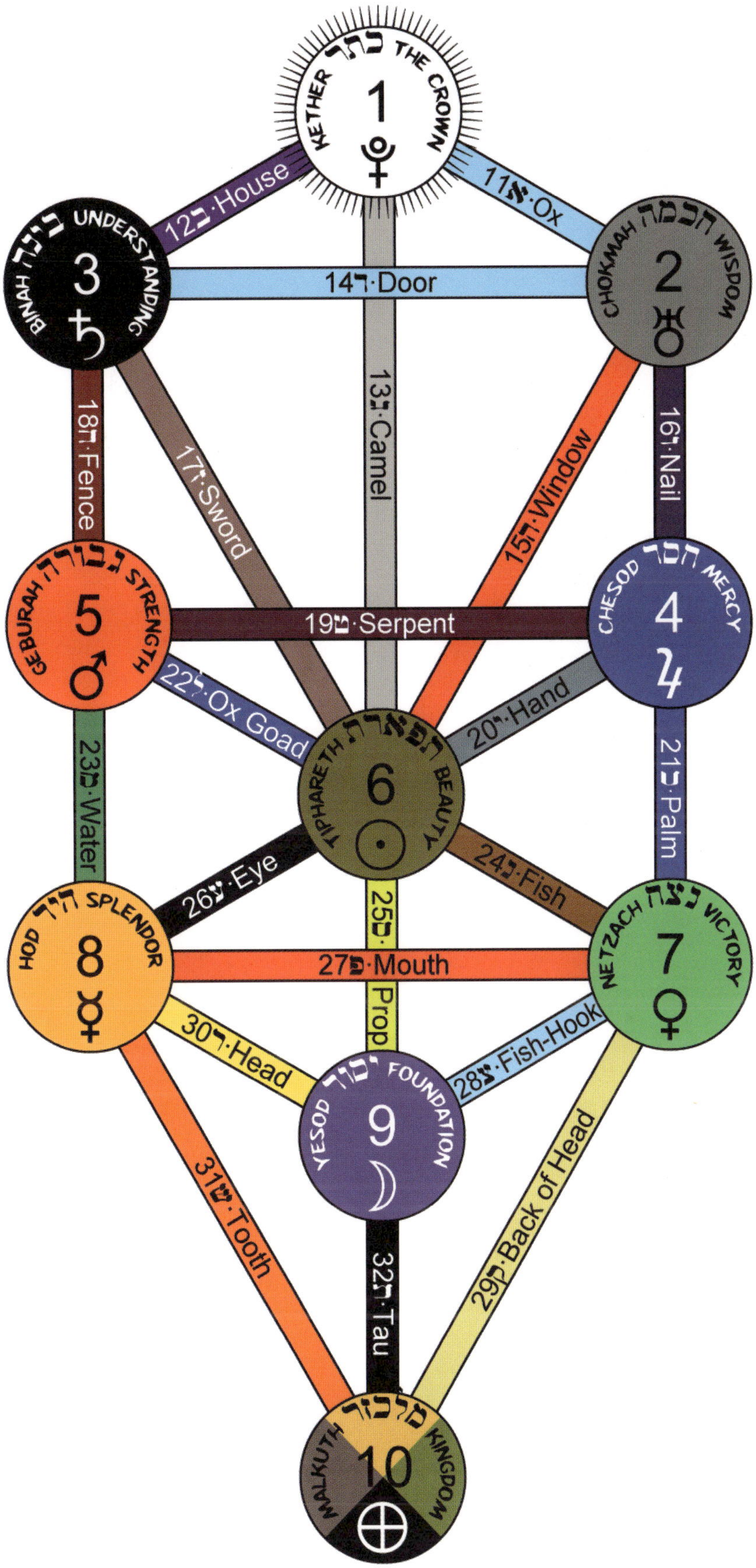
כתר KETHER THE CROWN
1
חכמה CHOKMAH WISDOM
2
בינה BINAH UNDERSTANDING
3
חסד CHESOD MERCY
4
גבורה GEBURAH STRENGTH
5
תפארת TIPHARETH BEAUTY
6
נצח NETZACH VICTORY
7
הוד HOD SPLENDOR
8
יסוד YESOD FOUNDATION
9
מלכות MALKUTH KINGDOM
10
11א·Ox
12ב·House
13ג·Camel
14ד·Door
15ה·Window
16ו·Nail
17ז·Sword
18ח·Fence
19ט·Serpent
20י·Hand
21כ·Palm
22ל·Ox Goad
23מ·Water
24נ·Fish
25ס·Prop
26ע·Eye
27פ·Mouth
28צ·Fish-Hook
29ק·Back of Head
30ר·Head
31ש·Tooth
32ת·Tau

HERMES TRISMEGISTOS UND DER HERMETISMUS

Hermes Trismegistos, dessen Name aus dem Lateinischen stammt und „dreimal größter Hermes" bedeutet, ist die neuplatonische, alchimistische und hermetische Bezeichnung für die ägyptische Gottheit Thot, die bei den Griechen Hermes wurde. Im Alten Testament wird er zum Patriarchen Enoch. Alle drei galten in ihren entsprechenden Kulturen als Schöpfer der phonetischen Schrift, der theurgischen Magie und des messianischen Prophetismus. Die Gottheit Thot war mit den Mondzyklen verbunden, deren Phasen die Harmonie des Universums ausdrückten. Die ägyptischen Schriften berichten vom Gott Thot als „zweimal große" Gottheit: des Wortes und der Weisheit. Zur Zeit des römischen Synkretismus wurde dem griechischen Gott Hermes das ägyptische Beiwort Thot gegeben und galt dabei als „dreimal große" Gottheit (Trismegistos): Gott des Wortes, der Weisheit, aber auch Götterbote des Elysiums und Olymps. Die Römer assoziierten ihn mit Merkur, dem Vermittlungsplaneten zwischen Sonne und Erde. Diese Vermittlungsfunktion hieß in der jüdischen Kabbalah Metraton, „senkrechtes Maß zwischen Erde und Sonne" (s. S. 187). Im hellenistischen Ägypten galt Hermes als „Schreiber und Bote der Götter" und wurde als Verfasser einer Reihe heiliger Schriften (*Corpus Hermeticum*) betrachtet, die Lehren über Kunst, Wissenschaft, Religion und Philosophie enthielten und deren Ziel die Vergöttlichung der Menschheit durch die Kenntnis von Gott war. Die Schriften, die wahrscheinlich von Vertretern der altägyptischen Hermetischen Schule verfasst wurden, enthalten ein jahrhundertealtes Wissen, das dem Gott der Weisheit zugeschrieben wurde, der dem Hindugott Ganesh sehr ähnelt. Der *Corpus Hermeticum* stammt vermutlich aus einer Zeit zwischen dem 1. und 3. Jahrhundert n. Chr. und galt als Inspirationsquelle für das hermetische und neuplatonische Denken der Renaissance. Obwohl der schweizerische Gelehrte Isaac Casaubon im 17. Jahrhundert das Gegenteil behauptete, wurden die Schriften weiterhin dem ägyptischen Altertum zugeschrieben. Sie sollen noch aus der Zeit vor Mose stammen und somit sogar älter sein als das Christentum. Laut Clemens von Alexandrien bestand der *Corpus* aus 42 Büchern, die jeweils in sechs Kapitel unterteilt waren. Im ersten Buch ging es um die Priesterausbildung; im zweiten um Tempelriten; im dritten um Geographie, Geologie, Botanik und Landwirtschaft; im vierten um Astrologie, Astronomie, Mathematik und Baukunst; das fünfte enthielt die Hymnen zum Ruhme der Götter und einen politischen Führer für Herrscher; das sechste stellte schließlich eine medizinische Abhandlung dar. Hermes Trismegistos soll der Erfinder des Kartenspiels mit esoterischen Symbolen gewesen sein, dessen erste 22 Karten auf einen Goldgrund und dessen restliche 56 auf einen Silbergrund eingraviert waren; es handelt sich um das Tarockspiel oder „Buch Thot“. Dem Gott Hermes werden auch das *Totenbuch* oder der Text *Heraustreten in das Tageslicht*, sowie der berühmte alchimistische Text *Tabula Smaragdina* zugeschrieben, die einen erheblichen Einfluss auf die Praktiken der Alchemie und Magie im mittelalterlichen Europa ausübten. Zwischen dem 5. und 14. Jahrhundert war der Hermetismus auch eine Schule der Hermeneutik, die einige Dichtungen des Altertums, Mythen, rätselhafte Kunstwerke und allegorische Abhandlungen der Alchemie oder der hermetischen Wissenschaft auslegte. Deshalb bezeichnet der Begriff Hermetismus heute noch die esoterische Prägung eines Textes, eines Werkes, eines Begriffes oder einer Handlung. Man braucht also eine gewisse hermeneutische Fähigkeit bzw. philosophisches Wissen, um den verborgenen Sinn dieser Werke zu verstehen. Die Prinzipien des Hermetismus wurden von den römischen Collegium Fabrorum (Architektenzunft für zivile, militärische und religiöse Bauwerke) übernommen und dementsprechend angewandt. Ihre Kenntnisse wurden dann im 12. Jahrhundert den sogenannten christlichen „Bau-Mönchen“ übermittelt, die die großen römischen und gotischen Gebäude Europas erbauten und ihre Werke nach der heiligen Architektur im Einklang mit der heiligen Geometrie anfertigten. So wurde die Idee der Kapitel drei und vier des *Corpus Hermeticum* verwirklicht, nach der Städte und Gebäude in gegenseitigem Zusammenhang mit Planeten und Konstellationen erbaut werden sollen, um so die Himmelsordnung auch auf der Erde zu reproduzieren und so kosmische oder siderische Energien freizusetzen. Das Ziel dabei war die Umsetzung des hermetischen Prinzips: „Alles, was oben ist, spiegelt wider, was unten ist.“ In der Zeit der europäischen Renaissance (16. und 17. Jahrhundert) folgte der Humanismus dem Hermetismus. Die Gestalten wurden rationalisiert und transzendentale Dimensionen immer unwichtiger; dies war das Ende der traditionellen Gesellschaft und der Anfang einer weltlichen, barocken und neuzeitlichen Ära, die dem Materialismus und Atheismus unserer Zeit den Weg ebnete. Allerdings gab es einige Ausnahmen von den europaweit herrschenden Regeln: Im Portugal des 16. Jahrhunderts z. B. erfanden die Bau-Meister (Nachfolger der Bau-Mönche) den Manuelinischen Stil nach den hermetischen Regeln der Heiligen Architektur. Der Einfluss dieser freien Bauherren zog sich bis ins 18. Jahrhundert hinein. Ihr größtes Meisterwerk war der Wiederaufbau ihrer Hauptstadt nach dem starken Erdbeben im Jahr 1755. Das ist der Grund, weshalb Lissabon unter dem Marquis von Pombal nach geometrischen und architektonischen Prinzipien der Tradition des Hermes Trismegistos entworfen und erbaut wurde (siehe *Verborgenes Lissabon* im selben Verlag).

16.

Kirche San Pantalon
Campo San Pantalon

DIE KAPELLE DER SANTA CASA DE LORETO

Eine exakte Kopie der Basilika vom Heiligen Haus in Loreto

Verborgen hinten links in der Kirche San Pantalon liegt am Ende eines schmalen Ganges die Kapelle des Heiligen Hauses. Sie ist eine exakte Kopie der Santa Casa in Loreto. Sie wurde 1744 im Auftrag des damaligen Pfarrers an diesem gut geschützten, reizvollen Ort errichtet. Der Legende nach wurde das Haus von Maria und ihrer Familie in Nazareth 1291 von Engeln vor der Verwüstung durch die Türken gerettet. Gleichzeitig wurden die Kreuzritter aus Palästina vertrieben. Die Engel brachten das Haus zunächst nach Illyrien (im heutigen Kroatien) und 1294 schließlich in das südlich von Ancona gelegene Loreto.

Dort wurde ein Heiligtum geweiht, das schon bald berühmt wurde und noch heute als Pilgerstätte zahlreiche Gläubige anzieht. Da die heilige Jungfrau von Loreto auch in der Lagune von Venedig verehrt wurde, ließ der Pfarrer links der Apsis eine exakte Nachbildung des Heiligen Hauses für all jene errichten, denen es verwehrt war, nach Loreto zu pilgern. Diese Nachbildung wurde von Giovanni Antonio Scalfarotto gebaut und am 25. März 1745 eingeweiht, dem Tag der „Geburt" Venedigs (s. S. 90) und des Festes der Verkündigung des Herrn. Wie das Original mit gleichen Abmessungen umfasst auch sie nur drei Mauern: die Kapelle von Nazareth war an einer Grotte angebaut.

In einer Nische oberhalb des Altars steht eine kleine bemalte Holzstatue der heiligen Jungfrau.

Auch sie wurde dem Original aus Loreto nachgebildet.

DAS EINZIGE RELIGIÖSE WERK VON PIETRO LONGHI

An den Wänden finden sich Spuren von Fresken des venezianischen Malers Pietro Longhi. Sie zeigen die wundersame schwarze Jungfrau, die Heilige Familie, verschiedene Heilige, Engel und einen Märtyrer. Die Gemälde sind von außergewöhnlicher Intensität, mit blasser Farbgebung, sanften Rosa- und Blautönen, aufgehellt durch Gelb und Orange. Dieses Fresko ist umso wertvoller, als es sich um das einzige religiöse Werk von Pietro Longhi handelt, eines Malers, der vor allem für seine kleinformatigen Darstellungen venezianischer Alltagsszenen berühmt ist. Der Maler, der als Pietro Falca 1701 als Sohn eines Schatzmeisters in Venedig geboren wurde (wo er 1785 auch starb), lebte in dieser Gemeinde ganz in der Nähe der Kirche Santa Margherita. Der Nachname Longhi taucht nur in Dokumenten im Zusammenhang mit seiner künstlerischen Tätigkeit auf.

VIRGO LAVRETANA
ET VERBVM CARO FACTVM EST

17.

Kirche San Pantalon
Campo San Pantalon

CAPPELLA DEL SANTO CHIODO

Der Nagel der Kreuzigung Christi

Anders als Sie vielleicht denken, ist die Cappella del Santo Chiodo in der Kirche San Pantalon für die Öffentlichkeit zugänglich. Für Besichtigungen reicht es aus, wenn Sie das Personal fragen.
Der im herrlichen Altar aus dem 15. Jahrhundert aufbewahrte Nagel (erwähnenswert ist auch das Relief der Grablegung Christi) ist wahrscheinlich eine der wertvollsten Reliquien in ganz Venedig.
Der heilige Ludwig, auch Ludwig IX. von Frankreich genannt, soll der Stadt den Nagel geschenkt haben, als er im Frühling 1270 nach Venedig kam, um Zustimmung für den kommenden Kreuzzug zu sammeln. Vor der Abfahrt ging er zu den Klarissen nach Santa Chiara und gab der Oberin einen Ring und ein Kästchen, dessen Inhalt nur demjenigen gegeben werden durfte, der ebenfalls einen solchen Ring trug. Ludwig kam nie von dem Kreuzzug zurück. Er starb nämlich am 28. August des gleichen Jahres bei einer Epidemie in Tunis.
Viel später, nachdem die Klosterschwestern keine Nachrichten mehr bekommen hatten und ihr Kloster wunderbarerweise ein schweres Hochwasser (*acqua alta*) überstanden hatte, beschlossen sie, das Kästchen zu öffnen. Neben dem Nagel fanden sie auch andere Reliquien, einige französische Goldmünzen sowie einen Text, in dem der König erklärte, wie die heilige Reliquie in seinen Besitz gelangt war: Laut Tradition wurde der Nagel der Passion Christi von der heiligen Helena (Mutter von Konstantin, dem ersten römischen Kaiser, der im 4. Jahrhundert zum Christentum konvertierte) gefunden. Die Reliquien wurden von ihrem Sohn zuerst nach Rom gebracht, und von dort gelangten sie nach Byzanz, wo Konstantin die neue Stadt Konstantinopel gründete. Nach dem Fall Konstantinopels durch die Kreuzzüge im Jahre 1203 teilten sich die französischen und venezianischen Sieger die Reliquien der Passion.
Der Legende nach hat der Nagel sogar ein Wunder vollbracht: Die heilige Helena tauchte ihn nämlich bei einem Sturm in die Adria und besänftigte so das Meer.
Als das Klarissenkloster 1810 durch Napoleon geschlossen wurde, ließ sich die Oberin, Schwester Maria Lucarelli, in der Kirche San Pantalon nieder, der sie am 30. Mai 1830 mit der Zustimmung ihrer Mitschwestern die Heilige Reliquie überließ. Am Karfreitag des Jahres 1836 wurde der Heilige Nagel an seinen heutigen Platz.

H.
CLAVUS
PEDUUM
D.N.J.C.
A.

18.

Campiello Angaran
San Polo 3717

DAS MEDAILLON EINES BYZANTINISCHEN KAISERS

Ein sehr diskretes Medaillon

Wenige Schritte von der Kirche San Pantalon entfernt liegt der Campiello Angaran, weitab vom Touristenverkehr. An der Fassade mit der Hausnummer 3717 befindet sich ein schönes Marmormedaillon, das einen westlichen Kaiser darstellt. Laut Legende des Ursprungs des Medaillons wurde der General Lorenzo Tiepolo 1256 zum Kampf gegen die Genuesen nach San Giovanni d'Acri geschickt. Einige seiner Verwandten und Freunde, die nicht an seine Fähigkeiten glaubten, beschlossen, ihn herauszufordern: Wenn er die Feinde besiegen sollte, müsse er einen Beweis mitbringen. Tiepolo siegte in dem Kampf und schickte deshalb ein Medaillon nach Venedig, das er der Burg Montjoie entnommen hatte. Einige zweifeln an der Echtheit dieser Geschichte, andere behaupten, der Stein sei im Boden zwischen der Kirche San Pantalon und dem Haus verlegt worden, in dem einer derjenigen lebte, die Tiepolo nicht trauten. So wurde er jedes Mal auf dem Weg zur Kirche an die Tapferkeit des Generals erinnert.
Anderen Meinungen nach soll das Medaillon aus dem 9. Jahrhundert stammen und Leo VII. darstellen, der auch „Philosoph" genannt wurde und von 886 bis 991 regierte.
Andere behaupten wiederum, all das sei nur eine Legende und das Medaillon stamme aus dem ausgehenden 12. oder den ersten Jahren des 13. Jahrhunderts. Ein ähnliches Medaillon befindet sich in der Dumbarton-Sammlung in Washington.

ALS SICH EINER DER BESITZER WEIGERTE, DAS MEDAILLON INS MUSEUM CORRER BRINGEN ZU LASSEN

Das Medaillon wurde 1974 im Museum Correr ausgestellt. Später sollte das Werk dann dem Museum überlassen werden. Dem damaligen Besitzer ist es zu verdanken, dass das Medaillon wieder an seinem Platz ist und als öffentlich sichtbares Kunstwerk die Stadt noch schöner macht. Umso mehr, wenn es – wie hier – auch noch etwas versteckt ist.

3717

CANNAREGIO

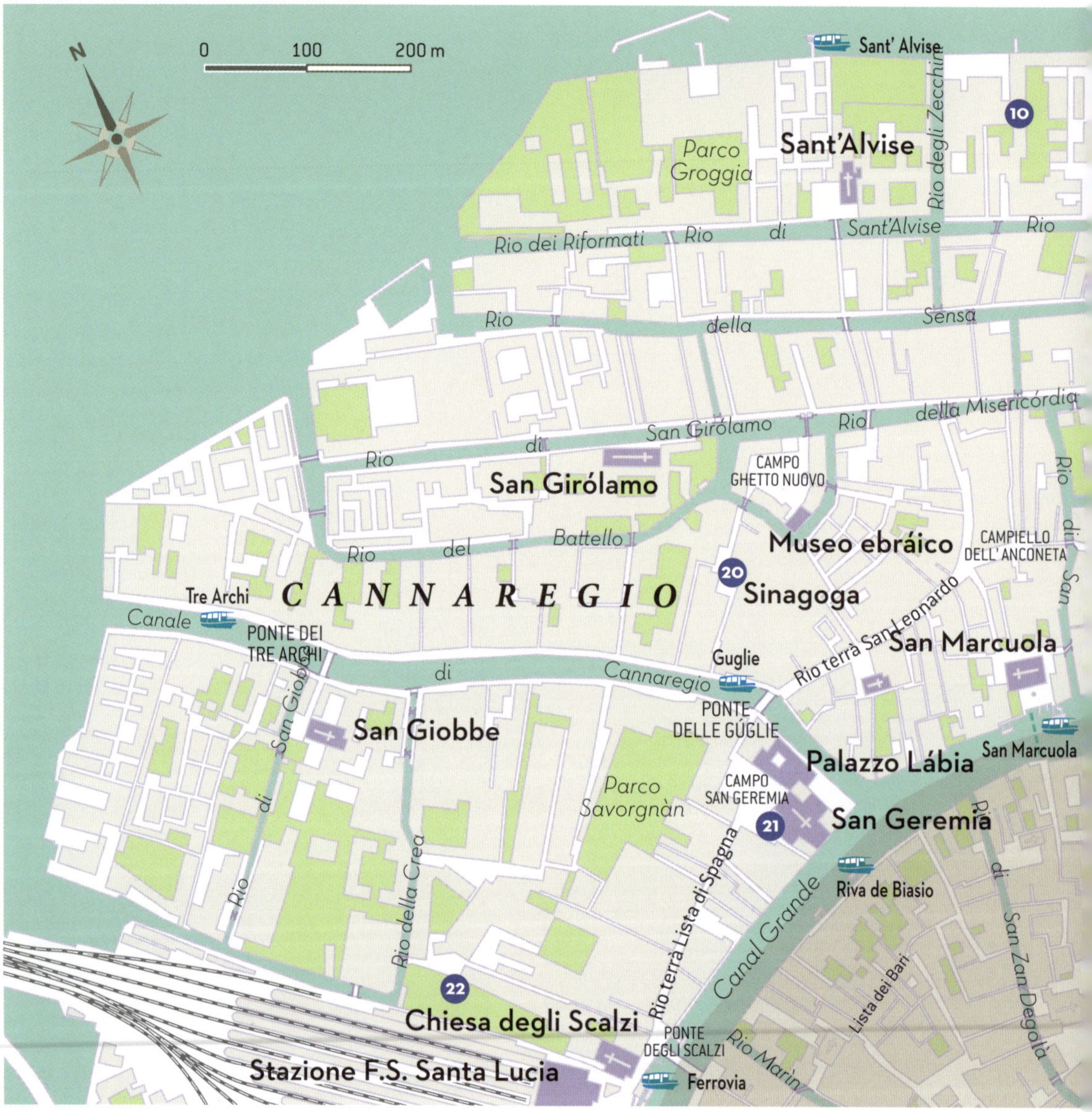
N
0
100
200 m
Sant' Alvise
10
Parco Groggia
Sant'Alvise
Rio degli Zecchini
Rio dei Riformati
Rio di Sant'Alvise
Rio
Rio della Sensa
Rio della Misericórdia
San Girólamo
Rio di San Girólamo
CAMPO GHETTO NUOVO
San Girólamo
Museo ebráico
CAMPIELLO DELL'ANCONETA
Rio del Battello
Rio di San
20
Sinagoga
Tre Archi
CANNAREGIO
Canale
PONTE DEI TRE ARCHI
Rio terrà San Leonardo
San Marcuola
Guglie
Cannaregio
di
PONTE DELLE GÚGLIE
San Giobbe
Rio di San Giobbe
Palazzo Lábia
San Marcuola
Parco Savorgnàn
CAMPO SAN GEREMIA
21
San Geremia
Rio della Crea
Rio terrà Lista di Spagna
Canal Grande
Riva de Biasio
Rio di San Zan Degolà
Lista dei Bari
22
Chiesa degli Scalzi
PONTE DEGLI SCALZI
Rio Marin
Stazione F.S. Santa Lucia
Ferrovia

Orto
Madonna dell'Orto
Canale delle Fondamente Nuove
Fondamente Nuove
Sacca della Misericórdia
Madonna dell'Orto
Gesuiti
Fondamente Nuove
Fondamente Nuove
Santa Maria della Misericórdia
Canale della Misericórdia
Rio della Sensa
Rio di Santa Catarina
Rio dei Gesuiti
Rio della Panada
Rio della Misericórdia
CANNAREGIO
Rio dei Mendicanti
San Marziale
Rio di Noale
Rio di San Felice
Santa Fosca
Rio dei Santi Astoli
Rio della
La Maddalena
San Felice
Santa Sofia
Santi Apóstoli
San Canciano
CAMPO SANTA MARIA NOVA
Palazzo Vendramìn-Calergi
CAMPO SAN FELICE
Strada Nova
CAMPO DEI SANTI APÓSTOLI
Santa Maria dei Miràcoli
CAMPO SANTA SOFIA
San Stae
Ca' d'Oro
Ca' d'Oro
Rio di San Marina
Canal Grande
Teatro Málibran
San Giovanni Crisóstomo
CAMPO DELLA PESCARÍA
Rialto Mercato
CASTELLO
Rio di San Stae
Rio delle Due Torri
Rio di San Cassiano
Rio delle Becarie
CAMPO SAN CASSIANO
Rio della Fava
PONTE DI RIALTO
Rialto
SAN POLO
SAN MARCO

01.

Palazzo Bembo-Boldù
Cannaregio 5999

DER MENSCH DER WÄLDER: DER *HOMO SILVANUS*

Zur Erinnerung an die Gottheiten der Antike

An der Vorderfront des Palazzo Bembo-Boldù, der nur einige Schritte von der Kirche dei Miracoli entfernt ist, fällt eine besondere Figur auf: die Darstellung eines Mannes in Lebensgröße, der einen runden Schild mit einer Sonne in Händen hält und dessen Körper ganz mit Haaren bedeckt ist. Es handelt sich um die seltene Darstellung des *Homo Silvanus*, des „Waldmenschen".

Der *Homo Silvanus* verkörpert den Urmenschen. Als Vorfahre Adams kennt er die Sünde nicht und lebt am Anfang der Welt wahrscheinlich in Wäldern. Er ist Sinnbild der Naivität, der guten Gesinnung und steht damit im Gegensatz zu einer Welt voller Unaufrichtigkeit, Lüge und Grausamkeit, denen er zum Opfer fallen kann. Der *Homo Silvanus* stellt aber auch die dunklen und finsteren Seiten unserer Persönlichkeit dar, sogar jene psychische und sexuelle Perversion, die in der christlichen Welt durch die Figur des Satyrs verkörpert wird.

Die Figur symbolisiert die wilde Reinheit des Urmenschen an sich im Garten Eden, im irdischen Paradies, und die Sonne als Nahrungs- und Lebensquelle, als Stern und König.

Im römischen Altertum war Silvanus der Beschützer der Wälder (wie der Name schon sagt: *silva* – lateinisch für „Wald"). Silvanus wird oft als Sohn des Saturns oder des Fauns (Enkel des Saturns) bezeichnet. Silvanus war wie der Faun eine römische Gottheit. Wenn der Faun der Beschützer der Viehzucht und der Hirten war, so war Silvanus der Wächter der Wälder und wahrscheinlich der Erste, der die Einteilung der Ländereien erlaubte. Auf ihn gehen somit die ältesten ländlichen Gemeinschaften zurück, deren religiöse Tradition, die dem Wechsel der Jahreszeiten folgt, in der urheidnischen Volksreligion bis heute überlebt.

Eine Darstellung befand sich auch im Tempel des Saturns in Rom; in der Hauptstadt des römischen Reichs gab es zudem zwei Tempel, die dem Gott Silvanus geweiht waren. In Abbildungen ist Silvanus entweder nackt oder mit einem groben, bis zu den Knien reichenden Gewand dargestellt. Laut Studien von Murray wurde der Gott wie ein junger Mensch und Musiker dargestellt, der (wie alle Hirtengottheiten) Flöte spielte und einen Zweig in seiner Hand trug. Der Zweig war sowohl Symbol der Gottheit der Wälder als auch Symbol seiner verzweifelten Liebe zum schönen Kyparisson, der in eine Zypresse (Zeichen der Macht des Todes) verwandelt wurde.

Laut Studien von Dillaway hingegen war Silvanus – wie schon bei Vergil beschrieben – wie ein Mann von kleiner Statur dargestellt, mit menschlichem Gesicht und Ziegenfüßen und mit einem Zypressenzweig in der Hand.

Ein weiterer *Homo Silvanus* ist in der Fassade der Casa Brass (Dorsoduro 1083) neben der Kirche San Trovaso zu sehen.

Später nahm das Christentum die heidnische Figur auf und machte daraus die Figuren des heiligen Silvanus und des heiligen Silvester, die wie viele andere Heilige (heiliger Georg, heiliger Christoph und heilige Philomena) nie wirklich existiert haben und jüngst aus dem offiziellen katholischen Kalender gestrichen wurden.

02.

Jesuitenkirche (oder Santa Maria Assunta)

DIE STATUEN DER ERZENGEL SEALTIEL, URIEL UND BARACHIEL

Die überraschende Darstellung dreier unbekannter Erzengel

In den vier Nischen des Querschiffs der Jesuitenkirche steht jeweils ein Erzengel. Die Statuen wurden von Giuseppe Torretti (1661–1743) geschaffen und stellen neben den bekannten Erzengeln Gabriel, Raphael und Michael auch den weniger bekannten Sealtiel dar. Im Chor sind noch zwei weitere Statuen weit unbekannterer Erzengel, nämlich Uriel und Barachiel, zu sehen.
Michael (Fürst der himmlischen Heerscharen, hebr.: „Wer ist wie Gott"), Gabriel (Patron der Reisenden, hebr.: „Gott ist mein Held") und Raphael (himmlischer Bote*, hebr.: „Gott heilt"), Barachiel, Sealtiel, Uriel und Jehudiel sind die sieben Erzengel in der Tradition der Gnostik und der Kabbalah, wobei für die letzten vier die Namen Samael, Zadkiel, Anael und Kassiel verwendet werden.
Nicht alle sieben Erzengel werden in der Bibel genannt (es treten nur Michael, Gabriel und Raphael auf). Im (apokryphen) Buch Tobit wird allerdings auf die Zahl Sieben hingewiesen (Kap. 12, 15): „Ich bin Raphael, einer der sieben Engel, die (...) vor die Majestät des heiligen Gottes treten." Außerdem hat die jüdisch-christliche Tradition diesen Engeln die Herrschaft über sieben Planeten gegeben:
Sonne – Michael; Mars – Samael (Barachiel); Jupiter – Zadkiel (Sealtiel); Saturn – Kassiel (Jehudiel); Mond – Gabriel; Merkur – Raphael; Venus – Anael (Uriel)
Sealtiel oder Selaphiel (hebr: „Gebet oder Gebot Gottes" – er ist der „kontemplative" Erzengel der Göttlichkeit) wird in der Engelikonographie mit dem Füllhorn dargestellt. Sein Auftrag besteht darin, durch seine Fürbitte bei der himmlischen Gerechtigkeit dazu beizutragen, die materiellen Bedürfnisse der Gesellschaft Jesu (der Jesuiten) zu stillen.
Uriel (hebr.: „Licht oder Feuer Gottes") ist der Wächter der Tore zum Paradies (Garten Eden) und trägt ein strahlendes Schwert. Außerdem ist er in der apokalyptischen Tradition das göttliche Wesen, das am Ende der Zeiten den unreinen Seelen das Tor zur Hölle öffnet. Die Darstellung in der Kirche sollte das Gebäude, und im weiteren Sinne Venedig, beschützen und Gut von Böse und Licht von Finsternis trennen.
Barachiel (hebr.: „Segen Gottes") garantiert dem Menschen die Gnade Gottes, hilft ihm, den rechten Weg zu gehen, beschützt ihn vor Glaubensfeinden und sichert ihm nach seinem körperlichen Tod die himmlische Seligkeit zu. Er ist der Erzengel der Güte Gottes.

** Unter dem Namen Gibril enthüllte er Mohammed die Verse des Korans.*

Die Jesuiten, die den Christen der Gnostik mit ihren esoterischen Kenntnissen nahestanden, hatten viel Kontakt zu den Juden aus dem angrenzenden Ghetto, wo die Tradition der Kabbalah weit verbreitet war.

ORATIO DEI
ALTIEL ARCH.

DIE ENGELSHIERARCHIE

In der jüdisch-christlichen Tradition sind die Himmelsmächte, die das Universum, die Erde und den Mensch erschaffen haben, in neun Chöre unterteilt. Im sogenannten Himmelsheer stehen Erzengel, Engel, Heilige und Weise unter der Ägide des Erzengels Michael, der Gott am nächsten ist. Zu diesem Thema existieren mehrere Schriften prominenter Kirchenpersönlichkeiten (Ambrosius, Hieronymus, Papst Gregor I., genannt der Große, jüdische Autoritäten wie Mosche de Leon und Moses Maimonides und die theologischen Werke *Sefer HaZohar*, *Maseket-Atziluth* und *Berith-Menusha*). Die wichtigste, allgemein anerkannte Schrift ist die von Pseudo-Dionysius Areopagita. Das Werk geht auf das 6. Jahrhundert zurück und wird der von Dionysius Areopagita gegründeten Schule (1. Jahrhundert n. Chr.) zugeschrieben. Es wird überliefert, dass Dionysius Areopagita, der erste Bischof von Athen, unter dem römischen Kaiser Domitian das Martyrium erlitt. Ihm werden zwei Werke zugeschrieben (die *Himmlische Hierarchie* und die *Kirchliche Hierarchie*), die in Wahrheit viel später von einer unbekannten Gruppe Neoplatoniker geschrieben wurden – daher der Name „Pseudo-Dionysius".

Das Werk, dem Thomas von Aquin in seiner *Summa theologica* zustimmt, beschreibt drei verschiedene Sphären von Himmelskräften, wobei jede aus drei Chören besteht. Insgesamt gibt es also neun Chöre.
Erste Sphäre (der Vater). Die entsprechenden drei Chöre waren bei der Schöpfung anwesend, bewahren die ursprüngliche Harmonie und dienen als himmlische Berater.
Throne
Cherubim
Seraphim
Zweite Sphäre (der Sohn). Die entsprechenden drei Chöre verkörpern die Macht Gottes bei der Schöpfung der von ihnen beherrschten Planeten, besonders der Erde. Sie führen die Aufträge der Himmelskräfte der ersten Sphäre aus und befehligen die dritte Sphäre.
Herrschaften
Mächte
Gewalten
Dritte Sphäre (der Heilige Geist). Die drei Chöre waren bei der Schöpfung des Menschen anwesend und beschützen und leiten diesen somit. Sie tragen die weisen Gedanken und die Liebesgebete des Menschen zum Himmel empor.
Fürstentümer
Erzengel
Engel
Die dritte Sphäre umfasst alle Eigenschaften der anderen Sphären. Sie steht den Menschen am nächsten, weshalb sie auch am häufigsten von den Menschen angerufen wird. Sie ist auch die Sphäre, die am häufigsten künstlerisch dargestellt wird. Während die Engel die allgemeinen Boten Gottes sind, verkündigen die Erzengel nur die wichtigsten Ereignisse.

03.

La Comunione di Santa Lucia
von Giambattista Tiepolo
Cappella Corner
Kirche Santi Apostoli

DIE AUGEN DER HEILIGEN LUCIA

Auf einem Tablett

In der Cappella Corner der Kirche Santi Apostoli kann man das relativ unbekannte Gemälde von Tiepolo „*Die Kommunion der heiligen Lucia*“ (*La Comunione di Santa Lucia*) bewundern. Die Darstellung erzählt vom Martyrium der heiligen Lucia (s. u.). Rechts unten in der Ecke sind die Augen der Heiligen zu sehen, die spektakulär auf einem Tablett neben einem Messer liegen. Laut Legende wurden der Heiligen vor ihrer Enthauptung die Augen herausgerissen. Das Gemälde zeigt die Heilige, wie sie vor ihrer Hinrichtung ihre letzte Kommunion empfängt. Einige Quellen behaupten, dass sie sich vor ihrer Enthauptung die Augen wieder eingesetzt habe.

Das von Bassano gemalte Bild „*Das Martyrium der Heiligen Lucia*“ (*Il martirio di Santa Lucia*), das in der Kirche Giorgio Maggiore zu bewundern ist, stellt die Ochsen und die Männer dar, wie sie vergebens versuchen, Lucia zur Hinrichtung zu bringen. Die Reliquien der Heiligen Lucia befinden sich in Venedig und werden in der Kirche Santi Geremia e Lucia aufbewahrt.

DIE HEILIGE LUCIA

Lucia wurde ungefähr im Jahre 300 in Syrakus geboren und stammte aus einer adligen Familie. Sie weihte ihr Leben Gott und legte das Gelübde der Keuschheit und der Armut ab. Da sie das Vermögen ihres zurückgewiesenen Bräutigams an Arme verschenkt hatte, klagte dieser sie beim Konsul Paschasius als Christin an, weil sie gegen die Gesetze des Kaisers verstieß. Der Konsul, der mehrmals vergeblich versucht hatte, sie zu einer Gottesverleugnung zu bewegen, befahl einigen Männern, sie zu vergewaltigen. Außerdem sollte sie in ein Bordell gebracht werden, doch der Heilige Geist stieg auf sie herab und machte sie so schwer, dass nicht einmal ein Dutzend Ochsen und Männer sie von der Stelle bewegen konnten. Um der Hexerei ein Ende zu machen, befahl der Konsul, sie zuerst mit Urin und dann mit kochend heißem, mit Pech und Harz vermischtem Öl zu begießen. Später beschloss er, ihr die Kehle durchschneiden zu lassen. Andere Quellen behaupten auch, ihr seien die Augen herausgerissen worden. Trotz durchtrennter Kehle sprach Lucia weiter und rief den Namen Gottes an. Die heilige Lucia ist die Patronin der Optiker und wird bei Augenleiden angerufen. Einige Quellen leugnen die Existenz Lucias.

04.

Hotel Ca'Sagredo
Campo Santa Sofia 4198
casagredohotel.com

DAS EHEMALIGE CASINO SAGREDO

Zwei atemberaubende Zimmer in einem ehemaligen Casino aus dem 18. Jahrhundert

Zum Hotel Ca' Sagredo gehören zwei wunderschöne Zimmer, für die merkwürdigerweise wenig Werbung gemacht wird. Die heutigen Zimmer Nr. 305 und 306 entsprechen den sechs Sälen im ehemaligen Casino Sagredo.

Diese im Jahre 1718 von Carpoforo Mazzetti und Abbondio Stazio mit Stuck und Fresken verzierten Säle sind echte Schmuckstücke, denen allerdings der alte Alkoven fehlt (heute im Metropolitan Museum of Art in New York). Der kleine Salon im Zimmer Nr. 306 fällt durch seine feinen Stuckdarstellungen von Tieren auf, die die Gäste des Zimmers zu beobachten scheinen. Aus dem Salon des Zimmers Nr. 305 hingegen genießt man einen wunderschönen Blick auf die ungewöhnliche Scala dei Giganti („Treppe der Giganten") des Hotels. Außerdem besitzt der Saal eine Geheimtür, die den heute noch bestehenden Tanzsaal durch einen Geheimgang mit dem Casino verband. So konnte der Vergnügungsort von den Gästen mit der höchsten Diskretion erreicht werden. Obwohl man im Haus nicht übernachten kann, sollte das Hotel auf jeden Fall besichtigt werden, denn die Besichtigung dieses alten, erhabenen Privatwohnsitzes lohnt sich. Die riesigen Räume, deren Ausstattung während der hervorragend durchgeführten Restaurierung unverändert blieb, sind mit Fresken von Tiepolo, Longhi und Ricci bemalt. Außerdem verfügt das Hotel über ein Restaurant mit Terrasse und Blick auf den Canal Grande und den Rialtomarkt. Leider bietet das Restaurant keine venezianische Küche. Fragen Sie am Eingang, ob Sie die riesige Prunktreppe benutzen dürfen. Denn dieses im 17. Jahrhundert von Tirali entworfene Werk sollten Sie unbedingt besichtigen, auch weil Sie hier das 1734 vom Maler Longhi geschaffene Fresko *La caduta dei Giganti* („*Der Gigantensturz*")sehen können. Im Obergeschoss führt die erste Tür links in einen Raum, der früher ein Restaurant war. Im Inneren ist nicht nur ein prächtiges Gemälde von Tiepolo zu sehen, sondern auch der wunderbare alte Tanzsaal.

05.

Ca' d'Oro, Cannaregio 3933, sichtbar von der Calle Ca' d'Oro
Ca' Cappello, Castello 6391, sichtbar von der Cappello-Brücke
Castello 5507, in der Corte Licini

KUNSTVOLLE REGENRINNEN

Die Feinheiten des venezianischen Städtebaus

Die Finesse der venezianischen Kunst ist sogar in einigen unerwarteten Einzelheiten zu erkennen. So wurde z. B. das Problem der Speicherung von Regenwasser in manchen Palazzi mit halbkreisförmigen Säulen aus krummen Ziegeln gelöst, die an den Häuserecken angebracht wurden, wobei das steinerne Verbindungselement (italienisch: *fossa* = „Grube") zwischen den Halbsäulen und dem Sims manchmal dekoriert war.

An einer Ecke der Ca' d'Oro befinden sich zwei miteinander verbundene Dachrinnen, deren Verbindungspunkt ein Kapitell mit Blätterelementen bildet.
Darüber liegt ein zweites Kapitell mit einem sitzenden, von Pflanzen umgebenen Atlas, der die Rinne der angrenzenden Palazzo-Seite trägt.
An der Ca' Cappello findet sich ein weiteres Beispiel einer *fossa* in Form eines gotischen Kapitells. Es ist schlichter, aber dennoch eindrucksvoll, wenn man bedenkt, wie viel Sorgfalt auf dieses doch zweckmäßige Dachelement verwendet wurde.
An weniger wichtigen Palazzi finden sich nur selten von außen sichtbare Beispiele und selbst wenn, dann sind sie der Architektur des Adels entlehnt.
Eines befindet sich in einem kleinen Palazzo in Castello 5507, in der Corte Licini, hinter der Kirche de la Fava; das Besondere daran ist die Vollkommenheit der Säule; allerdings ist das obere Ende schlichter als das von der Ca' d'Oro und der Ca' Cappello.

Die Regenrinnen speisten die Brunnen in privaten Höfen, im Inneren von Gebäuden und auf den Plätzen, den sogenannten *campi*.

06.

Fondamenta del Traghetto

DARSTELLUNGEN VON RATTEN

Fünf Ratten für jeden Venezianer!

Am Ende der Calle del Tragheto, in der Nähe der Kirche San Felice, genau gegenüber dem Canal Grande, erkennt man an einem großen zylindrischen Säulensockel eine in Stein gemeißelte Ratte mit langem Schwanz (und darüber die Jahreszahl 1644). Vielleicht wollte der Künstler seinen Nachkommen einfach nur mitteilen, dass Ratten schon seit Jahrhunderten zur Geschichte der Serenissima gehören.
Laut jüngsten Schätzungen „verfügt“ jeder Venezianer über fünf Nagetiere. Dank ihrer außerordentlichen Anpassungsfähigkeit haben sich die Hausmaus (*Mus musculus*), die Wanderratte (*Rattus norvegicus*) und die Biberratte (*Myocastor coypus*, eine große Wasserratte, die fast so groß ist wie ein Biber) perfekt an die doch sehr eigenartige Stadt gewöhnt.
Denn ihr venezianisches Leben ist gekennzeichnet von einem undurchschaubaren Labyrinth von Kanälen, dem täglichen Gezeitenwechsel und dem periodischen Hochwasser. Die Katzen, die aufgrund der immer häufigeren Sterilisierung nach und nach weniger werden, sind dem großen Heer der Ratten nicht mehr gewachsen.
Der Sage nach kamen die Ratten per Schiff aus den fernen, von der Pest befallenen Ländern nach Venedig und waren demnach auch für die Pestepidemien der vergangenen Jahrhunderte verantwortlich.

07.

Strada Nuova 4391

DER *CORNO DUCALE* DES PALAZZO MICHIEL DEL BRUSÀ

Zur Erinnerung daran, dass die Eigentümer des Palazzo Venedig einen Dogen schenkten

Oberhalb des Eingangs zum Hotel Santi Apostoli in der Strada Nuova 4391 in Cannaregio ist das Wappen der Familie Michiel mit einer Krone und einem *Corno Ducale*, der traditionellen Kopfbedeckung der Dogen von Venedig, abgebildet. Dies ist eines der wenigen Zeugnisse seiner Art und das einzige an einem Privatpalais (s. u.): es erinnert daran, dass die Familie, in deren Besitz sich der Palazzo befand, Venedig mindestens einen Dogen schenkte, und unterstreicht ihr hohes Ansehen.

Die Familie Michiel zählte zum alten venezianischen Adel römischer Abstammung. Viele ihrer Mitglieder gehörten dem Klerus an; drei von ihnen waren Dogen der Republik Venedig: Vitale I. Michiel (1096), Domenico Michiel (1117) und Vitale II. Michiel (1156). Der heutige Palazzo aus dem Jahr 1777 befindet sich dort, wo einst der gotische Palazzo der Familie Michiel del Brusà stand, der im Jahr 1774 einem Brand zum Opfer fiel. Der Wiederaufbau orientierte sich an den Resten der ursprünglichen gotischen Fassade, deren drei symmetrische Ebenen noch heute den Canal Grande dominieren.

WEITERE *CORNI DUCALI* IN VENEDIG

Südlich des Castello liegt die Ca' di Dio (wörtlich: das „Haus Gottes"), ein längliches Haus am Ufer des Bacino di San Marco (Markusbecken). Oberhalb der Tür hängt ein Wappenschild mit dem *Corno* des Dogen Antonio Grimani (1434–1523): Dieses Gebäude diente als Zufluchtsort für die Ärmsten der Armen und unterstand der Vormundschaft des Dogen, der für ihren Schutz und ihr Auskommen sorgte. Auf der Seite des Campanile der Kirche San Giobbe in Cannaregio verweist ein *Corno* oberhalb eines Wappenschildes auf den Dogen Cristoforo Moro (1390–1471), der den Bau dieser Renaissance-Kirche karitativ förderte. An der Ruga Vecchia San Giovanni in San Polo schmücken drei Flachreliefs den Campanile der Kirche San Giovanni Elemosinario. Eines von ihnen zeigt einen *Corno* über dem Wappen der Familie Steno. Der Doge Michele Steno (1331–1413) hielt schützend seine Hand über dieses Bauwerk, in dem er jeden Mittwoch die Messe besuchte.

08.

Fondamenta Contarini 3539/A
giardini-venezia.it

DER GARTEN DER CASA CARDINAL PIAZZA

Der Garten mit als Skelett verkleideten Kellnern

Bei einem Spaziergang an der Fondamenta Contarini in Richtung Sacca della Misericordia können Sie durch ein Fenster aus Schmiedeeisen einen wunderschönen Garten erblicken. Er gehört zur Casa Cardinal Piazza. Dieser Komplex besteht aus einem Haus, das von den Dienerinnen des Heiligsten Herzens Jesu geleitet wird und alte Leute aufnimmt, und einem Gästehaus, das auf Anfrage besichtigt werden kann (am Eingangstor klingeln; die Schwestern sind sehr nett). Die große Grünfläche um das Gebäude ist voller Sträucher und jahrhundertealter Bäume. Die alte Wand der nördlichen Einfriedungsmauer ist mit Nischen und Ädikulafenstern geschmückt, in denen sich in der Vergangenheit Statuen und Brunnen befanden. Diese Elemente bildeten den perfekten Hintergrund für Theateraufführungen. Die Fläche umfasst auch einen Teil des Gartens vom Palazzo Contarini dal Zaffo, der neulich durch die Piccola Casa della Provvidenza geteilt wurde, und einen Teil des Gartens vom angrenzenden Palazzo Minelli-Spada. Die Angehörigen der Familie Minelli waren reiche Fleischer aus Bergamo. Im 17. Jahrhundert gelang es ihnen, sich für 100.000 Dukaten den Patrizier-Titel zu erkaufen. Früher war der Garten wegen seiner wertvollen Architektur und seiner Schönheit sehr bekannt – eine Allee mit Lorbeerbäumen und eine Laube voller wohlriechender Rosen führte zu den zwei Toren im Wasser, von denen man auf die nördliche Lagune blickte. Am Ende des 19. Jahrhunderts wurde die Grünfläche nach langer Verwahrlosung von den neuen Besitzern aus England, der Familie Johnston, wieder hergerichtet. So gewann der Ort die ursprüngliche Ruhe und Harmonie zurück und wurde dank seiner neuen Ordnung wieder zum Schauplatz mondäner Ereignisse. Mitte des letzten Jahrhunderts, zur Zeit des *Dolce Vita*, fand hier ein legendäres, vom exzentrischen Besitzer Eggs organisiertes Gartenfest statt – mit flackernden Grablichtern und als Skeletten verkleideten Kellnern.

Der Legende nach war es in diesem romantischen Garten, dass sich der Maler Morto da Feltre vergeblich in Giorgiones Lieblingsmodell Cecilia verliebte.

DIE FLÖßER

Auf dem Wasserspiegel der Sacca della Misericordia ist ein Parkplatz für Wasserfahrzeuge mit Wachturm und Aufseherhäuschen zu sehen. Einst kamen hier die großen Floße an, die auf den Flüssen Holz aus der Tallandschaft Cadore bis nach Venedig transportierten.

09.

Fondamenta Contarini 3535

DIE VERSTECKTE WERKSTATT DER GIEßEREI VALESE

Der Zauber des Gussmetalls

Die Fabrikate der Gießerei Valese werden in einer eindrucksvollen Werkstatt mit Blick auf die nördliche Lagune in der Nähe der Kirche Madonna dell'Orto gefertigt. Wer sie sehen will, muss einer engen Straße folgen, die sich auf halber Höhe der Fondamenta Contarini – unweit des gleichnamigen Palazzo – zwischen hohen Mauern dahinschlängelt, hinter denen sich geheime Gärten erahnen lassen. Die zauberhafte Atmosphäre im Inneren ist zeitlos und erinnert an die Rhythmen und Regeln des alten Handwerks. Die Gießerei – schon seit 1913 in Betrieb – arbeitet noch heute mit traditioneller Technik: mit den alten Formkästen mit Prägestempel. Mit hochwertigem Sand aus Fontainebleau wird in der Holzform ein Abbild vom ursprünglichen Modell gemacht. Die zweiteilige Holzform wird geöffnet und das Modell entnommen; über mehrere Kanäle wird das Modell mit flüssigem Metall übergossen und nimmt so die endgültige Form an. Oft verwendet man dabei alte, nicht selten aus dem 18. Jahrhundert stammende Formen. Es entstehen feine Gegenstände aus Gold, Silber, Kupfer und Messing, die wahre Schmuckstücke sind: große Kunstwerke wie Leuchter und Einrichtungsstücke im Zeichen der Antike, aber auch Zierstücke mit mythologischen Mustern, Nachbildungen der berühmtesten Denkmäler Venedigs, polierte Kupferverzierungen für Gondeln und Zubehör für den alltäglichen Gebrauch wie Klingeln, Handläufe, Klinken und Knöpfe (auch nach Modell des Kunden). Nicht zu vergessen sind die Metallformen für Glashütten und die traditionellen *musi da porton*, Türklopfer in Form von Löwenköpfen mit Ring.

DIE ALTEN LÖWEN-STATUETTEN DER FILMFESTSPIELE VON VENEDIG

Bis in die 1950er-Jahre wurden die Preise der Internationalen Filmfestspiele von Venedig in Vergleich zu den heutigen ganz anders gefertigt. Neben den für die Gewinner bestimmten Löwen aus silbernem und goldenem Feinblech – nach dem Modell des venezianischen Professors Soppelsa – wurden auch andere Preise mit Silbernachbildungen von Seepferdchen, Delphinen und Sirenen vergeben.
Die aktuelle Trophäe – viel leichter, aus vergoldetem und versilbertem Messing – kann nicht mit ihren Vorgängern verglichen werden, die damals von der Gießerei Valese hergestellt wurden. Da im Laufe der Jahre das Geld für die Preise immer knapper wurde, beschloss die Verwaltung, die Statuetten zwar äußerlich genauso zu belassen, aber bei der Qualität Geld einzusparen.

10.

Fondamenta Madonna dell'Orto 3499

DIE KLEINE EISGROTTE IM GARTEN DES PALAZZO RIZZO-PATAROL

Eine verborgene Grotte im Grünen

Im prächtigen Garten vom Palazzo Rizzo-Patarol, heute Hotel dei Dogi, verbirgt sich unter dem bepflanzten Hügel mit jahrhundertealten Bäumen und einem dichten Teppich aus Efeu und Immergrün eine Eishöhle, auf Venezianisch *grotin del giasso*.
Sie zeugt von der romantischen Umgestaltung des Gartens, der ursprünglich in verschiedene Gartenabteile unterteilt war. Der kuppelförmige Ziegelbau ähnelt einem Keller.
Mit Hilfe von Eisblöcken konnten die Temperaturen niedrig gehalten und die Lebensmittel für die Küche des Palazzo aufbewahrt werden.

Im Jahre 1815 stattete auch Kaiser Franz I. von Österreich dem bekannten Garten Rizzo-Patarol einen Besuch ab. Die Grünfläche wurde im 18. Jahrhundert von Lorenzo Patarol entworfen, einem gebildeten Numismatiker, feinen Botaniker und Autor eines im Museo Correr ausgestellten Herbariums. Für den Blumengarten wählte er Orangenbäume und Jasminsträucher, Rosen, Lilien und Halophyten, die auf salzreichem Boden wachsen. Später entschied sein Neffe Francesco, den Garten des Palazzo mit neuen, prächtigen Pflanzen aus dem botanischen Garten von Padua zu ergänzen.

CORTE CAVALLO

Die Corte Cavallo – neben dem Palazzo Rizzo-Patarol – verdankt seinen Namen der Gießerei, die sich damals am Platz befand und in der das berühmte Reiterstandbild von Bartolomeo Colleoni (auf dem Campo San Giovanni e Paolo) gegossen wurde. Das Wachsmodell dazu wurde von Andrea Verrocchio, einem florentinischen Bildhauer und dem Lehrer von Leonardo da Vinci, geschaffen. Allerdings starb er vor der Fertigstellung des Werkes, worauf Alessandro Leopardi, genannt Alessandro del Cavallo, mit dem Guss beauftragt wurde. Auch der Hof, in dem er arbeitete, wurde daraufhin nach ihm benannt (Corte Cavallo). Einige Spuren des Palazzo Leopardi sind noch heute zu sehen. Man erzählte sich, dass der Künstler Verrocchio ein wahrer Choleriker war und immer eine bissige Antwort parat hatte. Nach dem Bescheid, dass der Künstler Vellano mit der Verwirklichung des Reiterstandbildes beauftragt worden war, köpfte er das Modell seines Pferdes und kehrte wütend nach Florenz zurück. Venedig drohte ihm mit dem Tod, worauf er antwortete: „Das wäre wahrlich schade, denn ich könnte meinem Pferd einen noch viel schöneren Kopf geben." Diese Kaltblütigkeit beeindruckte die Republik so sehr, dass sie ihm das doppelte Gehalt zahlte und ihm den Auftrag gab, seine Arbeit zu vollenden.

11.

Fondamenta dell'Abbazia 3553
giardini-venezia.it

DER DOPPELTE GARTEN DER SCUOLA VECCHIA DELLA MISERICORDIA

Ein Hortus Conclusus mit verborgener Grünanlage

Der Garten der Scuola Vecchia della Misericordia liegt auf einer Fläche, die einst zum Dominikanerkloster gehörte. Er erstreckt sich über 2.300 Quadratmeter und ist von der nördlichen Lagune vom Schiff aus nicht zu sehen. Allerdings kann man durch das Gitter am Rio della Sensa ein Stück davon erblicken.

Die charakteristische Grünanlage (sie erinnert an die saftig grüne Insel Valverde) gilt nicht nur als typischer venezianischer Garten, sondern auch als typischer Klostergarten, wie man sie in Kreuzgängen findet. Im Laufe der Zeit wurde die Fläche, und damit auch der Garten, mehrmals umgestaltet.

Als die Bruderschaft della Misericordia im Jahre 600 vom alten in das neue von Sansovino entworfene Gebäude umzog, war die Grünanlage noch Gemüsegarten und Friedhof. Nach der Aufhebung der Klöster während der Herrschaft Napoleons (1808) wurde die Kirche für kurze Zeit in ein privates Theater verwandelt, während die Außenfläche zu einem typisch italienischen Garten mit traditionellen Hecken und geometrischen Blumenbeeten wurde.

Nach weiteren Änderungen wurde der arg verwahrloste Komplex 1920 vom Künstler Italico Brass erworben, der ihn zu seinem Wohnort und Atelier machte, in dem er auch seine reiche Kunstsammlung aufbewahrte. Dank erheblicher Renovierungsarbeiten wurde das Gebäude neu gestaltet und durch weitere Bauelemente erweitert, wie z. B. durch den kleinen Rundturm mit achteckigem Aussichtsturm und den Liagò, eine Art überdeckten Balkon mit Ausblick auf die Grünfläche. Der Besitzer ließ den Garten wieder im alten Glanz erstrahlen. Im oberen Teil des ehemaligen Friedhofs wurden Zypressen und Duftpflanzen gesetzt. Die Fläche vor dem Kreuzgang wurde zu einem Hortus Conclusus mit geometrischen Blumenbeeten und kleinen, nach bestimmten Formen beschnittenen Buchsbäumen umgestaltet.

1974 wurde der damals schon seit einiger Zeit verwahrloste Komplex Scuola Vecchia della Misericordia vom Staat gekauft und in eine Restaurierungswerkstatt umfunktioniert.

Heute gehört er dem Landesdenkmalamt Venedig. Der Garten und die Gebäude wurden mit größter Sorgfalt neu angelegt, und die Außenfläche kann zu seltenen Anlässen besichtigt werden. Lassen Sie sich die Gelegenheit nicht entgehen!

12.

Fondamenta dei Mori 3399

DAS HOCHRELIEF VON HERKULES MIT DER KEULE

Die Sage vom Stock des Tintoretto

Ein Hochrelief, wahrscheinlich römischer Herkunft, das Herkules nackt mit einer Keule in der Hand darstellt, schmückt die Fassade des Hauses, in dem Tintoretto die letzten zwanzig Jahre vor seinem Tod (1594) verbrachte. Interessant ist, dass als Relief die mythologische Figur des Herkules gewählt wurde, die als Symbol der menschlichen Kraft gilt und an die Herkunft des Familiennamens *Robusti* („die Starken") erinnern soll. Eine Sage erklärt, wie es dazu kam. Früher mussten die Kinder nach dem Erstkommunionstag zehn Tage lang zur Kommunion gehen. Als Marietta – die erstgeborene Tochter von Tintoretto – eines Tages auf dem Weg in die Kirche Madonna dell'Orto war, begegnete ihr eine alte Frau, die sie dazu überredete, die Hostien der Kommunion aufzuheben. Dafür versprach ihr die Frau, sie werde wie die Jungfrau Maria werden. Marietta freute sich über das Angebot und nahm den Pakt an. Jeden Morgen behielt sie die Hostie im Mund und ließ sie, anstatt sie zu schlucken, in ihrer Bluse verschwinden. Wenn sie nach Hause kam, versteckte sie sie dann im Garten in einer Schachtel neben der Tränke für die Tiere. Nach einigen Tagen begannen die Tiere, sich seltsam zu verhalten. Sie knieten vor der Tränke nieder und niemand konnte sie dazu bewegen, sich wieder zu erheben. Marietta erschrak darüber sehr und beschloss, ihrem Vater alles anzuvertrauen. Tintoretto wusste, dass die alten Hexen mit diesem Trick oft ehrliche und unschuldige Seelen anwarben. Vorsichtshalber beschloss er, niemandem davon zu erzählen. Denn es handelte sich um ein heikles Thema, das über Leben und Tod eines Menschen entscheiden konnte, wenn es in falsche Ohren kam. Deshalb ging er am Nachmittag heimlich in die Kirche und legte die Hostien so auf den Altar, als ob sie vergessen worden wären. Danach besorgte er sich einen großen Stock und ging nach Hause zurück. Als der zehnte Tag kam, befahl er seiner Tochter, sich ans Fenster zu setzen und die alte Frau hereinzubitten. Kaum war die Alte im Haus, wurde sie mit dem Stock windelweich geprügelt. Nach der anfänglichen Bestürzung verwandelte sich die Hexe in eine Katze und versuchte so zu entkommen. Als ihr aber klar wurde, dass sie in der Falle saß, stieß sie einen furchtbaren Schrei aus. In eine Rauchwolke gehüllt entschwand sie daraufhin durch die Mauer, wo sie ein Loch hinterließ, das Tintoretto daraufhin mit dem Hochrelief von Herkules wieder schloss. Es sollte eine Mahnung sein und das Haus beschützen. Die Hexe wurde nie mehr gesehen.

Laut jüngsten Studien war der wahre Name des Künstlers offenbar Jacopo Comin. Aufgrund des Berufs seines Vaters Giovan Batista – dieser war Färber, was auf Italienisch *tintore* heißt – wurde er allerdings Tintoretto genannt.

13.

Palazzo Lezze
Fondamenta della Misericordia 3598

DIE ALCHEMISTISCHEN SYMBOLE AM PALAZZO LEZZE

Der „Philosophenhort von Venedig"?

Der zwischen 1611 und 1617 erbaute Palazzo Lezze wird dem Architekten Baldassare Longhena zugeschrieben (sein Interesse am Hermetismus ist auch in Santa Maria della Salute erkennbar) und weist an der rechten Seite einige interessante Reliefs mit alchemistischer Thematik auf. Fulcanelli gab dem Palazzo daher die Bezeichnung „Philosophenhort von Venedig".

Das erste Relief (sehr gut erkennbar am äußersten rechten Rand der Fassade) stellt einen König mit einer Flammenkrone und zwei Figuren auf Pelikanen dar. Über den Figuren sind die Sonne und der Mond zu erkennen. In der Sprache der Alchemie symbolisiert der König das philosophische Gold und daher das Sonnenbewusstsein (dargestellt durch den philosophischen Schwefel). Die zwei Seitenfiguren mit der Sonne bzw. dem Mond verkörpern das Quecksilber und das Salz (nicht als übliche Elemente, sondern ihre Quintessenz) und deuten auch auf das *Solve et Coagula* („Löse und binde") in der Alchemie hin. Das Symbol dafür ist der Pelikan, auf dem die ganze Darstellung basiert.

Der Palazzo Lezze wurde nach Giovanni Da Lezze, einem wichtigen Soldaten und Politiker aus dem 17. Jahrhundert, benannt. Die Familie Da Lezze aus Lecce (süditalienische Stadt, daher der Name) widmete sich dem Handel und dem Schiffbau und ließ sich 973 in Venedig nieder. Giovanni Da Lezze wurde sicher von zahlreichen Hermetikern beeinflusst, die am Hof Kaiser Karls V. tätig waren und denen er nahe stand.

Das Relief weiter rechts (schwer erkennbar hinter den Gittern) stellt eine hockende Figur unbestimmten Geschlechts dar, die in jeder Hand ein Büschel hält. Rechts und links darunter befinden sich zwei Fabeltiere: Ein zweiköpfiger Greif fungiert als Basis für eine Art Eidechse mit menschlichem Kopf. Der Mensch symbolisiert den Hermaphroditen, der in der Alchemie „Rebis" genannt wird und auf die aus einer Mischung aus Quecksilber und Schwefel bestehende menschliche Vollkommenheit hindeutet. Diese beiden Stoffe werden von den seitlichen Eidechsen dargestellt. Der Greif nimmt die Symbolik dieser Mischung wieder auf und erinnert mit seiner Form an das alchemistische Gefäß.

Weiter oben befindet sich ein Relief von einem Engel mit einem Ährenstrauß in der Hand, an dem zwei phönixähnliche Vögel picken. Rechts und links davon erkennt man Fische, auf denen zwei Pelikane stehen, die jeweils eine Schlange im Schnabel haben. Der Engel symbolisiert die Sublimation des alchemistischen Verdampfungsgesetzes, während die Vögel auf die göttliche Gnade der Barmherzigkeit hindeuten. Dieser Haupttugend entspricht die Liebe Gottes zur Menschheit. Der Pelikan, Symbol der alchemischen Kunst, hackt auf die Schlangen ein, die Zeichen für die männlichen und weiblichen Energien sind. Diese widersprechen sich anfänglich, um dann am Ende zu einem einzigen androgynen Zustand zu verschmelzen, der hier vom Engel verkörpert wird. Das ist der Grund, warum die gekreuzigte bzw. „bepickte" Schlange die Festigung des flüchtigen Elementes darstellt. Die Fische verkörpern hingegen das Element Wasser in Verbindung mit dem Salz der Erde, das ein dichter Stoff ist, weswegen die Fische auch als Basis der ganzen Allegorie fungieren.

Das vierte Relief besteht aus einem zweiköpfigen, gekrönten Adler und einem leeren Wappen. Sie symbolisieren Bindung und Verflüchtigung (bzw. Verdampfung) der männlichen und weiblichen Elemente. Das leere ovale Wappen unter den zwei Köpfen erinnert daran, dass der Adler dank seiner irdischen und geistlichen Kräfte Erde und Himmel beherrscht. Daher wurde der zweiköpfige Adler oft als Wappentier für Kaiserreiche verwendet.

DIE ALCHEMIE

Die meisten religiösen Orden des Mittelalters und der Reinassance betrachteten die Alchemie (aus dem Koptischen: *Allah-Chêmia* oder „himmlische Chemie“) als Kunst des Heiligen Geistes bzw. als reale Kunst der göttlichen Welt- und Menschenschöpfung. Inspiriert wurde sie von der katholisch-orthodoxen Lehre. Die alchemistische Kunst unterscheidet sich von der geistlichen Alchemie, deren Ziel ausschließlich die Erleuchtung des Geistes ist und die die unreinen körperlichen Elemente in reine Geisteszustände verwandelt (auch Weg der Büßer genannt). Sie unterscheidet sich auch von der Alchemie im Laboratorium (dem sog. Weg der Philosophen), die die alchemistische Verwandlung unreiner Naturelemente in Silber und Gold im Labor verkörpert. Die zwei Praktiken werden normalerweise nie getrennt betrachtet, sondern als ein einziger „Weg der bescheidenen Menschen“, die vor der im Laboratorium (aus dem Lat.: *labor* + *oratorium*) reproduzierten Erhabenheit des Universums niederknien. Die (innere) Alchemie der Seele äußert sich außerhalb des Laboratoriums. Diejenigen, die die Alchemie im Laboratorium nur in Hinblick auf Silber und Gold betreiben und damit die wesentlichen Aspekte der Erlösung der Seele vernachlässigen, sollten daran scheitern und als Scharlatane bezeichnet werden. Dabei handelte es sich oft um Menschen mit umfassender Bildung, allerdings ohne die geforderte moralische Gesinnung. Um kein Scharlatan zu werden, musste man ein inneres Gleichgewicht zwischen Verstand und Herz, Kultur und Moralprinzipien, Buße und Bescheidenheit finden und somit ein richtiger Philosoph werden.

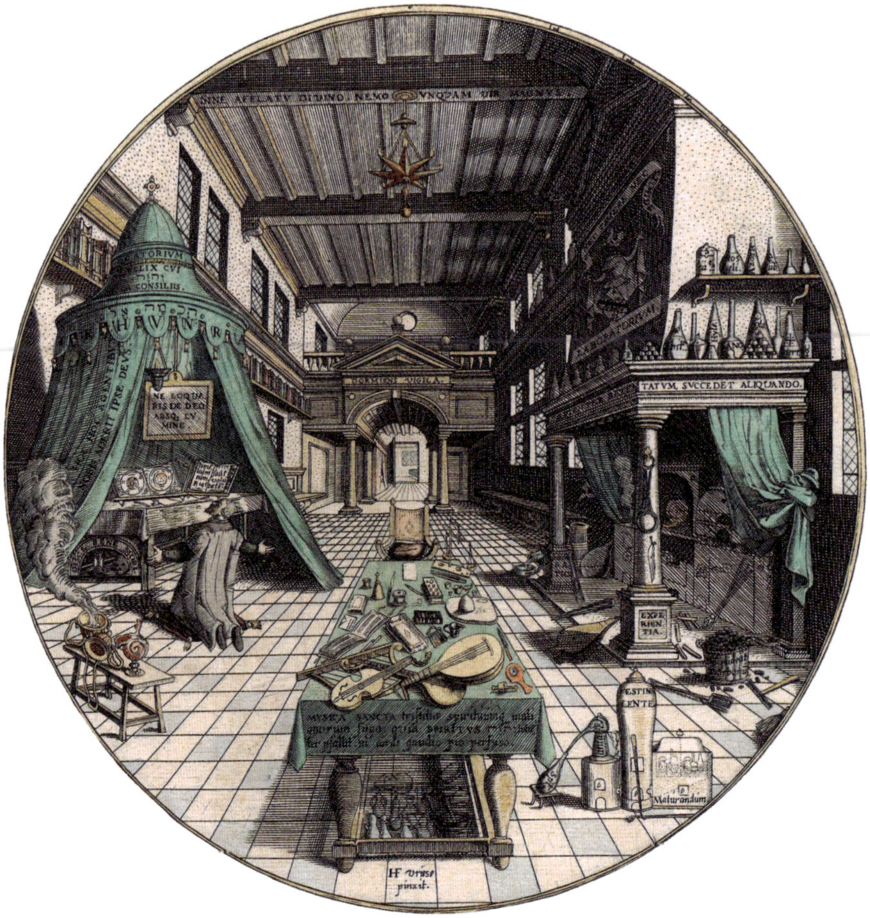

DIE ALCHEMIE IN VENEDIG

Im 16. Jahrhundert und Anfang des 17. Jahrhunderts war Prag das wichtigste europäische Zentrum für Alchemie (bereits im 15. Jahrhundert wurde der Prager Erzbischof im Konzil von Konstanz wegen seiner alchemistischen Praktiken verfolgt). In Venedig wimmelte es nur so von echten Alchemisten und zahlreichen Scharlatanen, die einfach nur auf der Suche nach Geld, Ruhm und Macht waren und der Stadt mit ihren Betrügereien schadeten. Ein gewöhnlicher Trick war ein Kasten mit doppeltem Boden, in dem Gold versteckt werden konnte, das dann zum richtigen Zeitpunkt zum Vorschein kam. Die Geschichte vom italienischen Priester Giuseppe Marini ist ein gutes Beispiel dafür: Er war ein Alchemist aus materiellen Gründen und vernachlässigte dabei die geistliche Dimension. Die Folgen für ihn waren katastrophal. In seiner 1664 in Venedig verfassten Schrift *Tesoro Alchimistico* („*Alchemistischer Schatz*") erzählte er denn auch, wie er aufgrund seines Missbrauchs der Alchemie Freunde und Verwandte, Macht und Hoffnung verlor.

Zur Eindämmung dieser Betrügereien wurde für Alchemisten 1530 die gesetzliche Todesstrafe eingeführt. Um ihr zu entgehen und die Geheimnisse der Alchemie zu bewahren, begannen echte Alchemisten, eine symbolische und metaphorische Sprache zu entwickeln, die nur für die Eingeweihten verständlich war. So trugen die Alchemie-Traktate (sowie Texte, Zeichnungen, Malereien, Skulpturen) oft seltsame Titel, wie *Rosarium Philosophorum* oder *Marienrosarium* – die Jungfrau Maria, die den lebenden „Stein der Weisen" (Christus) zur Welt gebracht hatte, war nämlich Patronin ihrer Kunst.

Die 1470 gegründete Geheimgesellschaft Voarchadumia (zu der auch die Alchemisten John Dee und George Ripley gehörten) verwendete für die alchemistische Praxis und für die Anrufungen der Himmelswesen die henochische Zaubersprache (nach Enoch, Sohn von Noah). Im 16. Jahrhundert veröffentlichte sie in Venedig einige Bücher zur Alchemie, wie zum Beispiel *Chrysopoeiae libri III* (1515) von Giovanni Aurelio Augurello (1441–1524), einem italienischen Alchemisten und Dichter, der sein Werk Leo X. widmete.

Diesem schenkte er außerdem einen leeren Sack und erklärte ihm, dass, wer Gold herstellen kann, nichts anderes braucht als einen Sack, in dem er das Gold aufbewahren kann. Das Buch *Continens Liber* (Venedig, 1529) ist ein riesiges Werk über Medizin, das auf Vorstellungen des persischen Alchemisten und Mediziners Abu ar-Razi (ca. 865–925) basiert. Erwähnt seien unter anderem die Werke *Pretiosa Margarita Novella de Thesauro, ac Pretiosissimo Philosophorum Lapide* (Venedig, 1546) von Pietro Buono (Philosoph und Alchemist aus Ferrara, der vermutlich im 16. Jahrhundert lebte) und *I Libri Segreti* („*Geheime Bücher*", Venedig, 1561 und 1580) von Leonardo Fioravanti (Alchemist und Arzt aus Bologna, der im Jahr 1564 in Venedig auch das medizinische Traktat *De Capricci medicinali* veröffentlichte).

In Venedig hatte die Alchemie vor allem eine rein philosophische Dimension und war eng mit der Barmherzigkeit verbunden. Ihre chemischen Aspekte wurden vielfach in der Medizin angewandt. Heute erinnern noch viele hermetische Symbole an zahlreichen alten Denkmälern der Stadt daran.

14.

Kirche San Marziale

DIE WUNDERTÄTIGE STATUE DER MUTTER JESU

Ein seltenes Acheiropoieton der Jungfrau Maria

Die Kirche San Marziale liegt nicht auf den üblichen Touristenrouten; und auch viele Venezianer wissen nicht einmal, dass es sie gibt. Dabei steht an der linken Seite der Kirche eine wundertätige Marienstatue. Laut Legende wurde die Statue 1286 von einem Schäfer namens Rustico aus einem Baumstamm geschnitzt. In der Nacht wurde sie vom Teufel allerdings verunstaltet, worauf das Antlitz der Madonna von zwei Engeln zu Ende geschnitzt wurde. Per Schiff kam die Statue dann von Rimini nach Venedig. Die Engel brachten sie bis zur Kirche San Marziale. In Covignano, einem Dorf in der Nähe von Rimini, wurde zur Erinnerung an das wundersame Ereignis eine Kapelle erbaut. 1396 wurde sie durch eine Franziskanerkirche ersetzt, die bis heute eine Wallfahrtskirche ist. Bei der Ankunft der Statue in der venezianischen Lagune ereignete sich sogleich ein Wunder: Ein Blinder und sein stummer Sohn wurden von der Statue geheilt. Dieses legendäre Ereignis wird in der Sakristei auf fünf Gemälden der venezianischen Schule (16. Jahrhundert) erzählt. Eine weitere Geschichte wird von einer Reihe Reliefs erzählt, die sich am Altar befinden, auf dem auch die Statue steht. Allerdings muss man die Altardecke zur Seite schieben, die die schönen Reliefs verdeckt. Auch das Gemälde von Sebastiano Ricci *Gli angeli scolpiscono la statua della Madonna* („*Die Engel gestalten die Statue der Muttergottes*") im Kirchenschiff erzählt diese Geschichte.

In Covignano, in der Nähe von Rimini, wurde 1209 an der Stelle, an der die Statue geschaffen wurde, eine Kapelle zum Gedenken an das wundersame Ereignis errichtet. Im Jahr 1396 wurde sie durch eine Franziskanerkirche ersetzt, die noch heute ein Wallfahrtsort ist.

15.

Brücke Santa Fosca

FUSSABDRÜCKE AUF DER BRÜCKE SANTA FOSCA

Alte Kampfspuren

Wer den Rio di Santa Fosca überquert, findet auf der Brücke mit etwas Glück vier Fußabdrücke aus istrischem Stein. Die Brücke ist heute längst nicht so berühmt wie die von San Barnaba in der Nähe von Santa Margherita, aber auf beiden sind dieselben Abdrücke (venez. *sampe*) zu finden. Hier fanden nämlich von September bis Weihnachten legendäre Kämpfe zwischen den Castellani und den Nicolotti statt. Der Kampf folgte einem bestimmten Ritual mit „Paten" als Schiedsrichtern: Nach den Einzel- und Kollektivkämpfen durften sich dann alle ins Gemenge mischen. Die Kämpfer mussten versuchen, Raum auf der Brücke zu erobern, indem sie angriffen und nach vorne drängten. Dabei durfte sowohl mit Fäusten als auch mit Füßen zugeschlagen werden – auch Tiefschläge waren erlaubt. Da die Brücken damals keine Geländer hatten, landeten viele der Beteiligten mit einer Tracht Prügel im Wasser. Sieger war, wer seine Fahne als erster am höchsten Punkt der Brücke befestigen konnte – die rote Fahne stand für die Castellani, die schwarze für die Nicolotti.

DIE RIVALITÄT ZWISCHEN CASTELLANI UND NICOLOTTI

Die Castellani wohnten in Castello, dem östlichen Teil der Stadt. Sie arbeiteten vor allem im Arsenale, der Schiffswerft, und trugen als Kennzeichen einen roten Schal und eine rote Mütze. Die Nicolotti hatten hingegen einen schwarzen Hut und Schal und waren Fischer der westlichen Seite der Stadt, die damals noch mit der Kirche San Nicolò dei Mendicoli endete. Der Grund für die Kämpfe ist ungewiss. Vielleicht begann alles mit der Ermordung eines Bischofs aus Castello durch die Nicolotti. Allerdings weiß man, dass bei den ersten Kämpfen mit Rohren und Stöcken, später nur noch mit Fäusten zugeschlagen werden durfte.

DIVIDI ET IMPERA

Durch die Kämpfe auf der Brücke hatte die Serenissima schlagfertige Männer zur Verfügung. Zugleich hielt sie die beiden Faktionen unter Kontrolle und passte auf, dass diese sich nicht gegen sie verbündeten.

So schürte sie die Rivalität zwischen den beiden Seiten, wobei sie sich von der römischen Redewendung *divide et impera* („teile und herrsche") leiten ließ.

In den Kämpfen konnten Personen mit gewalttätigem Potenzial ihre Gewalt und Aggressivität auslassen, ohne dabei die öffentliche Ruhe zu stören.

1705: DER LETZTE KAMPF AUF DER BRÜCKE DER FÄUSTE

Bei manchen Kämpfen wurden die Gegner nicht nur ins Wasser gestoßen. Im Jahre 1705 wurde die Brücke der Fäuste in San Barnaba Schauplatz eines legendären Kampfes. Die beiden Gruppen schmissen mit Steinen auf den Gegner, wodurch der Kampf ein blutiges Ende fand und schließlich in eine Messerstecherei ausartete. Alle waren so in den Kampf vertieft, dass niemand vom Brand Notiz nahm, der währenddessen in San Gerolamo ausgebrochen war. Nur dem Pfarrer der Kirche Santa Barnaba gelang es schließlich, dem Kampf mit einem Kruzifix in der Hand ein Ende zu bereiten.

Weitere Schauplätze dieser gewaltsamen Kämpfe waren die berühmte Brücke der Fäuste in San Barnaba (auch hier sind Abdrücke zu sehen), die Brücke dei Carmini in der Nähe von Santa Margherita und die Brücke de la Guera in San Zulian in der Nähe von San Lio.

16.

Strada Nuova 2233
Santa Fosca

DIE APOTHEKE ALL'ERCOLE D'ORO

Die Wunderpillen von S. Fosca

Neben der modernen Apotheke Santa Fosca liegt die alte Apotheke All'Ercole d'oro, die immer noch die Originalmöbel und die alten Behälter für die Heilmittel besitzt. In der kürzlich durchgeführten Restaurierung wurde die dunkle Schmutzschicht aus dem 19. Jahrhundert entfernt und so der ursprüngliche Glanz des Nussbaumwurzelholzes wieder zum Vorschein gebracht. Die Apotheke hat ihren ganzen barocken Charme bewahrt: die Türen, die Theke und die großen Regale aus Massivholz mit den Töpfen aus Bassano schaffen eine einzigartige Atmosphäre. Die Möbel scheinen um die Türen herumgeschnitzt zu sein, deren prachtvolle Dekoration aus einer Kirche stammen könnte. Die Holzskulpturen wurden den Kindern von Francesco Pianta, einem Schüler von Brustolon, zugeschrieben.

Die Apotheke All'Ercole d'oro wurde von reichen Gelehrten, Geistlichen und Wissenschaftlern besucht, die sich – genauso wie im Café oder im Buchladen – in der Apotheke gerne zu gebildeten Gesprächen und zum intellektuellen Austausch trafen. Die Apotheke war auf die Herstellung galenischer Produkte und begehrter Medikamente spezialisiert und verfügte über ein Labor mit einem Raum für die verschiedenen Giftmittel, wo seltene Kräuter, Pulver und Drogen aus fernen Ländern aufbewahrt wurden. Sie war für Abführmittel mit Aloe Vera und Röhren-Kassie bekannt, die sogenannte Santa-Fosca-Abführpille (*Pillole purgative di S.Fosca*) oder Piovan-Pille (*Piovan*, venezianisch für Priester, da diese Abführpillen laut Tradition von einem Priester aus der Gegend erfunden wurden). Das Mittel war aufgrund seiner Wirkung sehr begehrt und weit über die Grenzen Venedigs hinaus bekannt. Es wurde bis 1975 hergestellt.

DAS *OLIO DI SCORPIONI*: SKORPIONÖL VON HUNDERT SKORPIONEN

Die alten venezianischen Apotheker (*spezier da medicine*) hatten alles, was sie für die Herstellung von Medikamenten brauchten: Glaswerkzeuge aus der Lagune und eine Vielzahl von Kräutern, Gewürzen und Drogen, die sie aus dem Osten importierten. So produzierten sie ungewöhnliche Mittel wie das *Amaro Mantovani* auf Wermut-Basis gegen Magenprobleme und das *Olio di Scorpioni*, ein Liter Olivenöl, in dem hundert lebende Skorpione ihren Tod fanden. Aber sie waren vor allem für zwei Produkte berühmt: das *Mitiridato*, das aus Kräutern und *Castoreum*, einem aus Biberdrüsen gewonnenen Heilmittel, hergestellt wurde, und den Theriak (s. S. 14).

17.

Campo della Maddalena

DIE FREIMAURERISCHEN SYMBOLE DER KIRCHE DELLA MADDALENA

Der letzte Sakralbau, der in der unabhängigen Republik Venedig erbaut wurde

Die Kirche della Maddalena ist der letzte Sakralbau, der noch in der unabhängigen Republik Venedig erbaut wurde. Der Bau begann 1763 unter Tomaso Temanza und wurde 1790 fertiggestellt. Weitere Sakralbauten wurden zur Zeit Napoleons, während der Donaumonarchie oder in moderner Zeit errichtet.

Auch wenn die Kirche normalerweise geschlossen ist (nur gelegentlich zu Ausstellungen oder während der Biennale geöffnet), fällt sie schon von außen wegen ihres Rundbaus (neben Santa Maria della Salute und San Simeon Piccolo der einzige in Venedig) und eines interessanten, dreieckigen Gottesauges über der Eingangstür auf (s. nächste Doppelseite). An der Fassade steht "*Sapientia aedificavit sibi domum*" („Die Weisheit hat sich ein Haus errichtet"), ein Satz, der für eine katholische Kirche eigentlich zu weltlich ist und Gott beinahe hinten anstellt.

Obwohl antike Kirchen oft Rundbauten sind (zum Beispiel der Pantheon oder die Kirche von Santo Stefano Rotondo in Rom) und das dreieckige Gottesauge auch ein christliches Symbol ist, handelt es sich hier wohl eindeutig um zwei Elemente der Freimaurerei. Im 18. Jahrhundert waren aufgeklärter Rationalismus und Freimaurerei ja sehr verbreitet.

Temanza könnte von diesen Ideen beeinflusst worden sein. Er hatte hauptsächlich mit Andrea Memmo, dem Prokurator von San Marco, Umgang. Dieser war einer der ersten Freimaurer von Venedig, zusammen mit seinen Brüdern Bernardo und Lorenzo, die von Casanova eingeweiht wurden.

Ein weiterer Hinweis befindet sich im Inneren der Kirche. Auch wenn später noch zwei Altäre hinzugekommen sind (vielleicht um diese Spuren der Freimaurerei zu tilgen), verfügte die Kirche gemäß den Vorschriften der Freimaurerei ursprünglich nur über einen Altar „für ein einziges höchstes Wesen". Daneben gab es keine anderen Altäre, weder für die Muttergottes oder für Magdalena, noch für andere Heilige, wie es in den anderen städtischen Kirchen üblich war. Auch in der Vorgängerkirche (wahrscheinlich aus dem 11. oder 12. Jahrhundert) gab es mehrere Altäre.

Ein letztes Indiz ist die Grabplatte von Temanza, im Inneren der Kirche vor dem Nebenausgang. Unter dem Todesjahr 1789 sieht man einen Zirkel, ein Lineal und einen Winkel, die nicht nur seine Arbeit als Architekt darstellen, sondern auch bekannte freimaurerische Symbole sind.

WARUM HEISST DIE KIRCHE „DELLA MADDALENA“?

Die Kirche ist anlässlich des Friedens zwischen Venezianern und Genuesern nach dem Krieg von 1355 der heiligen Maria Magdalena geweiht worden. Der Friedensvertrag wurde am 1. Juli 1355 geschlossen, aber erst am 22. Juli, dem Gedenktag der heiligen Maria Magdalena, bekanntgegeben und amtlich bestätigt.

18.

Ca' Vendramin Calergi 2040

DIE RICHARD-WAGNER-SÄLE

Die Wohnung, in der Richard Wagner seine letzten Tage verbrachte

Der Palazzo Vendramin Calergi beherbergt im Zwischengeschoss das weniger bekannte Richard-Wagner-Museum. Es ist die zweitwichtigste Privatsammlung – nach der Stadt Bayreuth und ihren Bayreuther Festspielen, die 1876 von Wagner selbst ins Leben gerufen wurden und ausschließlich seinen zehn Gesamtkunstwerken gewidmet sind. Besichtigt werden können die drei Hauptsäle der 25 bis 28 Zimmer, die Wagner und seine Familie bewohnten. In den anderen Sälen befinden sich heute die Verwaltungsbüros des Spielcasinos von Venedig, das in diesem Palazzo untergebracht ist. Der Komponist war der Stadt Venedig künstlerisch und affektiv eng verbunden. Zwischen 1858 und 1883 hielt er sich ganze sechs Mal in seiner italienischen Lieblingsstadt auf. Während seines letzten Aufenthalts in Venedig mietete Wagner das ganze Zwischengeschoss mit dem weißen Flügel, d. h. den Ostflügel des Palazzo Ca' Vendramin Calergi mit Blick auf den am Canal Grande liegenden Garten. Die Wohnung war mit einer praktischen Ofenheizung ausgestattet (ein bedeutendes Detail, der Komponist war nämlich sehr kälteempfindlich). Hier verbrachte Wagner mit seiner Frau und seinen vier Kindern seinen letzten Winter (1882/83), bevor er am 13. Februar 1883 in seinem Privatbüro starb. Das Wagner-Museum beherbergt Gegenstände und Papiere des Komponisten. 2003 wurde es um den Joseph-Lienhart-Fonds, eine wertvolle private Sammlung von Partituren, Programmen, Reproduktionen von Handschriften, originalen Briefen, Büchern, Platten, Bildern und Lithographien bereichert. Die Sammlung kann von Wissenschaftlern und Forschern auf Anfrage besichtigt werden.

WAGNER-KONZERTE IM FESTSAAL DES PALAZZO CA' VENDRAMIN CALERGI

Für Programm und Einladungskarten kontaktieren Sie das Sekretariat des ARWV unter +39 041 2760407 – +39 338 4164174 – ARWV@libero.it

Der ARWV fördert zahlreiche Tätigkeiten zur Forschung und Vertiefung des musikalischen und literarischen Werks von Wagner. Das Programm bietet Konferenzen, kulturelle Treffen, Festessen, Ausstellungen und Filmvorstellungen. In Zusammenarbeit mit der Stiftung Teatro la Fenice und dem Casino organisiert der ARWV alljährlich ein Konzert zu Ehren von Richard Wagner und ein musikalisches Treffen mit den Stipendiaten von Bayreuth. Während der Wagner-Tage findet außerdem eine Konzertreihe mit jungen Solisten statt, mit Werken von Wagner und anderen Komponisten, die seine Ausbildung unterstützten oder von ihm beeinflusst wurden.

19.

Corte del Santo Volto

DIE ANTLITZE DER CORTE DEL VOLTO SANTO

Reste der alten Scuola dei Lucchesi

Am rio terà della Maddalena, in der Nähe vom Kanal San Marcuola, fällt das Relief eines gekrönten Antlitzes auf. Im Hof ist dasselbe Antlitz auf dem Brunnen und rechts an der Wand dargestellt. Es handelt sich um die Reproduktion des berühmten Volto Santo di Lucca (siehe *Verborgene Toskana* im selben Verlag), das die Grenze der Ansiedlung der aus Lucca stammenden Händler darstellte. Als Castruccio Castracani die Herrschaft von Lucca übernahm (je nach Quelle 1309 oder 1317), flohen manche Adelsfamilien und über 300 Handwerker nach Venedig, wo sie sich niederließen und die Seidenbearbeitung weiterentwickelten, die schon in Lucca eine Goldgrube war. 1360 gründeten sie eine Zunft (die Scuola del Volto Santo oder Scuola dei Lucchesi) und am 6. September 1398 erwarben sie ihren Sitz. 1798 verwüstete ein Brand fast das ganze Viertel und auch die Scuola wurde zu Asche.

Ein in der Gallerie dell'Accademia aufbewahrtes Gemälde von Francesco Guardi stellt den Brand vom 20. November 1798 dar. Der Brand brach in einem Öllager in der Nähe vom Campiello del Tagliapietra aus und breitete sich schnell aus. Fast 60 Häuser brannten ab und 140 Familien, von denen einige im Elend lebten, wurden obdachlos.

DAS WUNDER DES VOLTO SANTO

Der Volto Santo (italienisch: „Heiliges Antlitz") ist ein berühmtes Kreuz, dessen Figur laut Legende dem wahren Antlitz Jesu ähnelt. Bei der Kreuzabnahme wurde Jesu von zweien seiner Jünger, Joseph von Arimathia und Nikodemus, vom Kreuz genommen. Letzterem wurde der Auftrag erteilt, die Szene so treu wie möglich darzustellen. Er war kein Bildhauer, aber im Laufe der Nacht wurde das Kreuz von unbekannter Hand gefertigt. Nach dem Tod von Nikodemus wurde es verborgen und sicher aufbewahrt. 600 Jahre später, auf Anfrage eines Engels, kam das Kreuz Bischof Gualfredo in die Hände und somit in christliches Gebiet. Auf dem Seeweg kam das Werk in die italienische Stadt Luni, wo es von den Bewohnern der Stadt aufbewahrt wurde. Die Endstation des Werks wurde von zwei Ochsen beschlossen, die geradewegs nach Lucca gingen. Heute ist der Volto Santo auf einem kleinen Altar in der Kathedrale San Martino zu sehen und wird am 13. September während der Prozession der Luminara verehrt.

20.

Spanische Synagoge

ERUV – HIER DÜRFEN AM SABBAT KEINE GEGENSTÄNDE GETRAGEN WERDEN

Die ungewöhnliche, moderne Anpassung eines alttestamentlichen Brauchs

Im Erdgeschoss der spanischen Synagoge, vor der rechten Treppe zum ersten Stock und zur eigentlichen Synagoge, kann man an der Wand einen seltsamen Stadtplan von Venedig erkennen, der die Grenzen des Eruv* aufzeigt.

Der Eruv bezieht sich auf eine alttestamentliche Tradition: Laut Exodus (Exodus 16-29 und 36-6) dürfen am Sabbat und am Tag des Kippur keine Gegenstände von einem öffentlichen Ort zu einem anderen getragen werden. Der Abstand darf nicht mehr als zwei Meter betragen.

Wörtlich genommen ist das Verbot sehr streng, denn es bezieht sich auf jegliche Art von Gegenständen, unabhängig vom Gewicht. Man darf also weder eine Brille in der Tasche haben (allerdings darf man sie auf der Nase tragen), noch darf man Schlüssel, Bücher oder irgendwelche schwereren oder sperrigen Gegenstände transportieren.

Um diese Schwierigkeit zu überwinden, hat die jüdische Gemeinde von Venedig mit dem Stadtrat (gegen Entrichtung einer bescheidenen Summe) eine Vereinbarung getroffen: Einige öffentliche Bereiche, bestehend aus einer Reihe von privaten Grundstücken, gelten als Privateigentum der Gemeinde und sind vom Verbot ausgenommen. In diesem Bereich (dem so genannten Eruv) dürfen somit mehrere Gegenstände getragen werden.

** Der Eruv in Venedig ist nicht erkennbar, doch in anderen Ländern, wie z. B. Israel, wird der Bereich oft durch Wände, Türen oder Pfähle gekennzeichnet.*

DIE CORTE SCONTA DETTA ARCANA GIBT ES NICHT

Viele Besucher des Ghettos sind auf der Suche nach jener geheimnisvollen Corte Sconta detta Arcana, die in den Comicserien von Hugo Pratt vorkommt. In Wirklichkeit existiert dieser Hof im Ghetto nicht. Der Autor ließ sich von der Corte Botera inspirieren, die in der Nähe der Kirche Santi Giovanni e Paolo liegt. Für Pratt-Fans, die neugierig sind, wo die allerersten Corto-Maltese-Comics entstanden sind, ist die vielleicht interessanteste Adresse die der Wohnung, in der Pratt mit seiner Familie in den 1960er-Jahren lebte. Sie befindet sich auf der Insel Lido, im obersten Stockwerk der Via Doge Galla 21, in Malamocco.

DIE TÜRANGELN DER EHEMALIGEN GHETTOTORE

Heute kommt man über drei Brücken ins Ghetto. In der Vergangenheit gab es allerdings nur zwei. Die dritte, die zum Rio della Misericordia führt, existierte damals noch nicht.

Am Eingang der zwei Häuser, die zum alten Ghetto führen, kann man noch die Löcher sehen, in denen sich die Türangeln der Tore befanden, die bei Einbruch der Dunkelheit geschlossen wurden.

Wenn man die Karte von Venedig betrachtet, versteht man, wie leicht es war, diesen Bereich vom Rest der Stadt zu isolieren.

21.

Kirche Santi Geremia e Lucia
Campo San Geremia

KIRCHE SANTI GEREMIA E LUCIA

Das Acheiropoieton Jesu

In der Kirche Santi Geremia e Lucia, rechts von der Kapelle der heiligen Lucia, wird ein altes Acheiropoieton aufbewahrt (es handelt sich um ein nicht von Menschenhand geschaffenes Christusbild; s. nächste Seite). Da der Kapuzinermönch, der mit dieser Skulptur angefangen hatte, das Werk vor seinem Tod nicht fertigstellen konnte, betraute er Fra Colombano mit dieser Aufgabe. Als dieser nach dem Tod seines Freundes mit der Arbeit beginnen wollte, bemerkte er, dass sie schon fertig war.

Nachdem Fra Colombano im Jahr 1602 eine gewisse Zeit in der Kirche San Geremia verbracht hatte, beschloss er, die Skulptur der Kirche zu vermachen, mit der Empfehlung, die Skulptur, die schon viele Wunder gewirkt hatte, in Ehren zu halten.

Anlässlich des Jubiläums im Jahr 1700 wurde die Skulptur nach Rom befördert, wo sie auch viele Wunder wirkte.

ALS DIE WUNDERRELIQUIEN NOCH GELENKARME HATTEN

Traditionsgemäß wurden die Reliquien aus ganz Italien während der Jubiläumsjahre (ursprünglich alle 100 Jahre, heute alle 25 Jahre) nach Rom befördert. Dabei waren einige Christusfiguren so konzipiert, dass sie einfach transportiert werden konnten, und hatten deshalb Gelenkarme. Am Ziel konnte der Korpus dann einfach wieder ans Kreuz gehängt werden.

DIE ACHEIROPOIETA

Nach der christlichen Religion ist ein Acheiropoieton ein nicht von Menschenhand geschaffenes Kunstwerk. Dabei kann es sich auch um mechanisch umgesetzte Werke (das Turiner Grabtuch, das Schweißtuch der Veronika) oder von Gott gegebene Bilder handeln.
Der Begriff soll vom heiligen Paulus selbst bei einer besonderen Gelegenheit erfunden worden sein. Während eines Aufenthalts in Ephesus wetterte er nämlich gegen den ländlichen Götzendienst, vor allem gegen die zahlreiche Figuren der Göttermutter Artemis mit ihren zahlreichen Brüsten, und behauptete, dass „die von Menschenhand geschaffenen Götterbilder keine Götter sind". Mit dem Begriff Acheiropoieton beachtete er das jüdische Verbot der Götterdarstellung, bekämpfte die heimischen Götzen, stellte ihnen den wahren Leib Christi gegenüber und versuchte jeglichen Missbrauch zu verhindern, indem er behauptete, der wahre Körper Christi sei dessen eigener Körper nach der Verklärung (Ereignis nach der Auferstehung Christi).
Laut den Legenden gibt es neben dem bekannten Turiner Grabtuch und dem Schweißtuch der Veronika (siehe *Verborgenes Rom* im selben Verlag) noch heute einige andere Werke, auch wenn sie sehr selten sind. Zwei davon befinden sich auf dem Berg Athos, der griechischen Mönchsrepublik, deren Zutritt Frauen, Mädchen und weiblichen Tieren seit dem 11. Jahrhundert untersagt ist. Dort befinden sich zwei dieser göttlichen Werke. Das erste ist im Kloster Megistis Lavras, das zweite im Kloster Iviron zu sehen. Auch in der Kirche Notre-Dame-des-Miracles in Saint-Maur in der Nähe von Paris wird ein Acheiropoieton aufbewahrt. Auch das Christusbild von Edessa in der Kirche San Bartolomeo degli Armeni in Genua soll von Jesus selbst gemalt worden sein. Das in der Papstkapelle Sancta Sanctorum im Lateran in Rom hingegen soll vom heiligen Lukas gezeichnet und von den Engeln vervollständigt worden sein.
Das Antlitz Jesu von Lucca soll schließlich von Nikodemus, der neben Josef von Arimathäa bei der Kreuzigung Jesu anwesend war, geschnitzt und von den Engeln vervollständigt worden sein.
In Venedig gibt es zwei Kirchen, die sie besitzen: siehe S. 150 und 164.

22.

Cannaregio 54
centroscalzi.it

KIRCHE SANTA MARIA DI NAZARETH (DEGLI SCALZI)

Der mystische Garten der Unbeschuhten Karmeliter

In der Nähe des Bahnhofs Santa Lucia, neben der Kirche Santa Maria di Nazareth, wurde der alte *brolo* (venez. für „Gemüsegarten") des Klosters der Unbeschuhten Karmeliter aus dem Jahr 1650 in einen „mystischen Garten" verwandelt. Dieser von den Mauern des Klosters umgebene Garten wurde um etwa die Hälfte verkleinert, als 1870 der Bahnhof gebaut wurde. Einst reichte er bis zum heutigen Bahnsteig 5 und bot einen unvergleichlichen Panoramablick.

Der Garten ist in sieben nacheinander angeordnete Hauptbereiche unterteilt, entsprechend den sieben Tagen der Schöpfung (auch die Anzahl der Pflanzen folgt der biblischen Symbolik). Eine Rasenfläche stellt die ländliche Umgebung dar: Acht Beete mit 33 verschiedenen Küchen- und Arzneikräutern sind neben einem größeren Beet angelegt, in dem Melisse wächst, die von den Karmelitern seit Jahrhunderten zur Herstellung ihres Wassers mit therapeutischen Eigenschaften benützt wird (ihre Gärten dienen medizinischen Zwecken). Das Melissenöl wird aus einer Mischung von Nelken, Cedrat-Zitrone, Zimt und Wasser hergestellt. Es wird zur Beruhigung und Entspannung sowie bei Verdauungsproblemen eingesetzt.

Der Garten der einfachen Pflanzen (*hortus simplicium*, von mittellt. *medicamentum* oder *medicina simplex*) ist gemäß der klösterlichen Tradition den Arzneipflanzen vorbehalten; die zum Verzehr bestimmten Pflanzen wachsen im Garten der Mönche.

Durch die Entnahme genetischen Materials aus altem Rebpflanzgut venezianischer Klöster und Gärten ist es der Winzergenossenschaft von Venedig gelungen, hier die alten Rebsorten der Serenissima zu neuer Blüte zu erwecken. Heute erstreckt sich der Weinberg über 17 Reihen, und im „Garten der verlorenen Genüsse" reifen 40 alte Obstsorten. Die 13 Olivenbäume symbolisieren Jesus und die zwölf Apostel.

Das kleine Wäldchen bietet zwischen Büschen mit Waldfrüchten eine Möglichkeit sich zurückzuziehen. Auf dem „Rasen der Passion" wächst der Christusdorn (*Paliurus spina-christi*), ein Strauch mit dornigen Zwei-

gen, aus dem, wie der Name besagt, die Dornenkrone Jesu geflochten wurde. Ferner findet man hier den Judasbaum (*Cercis siliquastrum*) und eine Weide, mit deren Ästen Jesus ausgepeitscht worden sein soll. An den Einfassungen gedeihen ein bunter Blumengarten, einige Kletterpflanzen sowie zwei weitere Rasenflächen mit Bäumen, die für andere Kulturen als das Christentum von Bedeutung sind. So stehen der Kaki- und der Kiwibaum in Japan und bei den Maoris für Frieden und Barmherzigkeit. In der Mitte des Gartens erhebt sich ein Granatapfelbaum. Dieser wurde durch den heiligen Johannes vom Kreuz in seinem Werk *Cántico espiritual* berühmt. Dieser spanische Priester der Unbeschuhten Karmeliter (1542–1591) sah im Granatapfel ein Symbol für die göttlichen Mysterien und in seinem Saft eine Metapher für das, was die fromme Seele von der Erkenntnis Gottes und der daraus erwachsenden Liebe erhält.

Brolo: Dieser vor allem in Norditalien verbreitete Begriff bezeichnete einen Garten, Gemüsegarten oder Obstgarten, der meist von einer Hecke oder Mauer umgeben war.

CASTELLO

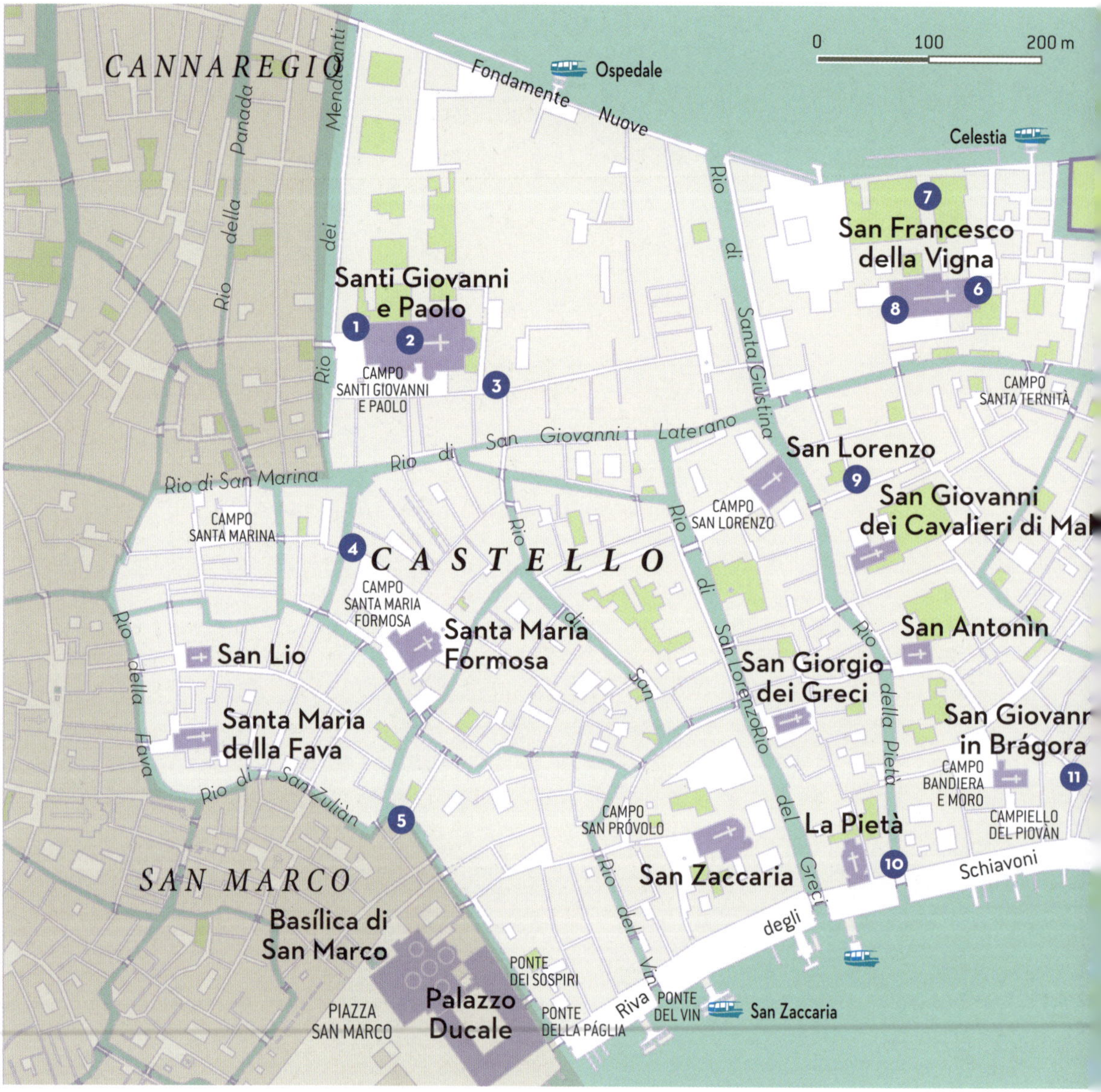
CANNAREGIO
CASTELLO
SAN MARCO
Fondamente Nuove
Ospedale
Celestia
0 100 200 m
Rio dei Mendicanti
Rio della Panada
Rio di San Marina
CAMPO SANTA MARINA
Santi Giovanni e Paolo
CAMPO SANTI GIOVANNI E PAOLO
Rio di San Giovanni Laterano
Rio di Santa Giustina
San Francesco della Vigna
CAMPO SANTA TERNITÀ
San Lorenzo
CAMPO SAN LORENZO
San Giovanni dei Cavalieri di Mal
CAMPO SANTA MARIA FORMOSA
Santa Maria Formosa
San Lio
Rio della Fava
Santa Maria della Fava
Rio di San Zulian
San Antonin
San Giorgio dei Greci
Rio di San Lorenzo
Rio della Pietà
Rio dei Greci
San Giovanni in Brágora
CAMPO BANDIERA E MORO
CAMPIELLO DEL PIOVÀN
La Pietà
CAMPO SAN PRÓVOLO
San Zaccaria
Rio del Vin
Riva degli Schiavoni
Basílica di San Marco
PIAZZA SAN MARCO
Palazzo Ducale
PONTE DEI SOSPIRI
PONTE DELLA PÁGLIA
PONTE DEL VIN
San Zaccaria

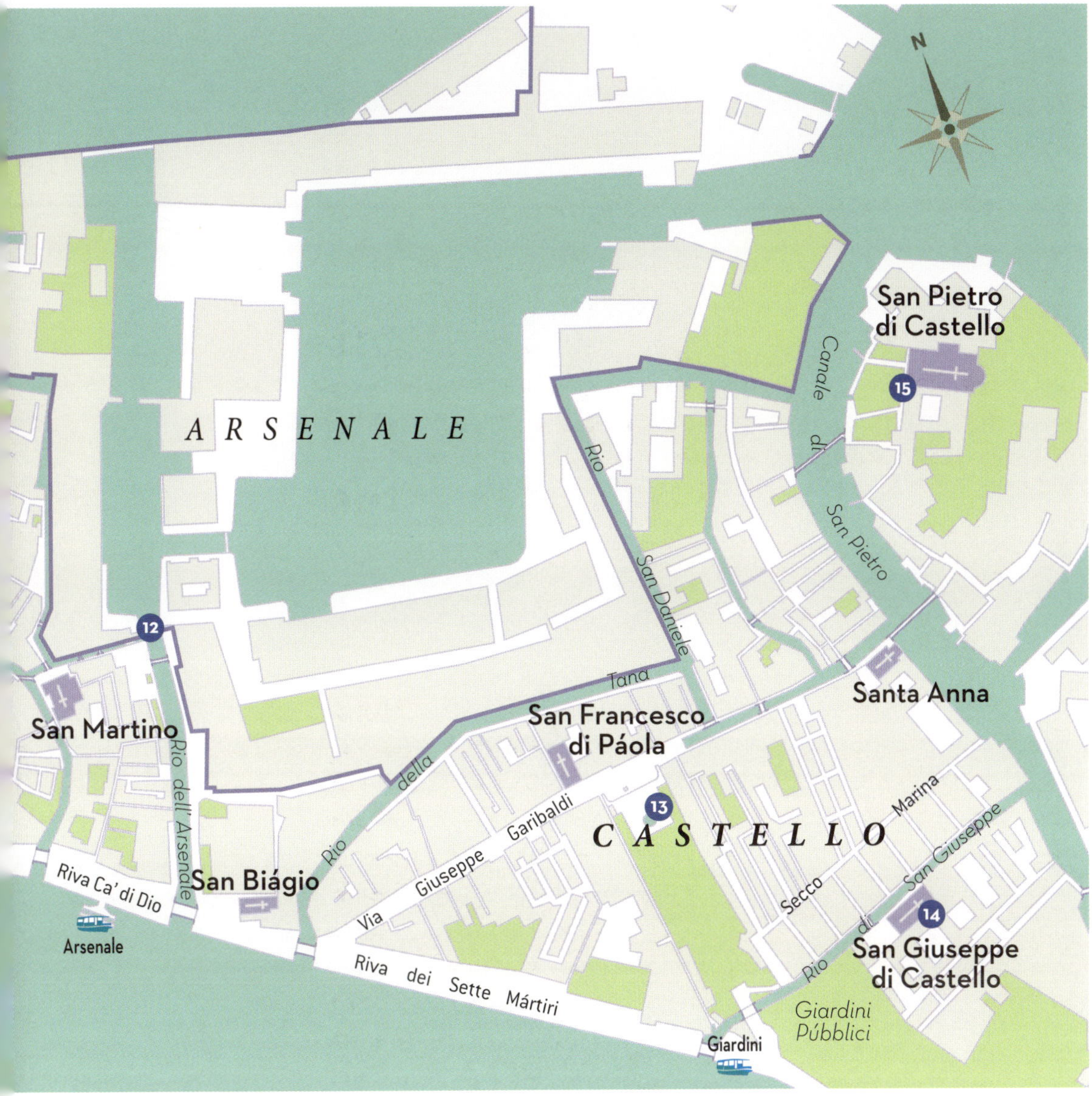

N
ARSENALE
San Pietro di Castello
Canale di San Pietro
15
Rio San Daniele
12
Tana
Santa Anna
San Francesco di Páola
San Martino
Rio dell'Arsenale
Rio della Tana
13
Via Giuseppe Garibaldi
CASTELLO
Marina
Secco
San Giuseppe
Rio di San Giuseppe
San Biágio
Riva Ca' di Dio
14
San Giuseppe di Castello
Arsenale
Riva dei Sette Mártiri
Giardini Públlici
Giardini

01.

Fassade vom Krankenhaus Ospedale Civile
Fondamente Nove 6593

DIE DARSTELLUNG EINES MENSCHLICHEN HERZENS

In Erinnerung an einen dramatischen Muttermord

Zwischen der Eingangstür des Krankenhauses (Scuola Grande di San Marco) und dem rechten Teil der Fassade ist ungefähr 30 Zentimeter über dem Boden eine eigenartige Darstellung zu sehen. Sie zeigt einen Mann, der ein Herz trägt, und erinnert an eine traurige Geschichte.

Einst wohnte in der Nähe eine Frau, die eine Beziehung mit einem Juden hatte, der die türkische Staatsangehörigkeit angenommen hatte. Die beiden hatten einen Sohn, der mit seinem Vater auf der Giudecca wohnte, seine Mutter allerdings ganz oft besuchte. Diese liebte ihn von ganzem Herzen. Der Junge kam aus einer gemischten Ehe, weshalb er halb Venezianer, halb Levantiner war und sich nach der türkischen Mode kleidete. Er hatte Mühe, seine eigene Identität zu finden, da er nirgends richtig dazugehörte. Dies führte zu einem großen Gewaltpotenzial in dem Jungen. So verprügelte er oft seine Mutter, die ihm allerdings immer verzieh.

Eines Abends war der Junge so voller Wut, dass er nicht mehr Herr seiner selbst war; er stach auf seine Mutter ein und riss ihr das Herz aus der Brust. Panik erfasste ihn und er lief mit dem Herzen in der Hand bis zur Brücke vor dem Krankenhaus. Hier stolperte er, wobei ihm das Herz aus der Hand fiel. Laut Legende fragte ihn das Herz: „Mein Sohn, hast du dir weh getan?“ Der Junge rannte daraufhin zur Lagune, sprang ins Wasser und kam so ums Leben.

Ein alter Steinmetz namens Cesco, der am Eingang der Scuola Grande di San Marco nächtigte, wurde Zeuge des Geschehens. Er war so beeindruckt, dass er das Ereignis in Stein meißelte. Noch heute ist das Profil eines Mannes mit Turban zu sehen, der ein Herz in der linken Hand hält.

Gegenüber sind einige Schiffe zu sehen, bei denen es sich auch um Werke von Cesco handelt. Als Cescos Ehefrau 1501 an einer tödlichen Krankheit starb, wurde der Steinmetz von einer solchen Traurigkeit gepackt, dass er an seinem früheren Arbeitsort, der Fassade des Krankenhauses, zu betteln begann und dann und wann besondere Ereignisse in die Fassade meißelte.

02.

Basilika San Giovanni e Paolo
Campo Santi Giovanni e Paolo 6363

DAS FRESKO VON MARCANTONIO BRAGADIN

Die Geschichte eines Adligen, dem bei lebendigem Leib die Haut abgezogen wurde

Gleich nach dem Eingang der Basilika Santi Giovanni e Paolo befindet sich auf der rechten Seite ein Altar, der Marcantonio Bragadin gewidmet ist. Man kann eine Urne mit der Büste des Patriziers Bragadin sehen. Darüber befindet sich ein Fresko, das darstellt, wie dem venezianischen Helden bei lebendigem Leib die Haut abgezogen wird. Die Haut Marcantonio Bragadins, die in der Urne aufbewahrt wird, ist für die Besucher nicht zu sehen. Die Urne selbst wurde das letzte Mal 1961 geöffnet (nur für einige wenige Spezialisten) und wird wohl aus Konservierungsgründen in der nächsten Zeit nicht erneut geöffnet.

Nachdem Marcantonio Bragadin zum Gouverneur Zyperns ernannt worden war, fuhr er nach Famagusta, von wo aus er über die Insel herrschte. Trotz der von ihm errichteten modernen Festungsanlage von Famagusta landete die Flotte des türkischen Sultans Selim II. am 3. Juli 1570 auf der Insel. Nach der Eroberung von Nikosia brachten die Türken Bragadin den Kopf des Kommandanten der Stadt. Im September 1570 wurde Famagusta von den Türken belagert. Trotz der enormen Übermacht der Osmanen (6.000 Venezianer gegen 200.000 Türken) leisteten die Venezianer fast ein Jahr lang heroisch Widerstand. Im Juli 1571 eroberten die Osmanen schließlich die Stadt. Dem Gouverneur wurde daraufhin die Haut abgezogen, er wurde gevierteilt und unter osmanischen Heereseinheiten aufgeteilt, während seine Haut mit Stroh ausgestopft und zugenäht wurde. Die makabren Trophäen (die Köpfe von Bragadin und der zwei Kommandeure Martinengo und Querini) wurden am Schiff des türkischen Kommandanten Lala Mustafa Pascha befestigt und nach Konstantinopel gebracht.

1580 stahl Gerolamo Polidori, ein venezianischer Sklave, die Haut Bragadins aus der Waffensammlung von Konstantinopel und brachte sie in die Lagunenstadt. Anfänglich wurde sie auf der Insel San Gregorio aufbewahrt.

D O P
M. ANTONII BRAGADENI
CVM PRO FIDE ET PATRIA
BELLO CYPRIO SALAMINÆ
CONTRA TVRCAS CONSTAN
TER FORTITERQ. CVRAM
PRINCIPEM SVSTINERET
LONGA OBSIDIONE VICTI
A PERFIDA HOSTIS MANV
IPSO VIVO, AC INTREPIDE
SVFFERENTE DETRACTA
PELLIS
ANN. SAL. CIↃ IↃ LXXI XV KL. SEPT
ANTON. FRATRIS OPERA, ET
IMPENSA BYZANTIO HVC
ADVECTA
ATQVE HIC A MARCO, HER
MOLAO, ANTONIOQ. FILIIS
PIENTISS. AD SVMMI DEI,
PATRIÆ, PATERNIQ. NOMI
NIS GLORIAM SEMPITERNAM
POSITA
ANN. SAL. CIↃ IↃ LXXXXVI
VIXIT ANN. XXXXVI.

SCHAUPLÄTZE CASANOVAS IN VENEDIG

Giacomo Casanova (Venedig 1725 – Dux, Böhmen 1798), ein gebildeter und geistreicher Mann mit faszinierender Persönlichkeit, ist vor allem für seine Liebschaften mit adeligen Damen und Frauen aus dem Volk bekannt. Der Spion der Inquisition, Freimaurer, Okkultist und Globetrotter wohnte zu verschiedenen Zeiten in Venedig, bis er 1783 endgültig ins Exil geschickt wurde.

Im Folgenden erfahren Sie mehr über die Orte, an denen Casanova seine mannigfachen Talente zur Schau gestellt hat.

Abt für eine einzige Predigt in der Kirche San Samuele – Campo San Samuele (San Marco): Die Kirche San Samuele in der Nähe von Santo Stefano – wo heute Ausstellungen organisiert werden – war der Schauplatz der ersten Predigt von Casanova. Seine Mutter Zanetta, eine Theaterschauspielerin, hatte ihn schon in jungen Jahren zur kirchlichen Laufbahn bewogen und wollte ihren Sohn als Abt sehen, da sie sich davon eine stattliche Zukunft erhoffte. Die Predigt des 15-jährigen Abtes stieß vor allem beim weiblichen Publikum auf großen Erfolg, das ihn mit Geld und Liebessprüchen zuschüttete. Die zweite Predigt, nach einem ausgelassenen Trinkgelage, wurde zum Fiasko und bereitete diesem Lebenskapitel ein rasches Ende.

Geigenspieler aus Geldnot im Palazzo Soranzo – Campo San Polo 2169–2171 (San Polo): Hier arbeitete der junge Giacomo im Jahr 1746 drei Abende als Geigenspieler anlässlich der Hochzeit von Canziana Soranzo und Girolamo Corsaro. Gegen Ende des Festes bemerkte Giacomo, dass dem Konsul Bragadin beim Einsteigen in die Gondel ein Brief heruntergefallen war: Giacomo hob ihn auf, und als Zeichen der Dankbarkeit lud ihn der Konsul auf eine Gondelfahrt ein. Als der Konsul unterwegs einen Anfall erlitt, machte ihm Casanova sofort einen Aderlass und rettet ihm so das Leben. Dies war der Beginn der Freundschaft mit dem Mann, der sein großzügigster Gönner werden sollte.

Adoptivsohn und Hellseher im Palazzo Bragadin Barabba – Ramo Bragadin 6050 (Castello): Fast zehn Jahre lebte Giacomo als Adoptivsohn im spätgotischen Palazzo des Konsul Bragadin. Auf der Vorderseite Richtung Rio di Santa Marina ist noch das Wappen der Bragadins (ein Kreuz auf einem Schild) und ein mit ungewöhnlichen Menschenköpfen verzierter Balkon zu sehen. Bragadin nahm Giacomo in sein Haus auf und gab ihm dazu noch monatlich zehn Goldmünzen (zur damaligen Zeit viel Geld). Vermutlich unterhielt der 20-jährige Casanova den Konsul gewöhnlich mit Hellseherei, die er zum Großteil erfand und an der auch die adeligen Freunde Marco Dandolo und Marco Barbaro teilnahmen, die sich sehr für Okkultismus begeisterten.

Verführer an der Hostaria del Selvadego – Bocca di Piazza 1238 (San Marco): Die Hostaria del Selvadego war ein berühmtes Gasthaus, das circa fünf Jahrhunderte lang geöffnet war (geschlossen seit 1870). Casanova besuchte es, um an Essen und Trinken zu kommen und dann möglicherweise in den oberen Stockwerken zu landen. Vermutlich war das venezianisch-byzantinische Gebäude ursprünglich eine Art Gefängnis, was auch die Fenstergitter und das einfache Erscheinungsbild der Fassade erklären würde. Die Vorderseite wirkt auch heute noch mehr wie ein Gefängnis als ein Gasthaus.

Glücksspieler im Ridotto – Palazzo Dandolo – Calle Vallaresso 1332 (San Marco): Wie viele andere Venezianer der damaligen Zeit liebte auch Casanova das Glücksspiel. Am liebsten war er im Ridotto, um sein Glück zu versuchen oder um dem ein oder anderen Liebesabenteuer nachzugehen.

Das Kloster Santa Maria degli Angeli von M.M., der geliebten Nonne von Casanova – Fondamenta Venier (Murano): Wenn man in Murano an der Haltestelle Murano Venier aussteigt, einmal links abbiegt und dann weitergeht, sieht man noch einen gotischen Bogen, der zum alten Kloster Santa Maria degli Angeli führt, das seit langem verlassen ist.

Hierher kam Casanova nachts, mit einer Maske, um nicht erkannt zu werden, und traf sich mit M.M., einer faszinierenden Nonne, mit der er ein Verhältnis einging.

Der Palazzo Morosini del Pestrin, Familiensitz von M.M. – Ramo del Pestrin 6140 (Castello): Der Palast von M.M. (heute ein privates Wohnhaus) hat einen Innenhof mit einem neoklassizistischen Statuenpaar (vom Tor aus sichtbar). Es wurde viel über die Identität der geheimnisvollen Schwester M.M. spekuliert. Wahrscheinlich steckt hinter den Initialen die reizende adelige Maria Morosini, die 1731 im Palazzo Morosini del Pestrin zur Welt gekommen und im Alter von nur acht Jahren ins Kloster eingetreten ist.

Ein Überraschungs-Rendezvous-Ritterdenkmal – Campo Santi Giovanni e Paolo (Castello): In seinen Memoiren erzählt Casanova von einem Treffen mit M.M. vor dem Ritterdenkmal von Bartolomeo Colleoni auf dem Campo Santi Giovanni e Paolo. Zur ausgemachten Stunde, unmittelbar nach dem Sonnenuntergang, sah Giacomo am Rio dei Mendicanti eine Gondel aus Murano kommen. Als Casanova erkannte, dass jemand mit einer männlichen Maske austieg, blieb er sprachlos. Er wollte gerade weggehen, als er seinen „als Mann verkleideten Engel“ erkannte, der aus Vorsicht lieber unerkannt zum Stelldichein erschien.

Attribué à Francesco Narici, via Wikimedia Commons

03.

Castello 6691
Barbaria de le Tole
Nur Reservierung
info@scalabovolo.org oder 041 271 9012

DER MUSIKSAAL DES OSPEDALETTO

Eine unbekannte Schönheit

Die Kirche Santa Maria dei Derelitti wurde 1575 an einem Ort errichtet, an dem seit 1528 ein Krankenhaus für Kranke, Bedürftige, Alte, Waisen und Kinder mittelloser Familien stand.

Dieses Krankenhaus, das auf Grund seiner kleinen Größe *ospedaletto* („Krankenhäuschen") genannt wurde, gilt als Entwurf von Andrea Palladio. Dank der Großzügigkeit der Wohltäter des Krankenhauses im 17. und 18. Jahrhundert konnte die Kirche wertvolle Werke von Giambattista Tiepolo, Johann Carl Loth und Pietro Liberi erwerben und eine spektakuläre Fassade von Baldassare Longhena gestalten lassen.

Auch aus musikalischer Sicht hat die Kirche mit ihren Mädchenchören, die von talentierten Lehrern unterrichtet wurden, eine große Tradition. Die Orgel von Pietro Nacchini aus dem Jahr 1751 oberhalb des Hauptaltars auf dem großen Orgelbalkon der Kirche sowie der Musiksaal zeugen ebenfalls von dieser Tradition.

Der venezianische Aristokrat Girolamo Miani hatte sich der literarischen und künstlerischen Unterweisung der jungen Waisenmädchen verschrieben und gab ihnen auch Gesangsunterricht. Seine Methode verbreitete sich später in der ganzen Stadt.

Seit der Gründung des Krankenhauses erklangen während der Messe die Gesänge der hier untergebrachten Waisenmädchen. Bald waren sie in der ganzen Stadt berühmt. Während des Gesangs wurde die Kollekte eingesammelt, die ihnen immer häufiger als Mitgift diente, um das Waisenhaus zu verlassen und heiraten zu können. Sie lernten auch ein Instrument zu spielen, sodass bald ein Orchester (mit bis zu 40 Mitgliedern) entstand, das den Beginn der langen venezianischen Tradition der Mädchenchöre begründete.

Im 16. Jahrhundert begann sich die Musikschule des Ospedaletto zu entwickeln, ein soziales und edukatives Projekt, das andere Krankenhäuser bald übernahmen, indem sie ihrerseits Waisenmädchen aufnahmen. Dies führte zu einem starken Wettbewerb zwischen den verschiedenen Chören.

Um den Musikveranstaltungen einen passenden Rahmen zu geben, wurde 1776 in den Küchen des Krankenhauses von San Girolamo Miani ein Musiksaal eingerichtet. Die Fresken des Saals wurden 1777 von einem Schüler von Giambattista Tiepolo, Jacopo Guarana, in Zusammenarbeit mit Agostino Mengozzi Colonna gestaltet, die als die letzten Hauptvertreter dieser von Tiepolo im 18. Jahrhundert zu höchster Vollendung geführten Bildtradition gelten.

Ebenfalls sehenswert sind die ovale Treppe sowie der sehr schöne Innenhof von Baldassare Longhena mit seinem authentischen Puteal und einer Loggia mit allegorischen Statuen der vier Jahreszeiten.

04.

Brücke Borgoloco

DIE VERSTECKTEN INITIALEN DES KÖNIGS VITTORIO EMANUELE

Brücke mit politischer Aussage

Die Brücke von Borgoloco führt von San Giovanni Grisostomo zum Campo S. Maria Formosa und verbirgt im eleganten Brückengeländer eine patriotische Nachricht.
Auf den ersten Blick wirken die schmiedeeisernen Formen wie Herzen, aber bei genauerem Hinsehen kann man die Buchstaben W V E erkennen, die für *Viva Vittorio Emanuele* („Es lebe Vittorio Emanuele", König von Italien) stehen.
Zu der Zeit der österreichischen Herrschaft waren politische Angelegenheiten tabu, weshalb man oft auf geheime und verschlüsselte Nachrichten zurückgriff.

WEITERE SPUREN DES RISORGIMENTO IN VENEDIG

- Die Kanonenkugel in der Fassade der Kirche San Salvador (1849) bei den Mercerie (Rialto)
- Die Gedenksäule des glorreichen venezianischen Widerstands auf dem Campo San Salvador (1898), Zeichen des venezianischen Widerstands von 1848–1849: ein bronzenes Band erinnert an den 22. März 1849, als sich die Stadt nach über 50 Jahren Fremdherrschaft endlich von der österreichischen Herrschaft befreite.
- Die österreichische Bombe in der Fassade der Kirche San Nicola da Tolentino (auch als Tolentini-Kirche bekannt) (1849), in der Nähe des Piazzale Roma
- Das Hotel San Fantin (Hausnummer 1930/A, unweit vom Teatro La Fenice): hier sieht man Patronen und Kanonen, mit denen die österreichische Armee 1849 Venedig bombardierte (das Gebäude wurde 1869 wiedererrichtet)
- Die gemeißelten Porträts der Patrioten des Risorgimento in der Calle Larga dell'Ascencion (zwischen dem Museum Correr, dem Postamt und der Rückseite der Geschäfte vom Markusplatz)

EIN WEITERES BEISPIEL FÜR EINEN VERSTECKTEN SCHRIFTZUG: „*VIVA VERDI*" („ES LEBE VERDI")

Der Ausspruch „*Viva Verdi*" gilt dem Anschein nach als Verehrung des Komponisten, in Wirklichkeit handelt es sich aber bei „*Verdi*" um ein berühmtes Wortspiel des Risorgimento: „V(ittorio) E(manuele) R(e) D'I(talia)". Im Film *Sehnsucht* von Luchino Visconti (1954) spielt die im Teatro La Fenice gedrehte Filmsequenz mit der Symmetrie zwischen der im Film gezeigten Realität und der Oper, die sich auf der Bühne abspielt. In der berühmten Arie der Verdi-Oper *Il Trovatore* singt der Chor *All'armi, all'armi!* („Ergreift die Waffen!") und fordert dabei die im Publikum sitzenden österreichischen Offiziere geradezu heraus. Gleichzeitig werfen irredentistische Patrioten „*Viva Verdi*" und „*Viva Italia*"-Flugblätter von den Theaterlogen und stimmen eine Hymne der Revolte für ein geeintes Italien an. Der Film spielt im Jahr 1866 in Venedig während der letzten Jahre der österreichischen Herrschaft.

WAS BEDEUTET *BORGOLOCO*?

Das Wort *borgoloco* kommt vermutlich von der venezianischen Redensart *tegnir uno a loco e foco*, was so viel heißt wie „jemanden beherbergen“. *Borgoloco* steht also für den Stadtteil, wo sich Gästezimmer und Herbergen befanden.

05.

Fassade des Palazzo Soranzo
(Markusplatz)

DAS LOCH ÜBER DEM ENGEL DES PALAZZO SORANZO

Das Loch, durch das 1552 der Teufel entschwand

Wenn Sie vom Markusplatz kommen, folgen sie dem Weg links von der Basilika und biegen dann in die Calle de la Canonica ein. Danach nehmen Sie gleich die erste Straße links. Nach 50 Metern erreichen Sie die Brücke Ponte dell'Angelo. Von hier aus kann man den Engel in der Fassade des Palazzo Soranzo am besten sehen: Der Engel hält eine mit einem Kreuz versehene Kugel. Darüber ist ein schlecht erkennbares Fresko der Jungfrau Maria mit Kind und ein Loch zu sehen, das an ein seltsames Ereignis aus dem Jahre 1552 erinnert. Zu dieser Zeit lebte ein Anwalt der Kurie des Dogen in dem Palast. Er verdiente sich sein Geld mit krummen Geschäften, auch wenn er sich immer als frommer und reumütiger Mann ausgab. Eines Abends lud er den Kapuzinermönch Matteo da Bascio zum Abendessen ein, dem er von seinem leibeigenen Affen erzählte, der dazu dressiert war, alle Hausarbeiten zu verrichten. Als der Mönch das Tier sah, erkannte er sofort den Dämon in ihm und fragte, was es mit der Geschichte auf sich hätte. Der Teufel erklärte, dass er die Seele des Anwalts mit in die Hölle nehmen wolle. Der Dämon erklärte, dass ihm sein Versuch bisher noch nicht gelungen sei, da der Anwalt jeden Abend vor dem Zubettgehen zur Jungfrau bete. Sobald er das Beten allerdings vergesse, werde er ihn sofort in die Unterwelt zerren.

Matteo befahl ihm daraufhin, unmittelbar das Haus zu verlassen. Der Teufel entgegnete ihm, dass er dies nur tun werde, wenn er ihm gestatte, Schaden anzurichten. Der Mönch gab nach, aber nur unter der Bedingung, das Ausmaß des Schadens bestimmen zu dürfen. So wurde dem Teufel zugestanden, durch die Mauer zu entschwinden. Dabei hinterließ er ein großes Loch, das noch heute an das Ereignis erinnert.

Danach sprach Matteo mit dem Anwalt und machte ihm Vorwürfe wegen seiner begangenen Fehler. Am Ende nahm er den Zipfel der Tischdecke, wrang ihn aus, wobei Blut heraustropfte. Der Mönch erklärte dem Anwalt, dass es sich dabei um das Blut all derjenigen handle, die er ausgebeutet habe. Der von Reue geplagte Anwalt weinte bitterlich und dankte dem Geistlichen für die erhaltene Gnade.

Gleichzeitig sprach er seine Angst davor aus, dass der Dämon durch das Loch wieder zurückkehren könnte. Bruder Matteo beruhigte ihn und riet ihm, einfach eine Engelsstatue in der Nähe des Forums aufzustellen, die sicher ausreichen würde, um jeden beliebigen bösen Geist, der in den Palast einzudringen gedenke, in die Flucht zu schlagen.

06.

Cortile del „patronato"
della chiesa di San Francesco della Vigna

DIE CAPPELLA DELLA VISIONE DI SAN MARCO

Ein Meilenstein in der Geschichte der Stadtgründung

Die Cappella della visione di S. Marco („Kapelle der Vision des heiligen Markus") im Kloster San Francesco della Vigna ist in Vergessenheit geraten, obwohl sie zu den Meilensteinen der legendären Stadtgründung gehört.
Die Kapelle steht da, wo der Legende nach der heilige Markus bei seiner Rückkehr von einer Mission in Aquileia (andere Quellen behaupten, während seiner Hinreise) von einem Gewitter überrascht wurde und innehalten musste.
Da erschien ihm ein Engel und sagte: „Der Friede sei mit dir, Markus, hier wirst du deine letzte Ruhe finden." Diese Worte wurden in vielen Darstellungen in Venedig übernommen: *Pax tibi Marce Evangelista meus*!
Der Apostel dachte, seine letzte Stunde sei gekommen, doch der Engel sprach weiter und sagte: „Fürchte dich nicht, Evangelist Gottes, viel musst du noch erleiden. Nach dem Tod wird hier eine Stadt entstehen, wo dein Körper ewige Ruhe finden wird und deren Schutzpatron du sein wirst."
Wieder in Rom erzählte Markus seinem Lehrer Petrus, was geschehen war, und bat ihn, Hermagora zum Bischof von Aquileia zu machen, da dieser der Vision beigewohnt hatte.
Die ursprüngliche Kapelle San Marco in Gemini wurde 774 aus Holz errichtet und mehrmals neu gebaut. Die heutige Form geht auf die letzte Erneuerung im 18. Jahrhundert zurück.
Die Kapelle wird als Lagerraum genutzt und hat keine ästhetische oder künstlerische Bedeutung.

WURDEN DIE ÜBERRESTE DES HEILIGEN MARKUS IN ALEXANDRIEN GESTOHLEN, UM AQUILEIA EINS AUSZUWISCHEN?

Einige Fachleute behaupten, die Vision des heiligen Markus sei nur eine Legende. Sie soll von den Venezianern geschaffen worden sein, um dadurch ihre politische und religiöse Vorherrschaft gegenüber Aquileia und Grado zu sichern. Während der Synode von Mantua 827 musste Venedig, das die Gerichtsbarkeit von Grado kontrollieren wollte, eine Niederlage einstecken: Massenzio, der Patriarch von Aquileia, hatte es geschafft, dass Grado dem Patriarchat seiner Stadt angeschlossen wurde, indem er daran erinnerte, dass hier einst der heilige Markus gepredigt hatte. Die Reaktion von Venedig kam schnell und hatte Erfolg. Denn ein Jahr später im Jahre 828 stahl Venedig in Alexandrien in Ägypten den Leichnam des Heiligen. Einige Quellen berichten, dass die Legende der Vision des Heiligen parallel dazu erfunden wurde. Außerdem wurde darauf hingewiesen, dass der Evangelist direkt in Venedig Station machte und nicht auf einer der vielen Inseln der Lagune. Dies soll überdies nicht auf seinem Rückweg, sondern auf dem Weg nach Grado und Aquileia geschehen sein. Dabei verschiebt diese Version das Kräfteverhältnis der beiden Städte natürlich komplett. Die Reliquie war deswegen von großem Interesse, weil sie Venedig erlaubte, sich von der Macht der römischen Kaiser des Ostens und des Westens zu befreien und so die Unabhängigkeit der Kirche von Venedig durchzusetzen.

07.

Kirche San Francesco della Vigna
Calle San Francesco 2786

DER GEMÜSEGARTEN DER KIRCHE SAN FRANCESCO DELLA VIGNA

Der Paradiesgarten

Auf Anfrage ist es manchmal möglich, den außergewöhnlichen Gemüsegarten des Klosters San Francesco della Vigna zu besichtigen. Der Besuch lohnt sich vor allem im September. Ein Klosterbruder wird Sie auf den Wegen durch den Garten begleiten und Ihnen vielleicht sogar ein paar frisch geerntete Trauben anbieten. Hier werden zahlreiche Weinsorten angebaut, darunter auch die sog. *uva fragola*, die Erdbeertraube, die unverwechselbar nach Erdbeere schmeckt und aus der der bekannte Fragolino-Wein hergestellt wird.

Die Weinstöcke sind es auch, die dem Kloster ihren Namen gegeben haben (*vigna* heißt „Weinrebe"). Sie wurden den Franziskanermönchen 1253 von Marco Ziani, dem Sohn des Dogen Pietro Ziani, geschenkt.

08.

Kirche San Francesco della Vigna
Calle San Francesco 2786

DIE KABBALISTISCHEN MAßE DER KIRCHE SAN FRANCESCO DELLA VIGNA

Die musikalisch-pythagoreische Kabbalah

Die Kirche San Francesco della Vigna wurde im 13. Jahrhundert von Marino da Pisa errichtet und im 16. Jahrhundert erneuert, da sie baufällig war und der Doge Gritte es außerdem so wünschte. Denn dieser besaß einen Palazzo in der Nähe. So kam es dazu, dass der Doge höchstpersönlich am 15. August, dem Mariae-Himmelfahrtsfest, den Grundstein dazu legte. Die ursprünglichen Pläne von Sansovino wurden vom Baubeauftragten Francesco Zorzi deutlich verändert.
Nach den Prinzipien der musikalischen Kabbalah (s. S. 188) wollte Zorzi, dass die Gebäudeproportionen auch musikalisch-pythagoreische Konkordanzen umfassen, damit die Kirche nach den Prinzipien des Hermetismus „die ganze universelle Harmonie widerspiegelt". Der Hermetismus basierte auf der Zahl 3, der göttlichen Zahl, Symbol der Dreieinigkeit von Vater, Sohn und Heiligem Geist.
So sollte die Kirche dreimal so lang wie breit sein: 27 (3 x 9) Fuß lang und neun (3 x 3) Fuß breit; die Seitenkapellen sollten drei Fuß breit sein und die Kapelle hinter dem Altar sechs Fuß breit und neun Fuß lang (siehe Plan). Die Zahl 3 erinnerte auch an die drei Grundnoten der musikalisch-pythagoreischen Tradition: C, G, E, harmonisch verbunden mit dem Rhythmus, der Melodie und der Harmonie. In der musikalischen Kabbalah stehen diese Noten für den Heiligen Geist (C – Körper – Länge des Kirchenschiffs), den Sohn (E – Seele – Breite der Seitenkapellen) und schließlich den Vater (G – Geist – Höhe der Kapelle hinter dem Altar).
Neben den Proportionen bezüglich der Zahl 3 waren Zorzi auch die Größenverhältnisse der Kirche wichtig, die den musikalischen Intervallen entsprechen mussten. (s. S. 304). Das Größenverhältnis der Kirche 4 zu 3 entspricht zum Beispiel der Quart, das Verhältnis 3 zu 6 der Oktav und das Verhältnis 6 zu 9 der Quint.

Die Maßeinheit, die beim Kirchenbau benutzt wurde, ist der venezianische Fuß. Ein Muster dieser Maßeinheit kann man noch in der Vorhalle der Schiffswerft (Arsenale militare) sehen. Einfach am Eingang nachfragen.

DIE ZAHL 3 – EINE GÖTTLICHE ZAHL

Die Zahl 3 soll Mose beim Bau der Bundeslade inspiriert haben und die menschlichen Proportionen verkörpern, wie der heilige Paulus in seinem Brief an die Korinther sagt. Auch der salomonische Tempel in Jerusalem soll nach der Zahl entworfen worden sein.

© Didier Descouens, via Wikimedia Commons

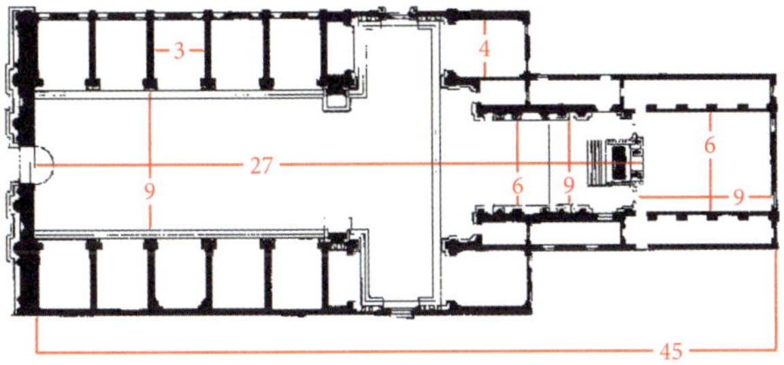

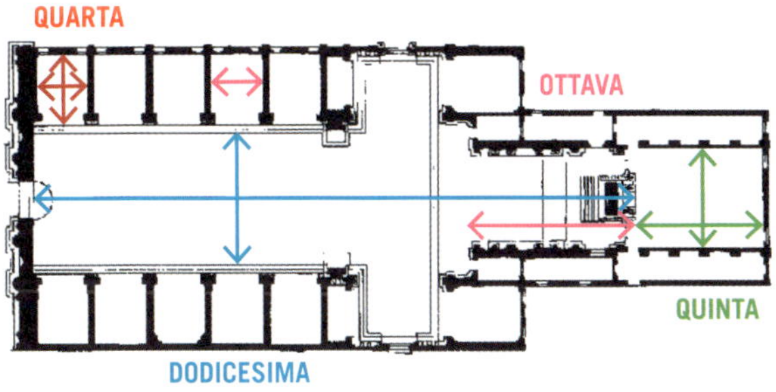

GRUNDSÄTZE DER MUSIKALISCHEN KABBALAH

Die musikalische Kabbalah basiert auf der Theorie der Pythagoreer (Aristoteles war damit allerdings nicht einverstanden), dass die Planeten des Sonnensystems einen Ton von sich geben, der aber nur von Gott und nicht von menschlichen Ohren gehört werden kann (die sogenannte Sphärenmusik). Nach diesem Prinzip entsprachen die Entfernungen zwischen den Planeten (Plinius der Ältere behauptete zum Beispiel, dass die Entfernung Erde–Mond einem Musikton entspricht) oder die Geschwindigkeit der einzelnen Planeten (die langsam rotierende Erde gibt laut Cicero einen tieferen Ton von sich als andere) musikalischen Intervallen. Die Erde war dabei Mittelpunkt des Systems.

Laut Theorie konnten die (perfekten) Töne des Universums nur auf der Erde verstanden und wiedergegeben werden, weshalb es auch möglich war, die universelle Harmonie auf der Erde neu entstehen zu lassen. Die folgenden Etappen waren Pythagoras, der als Erster die musikalischen Intervalle in den entsprechenden Kontext brachte, und Platon, der diese Intervalle mit der Sphärenmusik verknüpfte. So entstand das Konzept von Musik als Instrument zur Verbreitung der himmlischen Harmonie. Durch die Anpassung der musikalischen Intervalle an die architektonischen Ideen (man benutzte dabei die Proportionen, die in der Musik zum harmonischsten Ergebnis führten) wurde es später möglich, die Harmonien in Bauwerke umzusetzen.

Der Legende nach wurde Pythagoras (Samos 571 – Metapont 497) bei der Entdeckung der mathematischen Verbindungen hinter den Tönen von den Göttern geleitet. Als er eines Tages an einer Schmiede vorbeikam, hatte er die Idee, das Prinzip der Hämmer auf Saiten anzuwenden. Dabei bemerkte er Folgendes: Wenn die Saite auf drei Vierteln der Länge niedergedrückt und gespielt wurde, wurde der Ton eine Quart höher als der eigentliche, auf der ganzen Saite gespielte Ton. Wenn man die Saite auf zwei Dritteln der Länge niederdrückte, hörte man den Ton eine Quint höher, und auf der Hälfte der Saite ergab sich eine Oktav. Die Intervalle bekamen den Namen „pythagoreische Konsonanz". Wenn die Saite also zwölf Einheiten lang ist und auf neun verkürzt wird, bekommt man eine Quart, bei acht eine Quint, bei sechs eine Oktave. Durch die Anwendung dieser auch Kanon oder Monochord genannten Zahlenverhältnisse konnten die Pythagoreer die Tonalität eines musikalischen Systems mathematisch bestimmen. So wurde die Musik zu einer natürlichen Erweiterung der Mathematik, aber dank Platon, der das musikalische Thema von Pythagoras weiterentwickelte, auch eine philosophische Kunst.

Für die antiken Pythagoreer, bei denen Ptolemäus seine astronomischen Informationen einholte, entsprach jeder der sieben Planeten des Sonnensystems einer Note und einer Farbe: Die Sonne entsprach dem D und der Farbe Orange, der Mond dem H und Violett, der Mars dem C und Rot, der Saturn dem F und Grün, die Venus dem A und Blau, der Merkur dem E und Gelb und Jupiter dem G und Purpurrot. Die Fusion dieser Farben und Noten auf der Erde wurde wie eine regenbogenartige Symphonie dargestellt, die von Pythagoras selbst auch „Sphärenmusik" genannt wurde.

Die Mathematik und die musikalischen Entdeckungen von Pythagoras beeinflussten die Entwicklung der Musik und die Übertragung der Zahlengrundsätze auf die Architektur des Mittelalters und der Renaissance. Dem heiligen Augustinus und Boethius (4. Jahrhundert n. Chr.) ist es zu verdanken, dass der pythagoreische Symbolismus der Musik in der christlichen Tradition der mittelalterlichen Sakralbauten in Europa (wie z. B. in der Kirche San Francesco della Vigna) überlebt hat.

Auch die Fachleute sind sich darüber einig, dass die musikalische Kabbalah in den Partituren großer Musiker wie Bach, Beethoven, Mozart und Wagner zu erkennen ist.

Im 16. Jahrhundert brachte Kopernikus (er behauptete, dass sich nicht die Sonne um die Erde, sondern die Erde um die Sonne dreht) die Grundsätze der musikalischen Kabbalah durcheinander.

Da der Mensch eine göttliche Kreatur ist, konnte man ebenso durch das Studium der menschlichen Proportionen und deren Anwendung z. B. in der Architektur Gebäude schaffen, die im perfekten Einklang mit der universellen Harmonie waren. Darauf beruht auch die Darstellung des berühmten vitruvianischen Menschen von Leonardo da Vinci, der in der Galleria dell'Accademia in Venedig zu sehen ist. Auch der von Le Corbusier entwickelte Modulor, ein anthropometrisches Maßsystem für die Architektur, beruht auf derselben Idee.

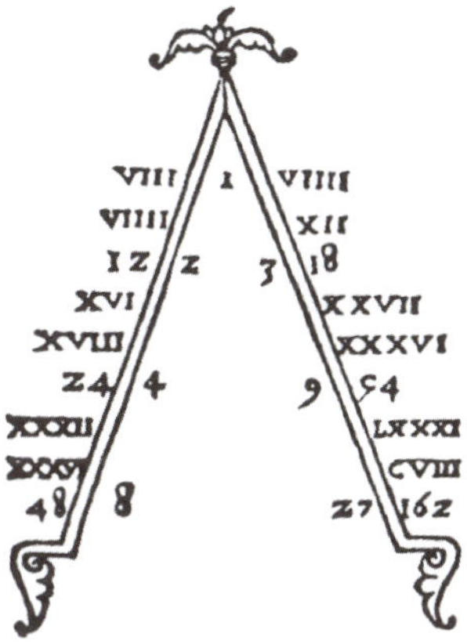

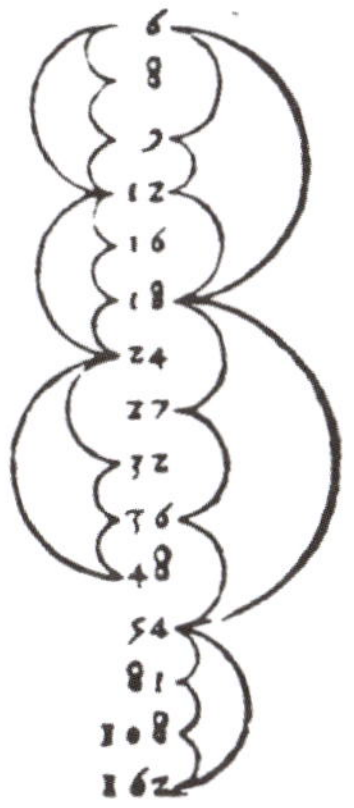

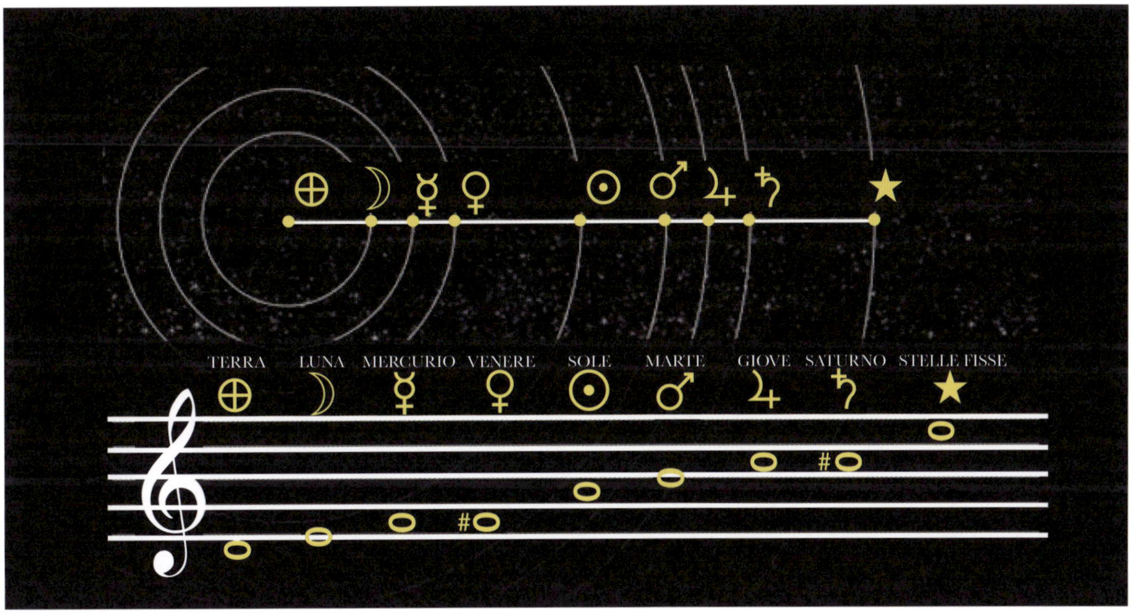

DIE WEISSAGUNGEN DES HEILIGEN MALACHIAS

Der heilige Malachias war ein irischer Benediktinermönch aus dem 11. Jahrhundert. Er wurde 1094 in Armagh geboren und noch als Jugendlicher zum Abt des eigenen Konvents gewählt. 1139 hatte er erste Visionen im Bezug auf seine erste Reise nach Rom, bei der er von Papst Innozenz II. (Papst vom 14. Februar 1130 bis 24. September 1143) empfangen wurde. Nach dem Besuch schrieb Malachias Ó Morgair seine Weissagungen. Es handelt sich um 111 lateinische Sätze, die den 111 Pontifikaten entsprechen; angefangen beim Pontifikat von Papst Coelestin II. (1143–1144) bis zum letzten Papst Petrus Romanus. Der letzte wäre Papst Franziskus I. Laut Weissagung wird die römisch-katholische Kirche mit dem letzten Papst Petrus Romanus, der angeblich aus Portugal stammen soll, untergehen: „Während der scharfen Verfolgung der heiligen römischen Kirche wird Petrus, ein Römer, regieren. Er wird die Schafe unter vielen Bedrängnissen weiden. Dann wird die Sieben-Hügel-Stadt zerstört werden und der furchtbare Richter wird sein Volk richten.“ Der apokalyptische Text ist in lateinischer Sprache verfasst und ziemlich kontrovers. Der heilige Malachias soll am 2. November 1148 in Clairvaux in den Armen seines besten Freundes, des heiligen Bernhard von Clairvaux, gestorben sein, genauso wie er es vorhergesagt hat. Er wurde am 6. Juli 1199 von Papst Clemens III. heilig gesprochen, aber seine Weissagungen wurden im Vatikan archiviert und vergessen, bis ein Mönch aus Padua sie 1527 in Venedig mit dem Titel „*Weissagungen des Mönchs aus Padua*“ veröffentlichte. Diese veröffentlichten Weissagungen sind allerdings nicht vollständig, sondern zitierten nur um die 20 Papstnamen. 1595 vervollständigte Arnold Wion die Liste und veröffentlichte die *Weissagungen des heiligen Malachias*, wobei er sie in sein eigenes Werk einfügte und auch eigene Fußnoten dazu schrieb. Die Entscheidung, die *Weissagungen des Mönchs aus Padua* und später die *Weissagungen des heiligen Malachias* in Venedig zu veröffentlichen, geht bestimmt darauf zurück, dass die Stadt die Wiege zahlreicher Päpste war und auch weiterhin bleiben sollte: Gregor VII., Eugen IV., Paul II., Alexander VIII. und Clemens XIII. wurden alle in Venedig geboren.

VENEZIANISCHE PÄPSTE IN DEN WEISSAGUNGEN DES HEILIGEN MALACHIAS

Gregor XII. (Angelo Correr). Pontifex vom 30. November 1406 bis zum 4. Juli 1415. „Nauta de ponte nigro". Das Wort *nauta* („Seefahrer") erinnert an die venezianischen Vorfahren des Pontifex, und *ponte nigro* ist eine Anspielung auf die Tatsache, dass Gregor XII. auch Bischof der Insel Euböa (ital. Negroponte) war (heute griechische Insel im Ägäischen Meer in der Nähe des Schwarzen Meeres, aber im 15. Jahrhundert venezianisches Hoheitsgebiet).

Eugen IV. (Gabriele Condulmer). Pontifex vom 3. März 1431 bis zum 23. Februar 1447. „Lupa coelestina" („himmlischer Wolf"). Der „Wolf" ist auf dem Wappen der Stadt Siena zu sehen, deren Bischof er war, *coelestina* bezieht sich auf den Cölestiner-Orden, der vom Augustinerorden übernommen wurde, in dem der Pontifex unterrichtete.

Paul II. (Pietro Barbo). Pontifex vom 30. August 1464 bis zum 26. Juli 1471. „De cervo et leone" („vom Hirschen und Löwen"). Der „Löwe" soll dem Löwen von Venedig entsprechen, wo er geboren wurde. Außerdem war er Bischof von Cervia (*cervo* = „Hirsch").

Alexander VIII. (Pietro Vito Ottoboni). Pontifex vom 6. Oktober 1689 bis zum 1. Februar 1691. „Poenitentia gloriosa". Die „ruhmvolle Reue" ist eine Anspielung auf das reuige Leben des heiligen Bruno. Alexander VIII. wurde nämlich an dessen Festtag gewählt.

Clemens XIII. (Carlo della Torre Rezzonico). Pontifex vom 6. Juli 1758 bis zum 2. Februar 1769. „Rosa Umbriae". Die „Rose Umbriens" bezieht sich auf Clemens XIII., der Statthalter der umbrischen Stadt Rieti war. In Umbrien liegt auch Assisi, die Geburtsstadt des heiligen Franziskus, „Rose" der Christenheit.

Pius X. (Giuseppe Melchiorre Sarto). Pontifex vom 9. August 1903 bis zum 20. August 1914. „Ignis ardens". „Brennendes Feuer" bezieht sich auf den Ersten Weltkrieg. Als nämlich der Konflikt begann, wollte der Pontifex unbedingt zum Kämpfen an die Front.

Im 20. Jahrhundert wurden zwei weitere venezianische Patriarchen zum Papst gewählt, auch wenn sie nicht aus Venedig stammten:
Johannes XXIII. Kardinal-Patriarch von Venedig von 1953 bis 1958, auf den auch das Werk *Die Weissagungen von Johannes XXIII.* zurückgeht.

Johannes Paul I. (Albino Luciani). Pontifex vom 26. August 1978 bis zum 25. September 1978. Er wurde 1912 in Forno di Canale d'Agordo im Veneto geboren. Bevor er zum Papst gewählt wurde, war er Kardinal-Patriarch von Venedig.

09.

Sottoportego de la corte Nova

DER ROTE STEIN DES SOTOPORTEGO IN DER CORTE NOVA

Die Pest und das Wunder in der Corte Nova

Der Sotoportego in der Corte Nova, der sich in der Nähe der Calle Zorzi unweit von Santa Giustina befindet, ist aufgrund der wundersamen Ereignisse, die hier geschehen sind, einen Besuch wert. In der Lünette (Bogenfeld) über dem Eingang ist eine Inschrift eingemeißelt, die auf die wundersamen Dinge hinweist, die sich hier dank der Fürbitte der Jungfrau Maria abgespielt haben. Es wird erzählt, dass die Bewohner des Hofes durch ihren Glauben mehrmals vor dem Tod bewahrt und auch vor einer großen Seuche gerettet wurden. Noch heute erinnert eine besondere Steinplatte im Pflaster daran. Während der schrecklichen Pest von 1630, die allein in Venedig mehr als 50.000 Tote verursachte, forderte Giovanna, ein junges Mädchen von der Corte Nova, ihre Nachbarn dazu auf, die Hoffnung nicht aufzugeben und auf die Hilfe der Gottesmutter zu vertrauen. Sie malte ein Bild, das die Jungfrau Maria, den heiligen Rochus (Patron der Pestkranken), den heiligen Sebastian und den heiligen Lorenzo Giustiniani (Schutzheiliger gegen Epidemien) darstellte, und hängte es in den Sotoportego, wo die Bewohner des Hofes jeden Tag zusammen beteten. Die Pest, an der weiterhin viele Menschen starben, breitete sich nicht in der Nähe des Bilds aus, und alle wurden verschont. Zum Andenken an dieses Wunder wurde das Pflaster mit einem roten veronesischen Marmorstein markiert. Noch heute treten die Leute – besonders die Studenten – auf den roten Stein, denn es soll Glück bringen. Andere behaupten allerdings das Gegenteil…

Nach diesem Ereignis wurde die Gottesmutter auch während des Ersten Weltkriegs (1914–1918) angerufen: Anscheinend hat der Glaube auch in diesem Fall Früchte getragen und wirkte als Schild gegen die Bombardierungen. Denn es gab keine Opfer.

Im Sotoportego der Corte Nova wird am ersten Dienstag im Mai der Rosenkranz gebetet. Ein weiteres Datum ist der 21. November, der Tag der Madonna della Salute – eine Zeremonie, an der die ganze Stadt teilnimmt und die an das Ende der Pest 1638 erinnert, aufgrund dessen Santa Maria della Salute erbaut wurde. Dieser Ort wird aus diesem Anlass wieder zu einem kleinen, mit Blumen und Kerzen geschmückten Wallfahrtsort (weitere Auskünfte: Tel. 041 5206102).

10.

Calle de la Pietà

WAS VON DER „DREHTÜR DER UNSCHULDIGEN“ DES KLOSTERS DELLA PIETÀ NOCH ÜBRIG IST

Hier konnte man sein Kind ruhigen Gewissens aussetzen

Im Gegensatz zu dem, was viele Leute denken, befinden sich die Reste der einst zum Kloster della Pietà gehörenden hölzernen „Drehtür der Unschuldigen“ auf der rechten Seite am Anfang der Calle della Pietà. Die Drehtür, in die man unerwünschte Kleinkinder legte, gehört heute zum Hotel Metropole, das an der Stelle steht, wo das ursprüngliche Kloster und die Kirche della Pietà standen. In der Eingangshalle hinten rechts sind noch zwei Säulen der alten Kirche zu sehen. Rechts von der Drehtür steht unter dem Hochrelief der Jungfrau mit dem Kind unter einem Schlitz noch die Aufschrift „Opfergaben“. Hier konnte man eine Spende für das Kloster hinterlassen, das die ausgesetzten Babys aufnahm und aufzog.

DIE „DREHTÜR DER UNSCHULDIGEN“

Im Jahr 787 soll der Mailänder Bischof Dateus vor seiner Kirche eine Auffangstation für ausgesetzte Babys geschaffen haben. Die erste Hilfsinitiative für ausgesetzte Kinder wurde 1188 vom Waisenhaus der Kanoniker in Marseille ergriffen, doch es war Papst Innozenz III. (1160–1216), der diese Praxis institutionalisierte, nachdem er gesehen hatte, wie die Leichen einiger ausgesetzter Kinder im Tiber trieben.

So wurden die sogenannten „Drehtüren der Unschuldigen“ geschaffen, die so gebaut waren, dass die Eltern, die keinen anderen Ausweg hatten, auch anonym bleiben konnten. Die Drehtüren bestanden aus einer von außen zugänglichen Wiege, in die das Kind gelegt wurde. Mit einer Glocke konnte man dann die Nonnen rufen, die an der Tür drehten und das Kind ins Kloster aufnahmen. Außen befand sich ein Gitter, so dass nur Kleinkinder durch die Drehtür passten. Papst Gregor VII., Dschingis Khan und Jean-Jacques Rousseau sind nur einige Beispiele berühmter Findelkinder. Das System wurde im 19. Jahrhundert abgeschafft, kommt aber seit rund 20 Jahren fast überall in Europa wieder auf. Grund dafür ist die immer größere Anzahl von ausgesetzten Kindern.

Weitere historische Babyklappen sind in Rom, Pisa und Florenz (siehe die Reiseführer *Verborgenes Rom* und *Verborgene Toskana* im selben Verlag) wie auch in Bayonne (Frankreich) und in Barcelona zu finden.

DER GRAF VON SAINT-GERMAIN – EIN MAGIER IN VENEDIG

Beweise, dass der berühmte Graf von Saint-Germain in Venedig gewesen sein soll, gibt es wenige, aber stichhaltige. Sie kommen vor allem aus den *Memoiren* seines ärgsten Widersachers Giacomo Casanova (Venedig 1725 – Dux, Böhmen 1798). Während Giacomo Casanova das Laster in Person und der schwarzen Magie so sehr zugeneigt war, dass er ihr sogar ein romanartiges Traktat widmete (*Isocameron* bzw. *Icosameron*), das er vermutlich in Venedig begonnen und in Böhmen beendet hat, war der Graf von Saint-Germain hingegen ein Beispiel der Tugend. Als perfekter Meister der weißen Magie hinterließ er der Nachwelt ein illustriertes Traktat („*Die heiligste Trinosophie*"), das er vermutlich in Venedig begonnen und in der französischen Kleinstadt Troyes, deren Bibliothek noch das Original-Manuskript besitzt, abgeschlossen hat. Die Geburts- und Todesdaten des Grafen von Saint-Germain sind nicht gesichert. Man weiß nur, dass er um den 28. Mai 1696 geboren wurde und in irgendeiner Form mit dem transsylvanischen Fürsten Franz II. Rákóczi verbunden war. Ob dieser sein Vater war und er wirklich an dem Datum geboren wurde, ist allerdings unklar. Was seinen Tod betrifft, so ist er wohl am 27. Februar 1784 im norddeutschen Eckernförde gestorben, obwohl neben dem lokalen Kirchenregister nichts Genaues vorliegt und man nicht weiß, ob es sich um dieselbe Person handelt und wo sie begraben ist. Der Graf von Saint-Germain verkehrte an den verschiedenen Höfen Europas und fiel wegen seiner besonderen Fähigkeiten als Alchemist, Magier, Prophet und Politiker auf, der sich um Friedensverträge (z. B. 1761 zwischen Deutschland und Österreich) bemühte. Als Wohltäter der Ärmsten entwickelte er Heilmittel für die Bedürftigen. Im esoterischen Bereich galt er als perfekter und unbekannter Meister des Rosenkreuzer-Ordens und der Freimaurer. Laut Casanovas *Memoiren* schwörten der Musiker Rameau und die Gräfin von Gergy, Witwe des französischen Botschafters in Venedig, dass sie den Graf von Saint-Germain 1710 in der Lagunenstadt kennengelernt hatten. Er trug den Titel Marquis von Montferrat und den Namen Lorenzo Paolo Domiciani und wurde von seiner Frau Lorenza Feliciani begleitet. Beide waren von großer Schönheit. Der Graf von Châlons bestritt das offizielle Datum seines Todes und versicherte der Gräfin Adhemar 1788 bei seiner Rückkehr zur Botschaft in Venedig, einen Tag vor seiner Abreise auf dem Markusplatz mit dem Grafen von Saint-Germain gesprochen zu haben. In Venedig hatte der Graf schon mit dem Grafen von Gergy, dem französischen Botschafter, Freundschaft geschlossen und war mit Lord Holdernesse, dem englischen Botschafter in Venedig, befreundet. 1764 zog Saint-Germain nach Venedig (wo seit dem Mittelalter viele Chemiker und Alchemisten lebten), um seine Seidenfärbetechnik zu entwickeln und die dafür notwendigen Farben herzustellen, wie z. B. Purpurrot. Zu jener Zeit lebte in der Stadt auch Graf Maximilian von Lamberg, ein brillanter Diplomat und sensibler Literat, der in seinen *Memoiren* festhielt: „Eine Persönlichkeit, die es lohnt kennenzulernen, ist der Marquis von Aymar oder Belmar, besser bekannt unter dem Namen Saint-Germain. Er wohnt seit einiger Zeit in Venedig, wo er inmitten von Hunderten von Frauen, die ihm eine Äbtin besorgt hat, Experimente mit Leinenstoffen durchführt, sie bleicht und der italienischen Wildseide ähnlich macht." Diese Frauen waren vermutlich aus dem Konvent und Waisenhaus Ospedale della Pietà, das im 18. Jahrhundert als Musikschule für talentierte Waisenmädchen Geschichte schrieb und wichtigster Arbeitsplatz des Komponisten Antonio Vivaldi war.

DAS VENEDIG DER RENAISSANCE – ZUFLUCHTSORT FÜR EUROPÄISCHE HÄRETIKER, OKKULTISTEN UND HERMETIKER

Im Laufe des 16. Jahrhunderts waren Venedig und Rom ständig im Konflikt, sowohl wegen politischer Interessen als auch wegen der religiösen Doktrin, aber besonders deswegen, weil Venedig sich seine Unabhängigkeit von Rom bewahren wollte. Der damalige Papst war Clemens VIII. (24. Februar 1536 – 3. März 1605), der entgegen seinem Namen (*clemens* bedeutet „nachsichtig") nicht sehr gnädig war und den Verdacht hatte, dass Venedig Häretiker, Kalvinisten, Lutheraner und Okkultisten ausbrütete, die die Reformation unterstützten. Tatsächlich war Venedig damals das intellektuelle, philosophische und häretische Zentrum, was den Vertretern der Gegenreform gar nicht gefiel. Die „verbotenen Bücher", die Ideen verbreiteten, die von denen der römischen Kirche abwichen und auf dem 1596 von Clemens VIII. neu veröffentlichten Index standen (*Index Librorum Prohibitorum*), zirkulierten in Venedig frei – vor allem im jüdischen Viertel. Der venezianische Patriarch suchte gegenüber der totalitaristischen päpstlichen Kurie die Herausforderung und schuf 1521 sogar seine eigenen Inquisitionsregeln, in denen er die Folter aufhob. Der Liberalismus in Venedig stand im Gegensatz zum harten Joch der Inquisition, die im übrigen Europa Schrecken verbreitete. Deshalb zog die Stadt auch so viele Intellektuelle, Denker und stolze Gegner der päpstlichen Strenge an. Unter den berühmten Denkern war Giordano Bruno (1548–1600), ein Neuplatoniker, der 1590 nach Venedig zog. Als er auf Einladung von Giovanni Mocenigo, einem venezianischen Patrizier, die Mnemotechnik lehren sollte, wurde er von Mocenigo den päpstlichen Truppen ausgeliefert, die ihn nach Rom brachten, wo er am 17. Februar 1600 am Campo dei Fiori auf dem Scheiterhaufen den Tod fand. Die venezianische Unabhängigkeit von Rom führte zu einer solchen Feindseligkeit, dass die Serenissima nach der Ermordung des Königs von Frankreich Heinrich III. (1521–1589), der sehr an Magie und Hermetismus interessiert war (er war auch der Protektor des berühmten Propheten Nostradamus), dessen Nachfolger Heinrich IV. (1553–1610) sofort Asyl gewährte. 1587 gründete der Philosoph und Hermetiker Fabio Paolini im Konvent San Francesco della Vigna die Accademia degli Uranici, die die berühmtesten Okkultisten und Hermetiker der europäischen Renaissance versammelte. 1589 veröffentlichte Fabio Paolini sein Traktat der neuplatonischen und hermetischen Philosophie mit dem Titel *Hebdomades*, bzw. *Hebdomades sive septem de septenario libri*, das unmittelbar zur wichtigsten Schrift des venezianischen Okkultismus wurde. Die Versammlungen der Akademie fanden meistens in den Häusern der Mitglieder statt, wo sie vor indiskreten Blicken geschützt waren. Neben den Okkultisten und den liberalen Denkern zählte die Akademie auch einige venezianische Buchhändler, die Anhänger des Okkultismus waren. Darunter befand sich ein gewisser Giovanni Battista, auch Ciotto genannt, der ein Anhänger der Ideen der Parallelwelten von Giordano Bruno war und die Buchhandlung Minerva in Mercerie besaß. Einige Jahre später musste die Buchhandlung auf Druck des Klerus schließen. Die Inquisition verhaftete sogar einige Mitglieder, die allerdings keinerlei Informationen zu den Versammlungen durchsickern ließen und sogar ihre Sympathie für den Okkultismus und ihr Interesse für Magie und Hermetismus leugneten.

1788 verbrachte der berühmte „Oberste Unbekannte" des Rosenkreuzer-Ordens und der Freimaurerei Alexandre Cagliostro, Graf von San Leo, auch unter dem Namen Graf Phönix bekannt, sechs Wochen in Venedig und führte dort den ägyptischen Ritus ein. Eine Gruppe von Anhängern des Sozinianismus (protestantische Sekte, die die Doktrin der Heiligen Dreifaltigkeit verleugnet) weigerte sich, an den magisch-kabbalistischen Ritualen teilzunehmen, und bat Cagliostro um die Genehmigung, eine Freimaurerloge zu gründen. Der Graf gründete daraufhin den Memphis-Ritus und verlieh den Anhängern des Sozinianismus den ersten Grad der Großen Loge von England und den hohen Grad der deutschen Templer-Freimaurerei.

11.

Sotoportego dei Preti
Salizada del Pignater

DAS HERZ AUS ZIEGELSTEIN IM SOTOPORTEGO DEI PRETI

In Erinnerung an die Liebe zwischen einem Fischer und einer Meerjungfrau

In der Nähe der Kirche San Giovanni in Bragora verbindet der Sotoportego dei Preti die Straßen Salizada del Pignater und Calle del Pestrin. Im Sotoportego sieht man ein kurioses Herz aus rotem Ziegelstein.

Hier lebte einst ein junger Fischer namens Orio. Während einer Nacht auf dem Meer vernahm er eine Stimme: „Befreie mich, bitte. Ich flehe dich an." Da sah er ein wunderschönes Mädchen. „Keine Angst, ich bin keine Hexe. Ich heiße Melusine." Schon bald bemerkte Orio, dass das Mädchen einen langen Fischschwanz hatte. Sie verliebten sich sofort, sprachen bis zum Morgengrauen miteinander und gaben sich das Versprechen, sich jede Nacht zu treffen.

Eines Tages fragte Orio, ob sie ihn heiraten wolle. Melusine sagte zu, allerdings unter der Bedingung, dass sie sich samstags nicht treffen könnten.

Zwei Wochen lief alles gut, doch am dritten Samstag hielt es Orio nicht mehr aus und fuhr zum gewohnten Treffpunkt. Seine Geliebte war nicht da, aber es bildete sich ein Strudel, und eine große Schlange kam aus dem Wasser und sagte: „Ich hatte dir doch gesagt, nicht zu kommen! Ich bin verflucht und verwandle mich jeden Samstag in eine Schlange, doch wenn du mich heiratest, werde ich so schön sein, wie du mich kennengelernt hast."

Sie heirateten und hatten drei Kinder. Doch eines Tages wurde Melusine krank und starb. Ihr Leichnam wurde auf ihren Wunsch hin dem Meer übergeben. Orio dachte, er würde es niemals schaffen, seine Arbeit, die Erziehung der Kinder und die Hausarbeit unter einen Hut zu bringen. Aber jedesmal, wenn er abends nach Hause kam, war die Wohnung aufgeräumt. Er dachte, dass die Nachbarin so nett war und ihm half. Als er eines Tages früher als gewöhnlich nach Hause kam, fand er in der Küche eine Schlange, die er augenblicklich umbrachte. Von da an war die Wohnung immer unordentlich, und Orio wurde klar, dass die Schlange keine andere war als Melusine, die jetzt durch seine Hand für immer tot war.

Als Erinnerung an die Legende befindet sich an der Stelle, wo einst das Haus von Orio und Melusine stand, ein Herz aus rotem Ziegelstein.

Das Herz bringt Glück. Wer seine Träume innerhalb des Jahres verwirklicht sehen will, muss es berühren!

MUSTER DES VENEZIANISCHEN FUßES

Eingang des Arsenale
Zu den Bürozeiten

Gleich nach dem Eingang zum Arsenale sind an der linken Wand gegenüber der Pforte zwei Metallstreben mit zwei verschiedenen Längen zu sehen. Es handelt sich um die Muster für den Meter und den venezianischen Fuß, der als Längenmaßeinheit bis 1875 benutzt wurde. Das Metermaß wurde gegen Ende des 19. Jahrhunderts am Eingang des Arsenale befestigt, damit die Venezianer sich an die neue Maßeinheit gewöhnen konnten.

WAS IST DER VENEZIANISCHE FUß?

Der venezianische Fuß war eine Längenmaßeinheit, die in den venezianischen Gebieten fünf Fuß (bzw. 1,738674 m) maß.

Es wurde von den Römern übernommen: der *gradus* (einfacher Schritt von zweieinhalb Fuß, circa 73,5 cm) und der *passus* (Doppelschritt von fünf Fuß). Bevor das neue dezimale Maßsystem 1875 Eingang fand, war der Schritt auch anderswo verbreitet, hatte aber je nach Stadt überall verschiedene Maße und Namen. In Rom war er 1,49 m lang; in Genua war er genauso lang, hieß aber *passo geometrico* („geometrischer Schritt"). In Bologna war er 1,80 m, während es in Neapel einen Unterschied zwischen *passo itinerario* („Wegeschritt", 1,85 m) und *passo da terra* („Bodenschritt", 1,93 m) gab. Um die Sache noch etwas komplizierter zu machen, gab es auch Quadratschritt und Kubikschritt, die in jeder Region andere Maße hatten.

Am 20. Mai 1875 unterschrieben 17 Staaten, darunter Italien und Deutschland, ein Abkommen, die sog. Meterkonvention, und mussten dafür sorgen, dass das neue Metermaß die alten Maße ersetzte.

WIE WURDE DER METER FESTGELEGT?

Der Meter wurde zum ersten Mal 1791 von der Académie des Sciences (Akademie der Wissenschaften) definiert, um alle bis dahin benutzten Maße zu ersetzen, die als Bezugspunkt den menschlichen Körper hatten (Daumen, Fuß, Schritt etc.). Da sich die Menschen von Natur aus voneinander unterscheiden, benutzten die antiken Maßeinheiten als Bezugspunkt den Herrscher, wodurch sie zu einem Symbol der Monarchie wurden. Die Akademie definierte deswegen den Meter (vom Griechischen métron „Maß") als zehnmillionstel Teil des Meridians. Laut dieser Definition betrug der Erdumfang (genauso lang wie der Meridian) 40.000 km. Da es zur damaligen Zeit unmöglich war, ein Viertel des Meridians zu messen, beschloss man, nur einen Teil davon zu messen und ihn auf den Gesamtwert zu übertragen. Der ausgewählte Meridianbogen ging von Dunkerque nach Barcelona und die Messungen wurden von den französischen Wissenschaftlern Delambre (von Dunkerque bis Rodez) und Méchain (von Rodez bis Barcelona und von dort bis Ibiza) durchgeführt.

Frankreich war das erste Land, das den Meter als offizielles Maßsystem einführte (1795). Von 1796 bis 1797 ließ die Meterkonvention an verschiedenen Stellen in Paris 16 Metermaße als Bezugspunkte aufstellen, damit sich die Bevölkerung an die neue Maßeinheit gewöhnen konnte. Heute sind nur noch zwei erhalten: rechts vom Bogengang in der Rue de Vaugirard 36 (siehe Foto unten), der einzige, der sich noch am Originalplatz befindet, und an der Place Vendôme 13 links vom Eingang zum Justizministerium (siehe *Verborgenes Paris* im selben Verlag).

1875 unterschrieben 17 Staaten die Meterkonvention. 1899 ließ die französische Behörde für Gewicht und Maß einen Stab aus Stahl und Iridium herstellen, der das Metermaß konkret festlegte. Dieser Stab ist heute noch in Sèvres im Pavillon von Breuteil (Hauts de Seine, Frankreich) zu sehen. 1960 definierte die Generalkonferenz für Gewicht und Maß mit Hilfe des Lasers den Meter als das 1.650.765,73-Fache der Wellenlänge der Strahlung, die vom Kryptonisotop 86 ausgeht. Noch rätselhafter bleibt die Definition der Konferenz im Jahre 1983, die den Meter als die Strecke, die das Licht im Vakuum innerhalb des 299.792.458sten Teils einer Sekunde zurücklegt, festlegt. Da laut Relativitätstheorie die Lichtgeschwindigkeit im Vakuum immer gleich ist, ist diese Definition allerdings die genaueste.

12.

Campo Arsenale

DIE RUNENINSCHRIFTEN AUF EINEM DER LÖWEN DES ARSENALE

Wikingerspuren in Venedig

Vier Löwen bewachen die Seiten des Eingangs zum Arsenal. Der linke Löwe trägt auf beiden Seiten einige interessante Runeninschriften.

Der Löwe kam als Kriegsbeute des Dogen Francesco Morosini (der in die Geschichte einging, weil er den Parthenon, das türkische Pulverfass, in die Luft gejagt hatte) 1687 aus Athen und bewachte einst den Eingang des Hafens von Piräus unweit von Athen. Er war so bekannt, dass man dem Hafen auch den Namen „Hafen des Löwen" gab.

Der Löwe und seine weder griechischen noch arabischen Inschriften weckten das Interesse der Venezianer.

Doch erst im 19. Jahrhundert wurde das Geheimnis von einem dänischen Gelehrten namens Carl Christian Rafn gelüftet, der die Runeninschriften aus dem 11. Jahrhundert erkannte, die auf Befehl des Königs von Norwegen Harald III. (1015–1066) angebracht wurden. Dieser wurde nach dem Tod seines Halbbruders Olaf II. ins Exil nach Konstantinopel geschickt, wo er Offizier der kaiserlichen Leibgarde wurde und Athen eroberte.

Die Übersetzung der Runen könnte folgendermaßen lauten: „Dank der Hilfe von Ulf, Asmud und Orn hat Haakon diesen Hafen erobert. Diese Männer und Harald der Große haben wegen der Revolte des griechischen Volkes viele Verluste erlitten. Dalk wurde in einem fernen Land gefangengenommen. Er kämpfte mit Ragnar in Rumänien und Armenien" und „Asmund schrieb diese Runen mithilfe von Asegeir, Thorleif, Thord und Ivar, auf Befehl von Harald dem Großen, obgleich die Griechen sich dagegen auflehnten".

Harald der Große kehrte in seine Heimat zurück und wurde 1047 zum König von Norwegen gekrönt. In der Schlacht von Stamford Bridge in Yorkshire starb er im Kampf gegen Harold Godwinson, einige Tage, bevor auch dieser in der Schlacht bei Hastings zu Tode kam.

13.

Viale Garibaldi

DIE STATUE VON GIUSEPPE ZOLLI

Die Statue eines Schattens

1921 spazierte ein gewisser Vinicio Salvi durch die Gärten der heutigen Biennale und kam zur Statue von Garibaldi. Dort fühlte er einen heftigen Schlag, der ihn niederriss. Als er wieder aufstand, sah er einen „roten Schatten“ entschwinden. Als seine Freunde von dem Vorfall hörten, verlachten sie ihn und sagten, dass die einzigen roten Schatten die waren, die aus der nahegelegenen Bar kamen (das venezianische Wort für Schatten, *ombra*, bedeutet nämlich auch „kleines Glas Wein“).
Eine Woche später wurde der rote Schatten wieder gesichtet. Auch diesmal in der Nähe der Garibaldi-Statue und zwar von einem jungen Paar, und später auch von einem Fischer, der mit einer Beule nach Hause zurückkehrte. Die Leute machten sich Sorgen und schließlich wurden einige Wachen aufgestellt. Als sie sich der Statue näherten, wurden sie umgeworfen und der rote Schatten tauchte auf: Es war ein junger Garabaldi-Anhänger mit rotem Hemd. Ein Bewohner des Stadtteils erkannte ihn; es handelte sich um den kurz vorher verstorbenen Giuseppe Zolli. Er wurde 1838 geboren und hatte Garibaldi beim „Zug der Tausend“ versprochen, über ihn zu wachen – auch nach seinem Tod. In einer Woge der Sympathie ließen die Bewohner daraufhin eine bronzene Statue errichten, die den General Garibaldi bewacht und beschützt. Der rote Schatten wurde nie wieder gesehen.

RIO UND FONDAMENTA DELLA TANA: WOHER KOMMT DAS WORT „TANA“?

Gleich hinter der Via Garibaldi laufen der Rio und die Fondamenta della Tana die südliche Mauer des Arsenals entlang. Das Wort „Tana“ kommt von der Stadt Asow (auf Ital. Tana) an der Mündung des Flusses Tanais (heute Don) in Russland. Asow war eine venezianischgenuesische Handelskolonie, wo sich die Venezianer den Hanf zur Herstellung der Schiffstaue besorgten.

14.

Kirche San Giuseppe di Castello

DIE GOLDENE ROSE DER DOGARESSA MOROSINA MOROSINI

In Erinnerung an eine mittlerweile in Vergessenheit geratene Tradition

Die sehr schöne, aber unbekannte Kirche San Giuseppe di Castello besitzt gleich am Eingang links ein monumentales Grabmal des Dogen Marino Grimani (1532–1605). Zu Füßen der zwei rechten Säulen erinnert ein Relief an die Dogaressa Morosina Morosini, die Gemahlin des Dogen, die aus den Händen des apostolischen Nuntius die „goldene Rose“ überreicht bekommt. Es handelt sich dabei um ein heiliges Ornament, mit dem der Papst jedes Jahr eine Persönlichkeit auszeichnete. Diese Tradition ist mittlerweile in Vergessenheit geraten (siehe rechts). Morosina Morosini wurde am 4. Mai 1597 Dogaressa. Es heißt, sie habe in Santa Fosca ein Laboratorium für Spitzen geschaffen, wo 130 Personen beschäftigt waren. Es war somit die erste halbindustrielle Spitzenherstellung, die sich später in Burano entwickelte.

Die goldene Rose erhielt sie von Papst Clemens VIII., der auf diese Weise wohl elegant und originell ihren Ehemann ehren wollte, den Dogen Marino Grimani. Während seiner Herrschaft als Doge (1595–1605) hatte er sich dem Papst widersetzt, vor allem mit seiner Eroberung der Stadt Ferrara, die zur damaligen Zeit zum Kirchenstaat gehörte, und mit seiner Entscheidung, die dem Papst verbot, sich in religiöse Themen der Serenissima einzumischen, was allerdings gang und gäbe war.

DIE SIEBEN GOLDENEN ROSEN VON VENEDIG

Insgesamt sandten die Päpste sieben goldene Rosen nach Venedig: Alexander III. überbrachte sie 1177 dem Dogen Sebastiano Ziani, Sixtus IV. 1474 dem Dogen Nicolò Marcello, Alexander IV. 1496 dem Dogen Agostino Barbarigo, Gregor XIII. 1577 dem Dogen Sebastiano Venier, Clemens VIII. 1597 der Dogaressa Morosini, Ehefrau von Marino Grimani, Clemens XIII. 1759 dem Dogen Francesco Loredan und Gregor XVI. 1833 dem Markusdom. Diese letzte Rose wird noch zusammen mit anderen Gegenständen in der Schatzkammer von San Marco aufbewahrt, während von den anderen nur die Erinnerung geblieben ist.

WAS IST DIE GOLDENE ROSE?

Die goldene Rose ist ein aus Gold geschmiedetes, heiliges Ornament, das meist eine einzige Blume darstellte (manchmal auch mit mehreren Blüten). Jedes Jahr schenkte der Papst einem Herrscher, einer Kultstätte, einem Wallfahrtsziel oder einer Gemeinschaft eine solche goldene Blume.

Viele wurden später eingeschmolzen, um das Gold wiederzuverwenden, weshalb nur wenige Exemplare erhalten sind: eine Rose ist in der Schatzkammer des Markusdoms zu sehen, eine andere im Cluny-Museum in Paris (siehe Foto unten), eine im Rathaussaal von Siena, zwei in der Schatzkammer der Wiener Hofburg, eine in der Schatzkammer der Kathedrale von Benevento und eine in der Vatikanischen Bibliothek. Jüngst haben die Päpste der Stadt Lourdes (Johannes Paul II.), der brasilianischen Basilika Unserer Lieben Frau von Aparecida (1967 und 2007) und dem mexikanischen Wallfahrtsort Guadalupe eine Rose vermacht.

Das erste Zitat einer goldenen Rose geht auf das Jahr 1049 zurück. Es handelt sich um eine Bulle von Leo IX., während das älteste Zeugnis einer verschenkten Rose auf das ausgehende 11. Jahrhundert zurückgeht. 1098/99 zeichnete Papst Urban II. den Grafen Foulques d'Anjou nach seiner Rede zugunsten des ersten Kreuzzuges aus. Neben dem Symbol der Ehre hat die goldene Rose auch eine spirituelle Aussage: So wie die Rose die schönste Blume verkörpert, erinnert ihr Verschenken daran, dass es der Wunsch des Papstes ist, dass der göttliche Duft der Rose Geist und Herz des Beschenkten erfülle.

15.

Campo San Pietro

DER WEIßE STEIN VOM CAMPO SAN PIETRO

Wo sich der Doge mit dem Patriarchen von Venedig traf

Auf dem Weg in Richtung San Pietro di Castello hebt sich ein weißer Stein vom grauen Pflaster ab. Dieser wurde nicht zufällig dort hingesetzt, sondern zur Erinnerung an den exakten Standort, an dem der Doge sich mit dem Patriarchen von Venedig auf dem Campo San Pietro traf.

Bis Oktober 1807 war die Basilika San Pietro di Castello der Dom von Venedig, während der heutige Markusdom als Privatkapelle der Dogen diente. Um dem Dogen die Demütigung zu ersparen, bis zur Basilika San Pietro kommen zu müssen, und dem Patriarchen, den Dogen bei seiner Ankunft mit dem Boot empfangen zu müssen, einigte man sich auf diesen Kompromiss, der beider Ehre rettete.

Der Entschluss Napoleons, die Basilika San Marco zum Dom von Venedig zu machen, hatte vor allem symbolischen Charakter, denn Napoleon schwächte somit noch vor seiner Ankunft die Macht der Dogen in Venedig.

ALTES WAHRZEICHEN DES OSPEDALE DEI SANTI GIOVANNI E PAOLO

In der Nähe der Basilika San Pietro di Castello kommt dieses scheinbar geheimnisvolle Wahrzeichen ziemlich oft vor. Doch in Wirklichkeit ist es nur das alte Symbol für das Krankenhaus Santi Giovanni e Paolo.

SCHIFFSWERFT ELIO DE PELLEGRINI

Hinten rechts (vom Eingang aus) im Kreuzgang des ehemaligen Palazzo des Patriarchen kann man mit etwas Mühe einen kleinen dunklen Gang erkennen, der zu einem Tor führt. Hier braucht man unter der Woche einfach nur zu klingeln, um Zutritt zu einer kleinen Schiffswerft zu bekommen. Interessant ist dabei, dass man die Basilika San Pietro di Castello und die Rückseite des ehemaligen Patriarchenpalazzo sehen kann.

DORSODURO

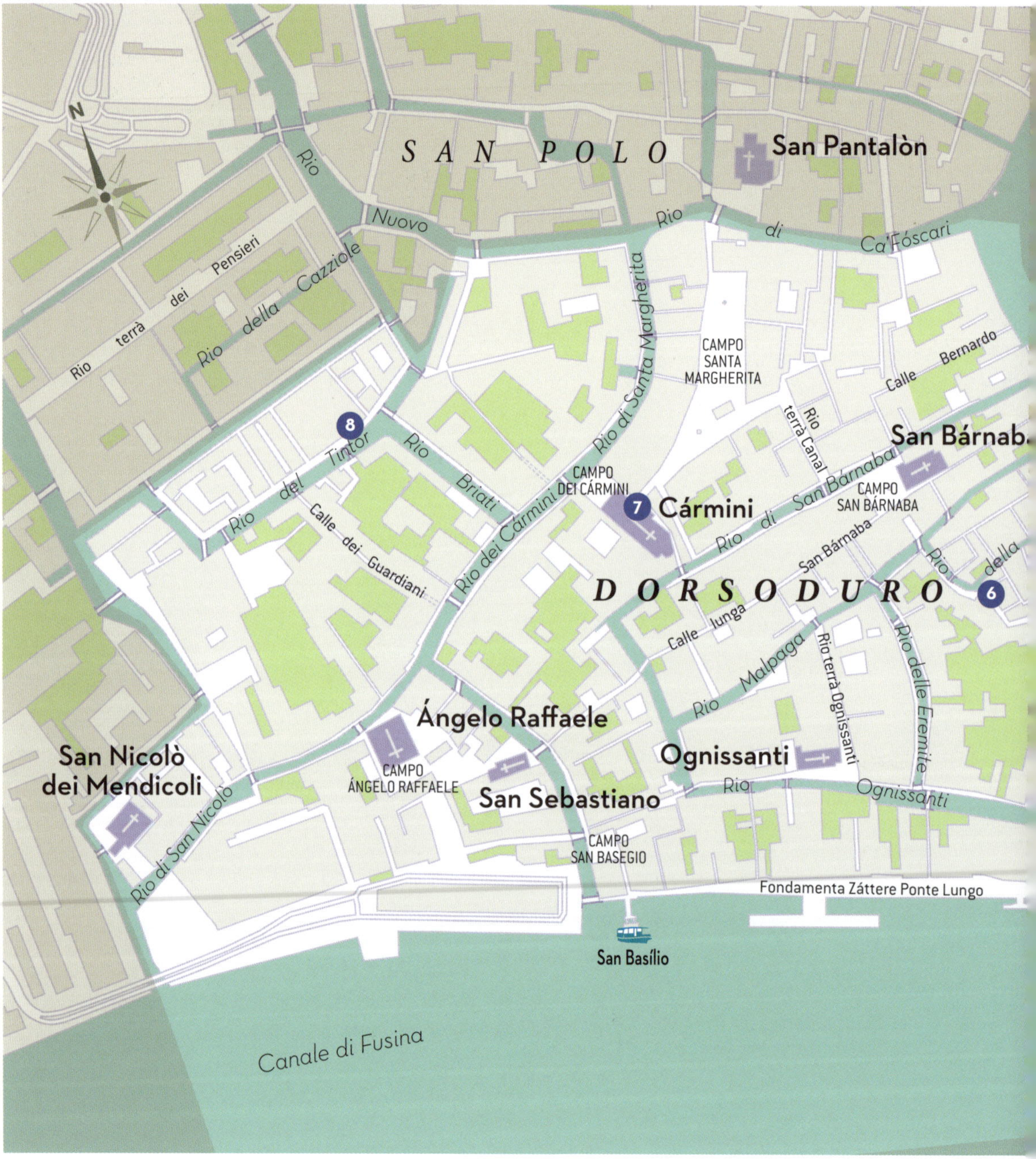
N
SAN POLO
San Pantalòn
Rio Nuovo
Rio di Ca' Fóscari
Rio terrà dei Pensieri
Rio della Cazziole
CAMPO SANTA MARGHERITA
Rio di Santa Margherita
Calle Bernardo
Rio terrà Canal
San Bárnab
CAMPO SAN BÁRNABA
Rio di San Bárnaba
Calle San Bárnaba
Rio della
8
Rio del Tintor
Rio Briati
Calle dei Guardiani
Rio dei Cármini
CAMPO DEI CÁRMINI
7
Cármini
6
DORSODURO
Calle lunga
Rio Malpaga
Rio terrà Ognissanti
Rio delle Eremite
Ángelo Raffaele
Ognissanti
Rio Ognissanti
San Nicolò dei Mendicoli
CAMPO ÁNGELO RAFFAELE
San Sebastiano
CAMPO SAN BASEGIO
Rio di San Nicolò
Fondamenta Záttere Ponte Lungo
San Basílio
Canale di Fusina

05. DER ZUGESCHÜTTETE WASSERKANAL RIO TERÀ DEI GESUATI *S. 222*

DER HUND VON SAN DOMENICO *S. 223*

06. DER WECKER VON LA TOLETTA *S. 224*

07. SYMBOLE DER OPFERSCHALEN DER CARMINI-KIRCHE *S. 226*

08. DIE SÄULE VON KAP SOUNION *S. 228*

01.

Dorsoduro 1
seminariovenezia.it

DIE BIBLIOTHEK DES SEMINARIO PATRIARCALE IN VENEDIG

Ein verstecktes Juwel

Im ersten Stockwerk kann man – nach Vereinbarung – die prachtvolle Bibliothek besichtigen und den größten Geheimnissen der Stadt auf die Spur kommen.

Es handelt sich um die alte Büchersammlung der Somasker*, die zur Zeit Napoleons verloren ging. Heute beherbergt die Bibliothek zahlreiche kostbare Bücher meist religiösen Inhalts. Diese stammen vor allem aus dem Vermächtnis des Patriarchen Federigo Giovanelli aus dem Jahr 1799. Zusätzlich werden in der Bibliothek zwei Weltkarten von Coronelli aufbewahrt. Die Decke ist mit drei Gemälden geschmückt: *Rogo dei libri* eretici („*Verbrennung der häretischen Bücher*"; 1705) von Antonio Zanchi, *La glorificazione delle scienze* („*Die Verherrlichung der Wissenschaften*"; 1720) von Sebastiano Ricci und *Minerva che incorona Tito Livio* („*Minerva krönt Titus Livius*") von Nicolò Bambini.

Das Gebäude wurde 1699 nach dem Plan von Baldassare Longhena für Ordensbrüder errichtet, die 1810 von Napoleon verjagt und verbannt wurden. 1815 wurde das Gebäude Sitz des Seminars, das sich vorher in San Cipriano auf der Insel Murano befand.

** Die Kongregation der Somasker wurde vom heiligen Girolamo Emiliani (1486–1537) gegründet und nach der Stadt Somasca bei Bergamo benannt, wo der Gründer starb. 1531 beschloss der Heilige, sich von seinen weltlichen Besitztümern zu trennen und bei den Armen und Waisen zu leben (er selbst wurde mit zehn Jahren Waise).*

DER STERNARTIGE DODEKAEDER DER BIBLIOTHEK

Hinter einer Vitrine kann man überraschenderweise einen sternartigen Dodekaeder entdecken. Dieser diente wahrscheinlich mathematischen Studien über die fünf platonischen Körper (s. S. 42) und erinnert an die Geburt Venedigs und der Göttin Venus.

02.

Basilika Santa Maria della Salute

DER KABBALISTISCHE BAUPLAN VON SANTA MARIA DELLA SALUTE

Ein Bauplan nach dem „*Der Traum des Poliphilo*“?

Die Basilika Santa Maria della Salute wurde der Jungfrau Maria erbaut, um 1630 die Pest fernzuhalten. Sie wurde auf der Grundlage der Kirche Beata Vergine entworfen.

Vor allem hielt man am achteckigen Schema fest, das durch die Nummer 8 (Symbol für Heil und Hoffnung) auf die *Stella Maris* („Seestern“) hinweist. Dieser Name, der auf *Marialis Stella* („Marienstern“) anspielt, wurde von den Karmelitern auf die Kirche Beata Vergine übertragen, als diese sich Ende des 17. Jahrhunderts in Europa niederließen. Die Kuppelform der Basilika steht symbolisch für die Krone der Jungfrau, sichtbar auch auf der Marienstatue über der Kuppel.

Neben den acht Seiten und den sechs Seitenkapellen des Hauptbaus trennt eine niedrigere Kuppel das Chorgestühl vom Altar ab.

Wenn man die acht Seiten der Kirche, die niedrigere Kuppel, das Chorgestühl und den Altar zusammenzählt, erhält man die Zahl 11, die Kraft symbolisiert.

Nach einer Studie des deutschen Historikers Gerhard Goebel Schilling und des Buchhändlers und Verlegers Franco Filippi (Studie nicht im Handel verfügbar) ist die Basilika Santa Maria della Salute anscheinend wirklich nach dem Zahlenschema 8 und 11 konstruiert worden, sofern man das Maß des venezianischen Fußes (35,09 cm) ansetzt:

Die Basilika ist 121 Fuß (11 x 11) lang und 88 Fuß breit (11 x 8), die rechtwinkligen Seiten sind 44 Fuß lang (11 x 4), die Mauerstützen befinden sich auf einer Höhe von 66 Fuß (11 x 6) und der Grundbau hat eine Tiefe von 88 Daumen (11 x 8), während der vor der Basilika liegende Platz eine Tiefe von 44 Fuß (11 x 4) aufweist. Letztendlich führen 16 Stufen (2 x 8) von der Basilika zum Vorplatz, während elf Stufen zum Canal Grande führen, die bis ins Wasser reichen.

Noch einmal zur Symbolik: Die Zahlen 8 und 11 ergeben wiederum die Zahl 19, die nach der hebräischen Kabbalah (s. S. 188) die Zahl der Mariensonne ist, um die sich die ganze Basilika dreht.

Anscheinend wurde der Kirchenentwurf vom Tempel der Venus Physizoa inspiriert, der im Roman *Hypnerotomachia Poliphili* („*Der Traum des Poliphilo*“) beschrieben wird (siehe folgende Doppelseite). Santa Maria della Salute wäre folglich der Ring, der die Verehrung der Jungfrau Maria mit dem alten venezianischen Venus-Kult (s. S. 48) vereint.

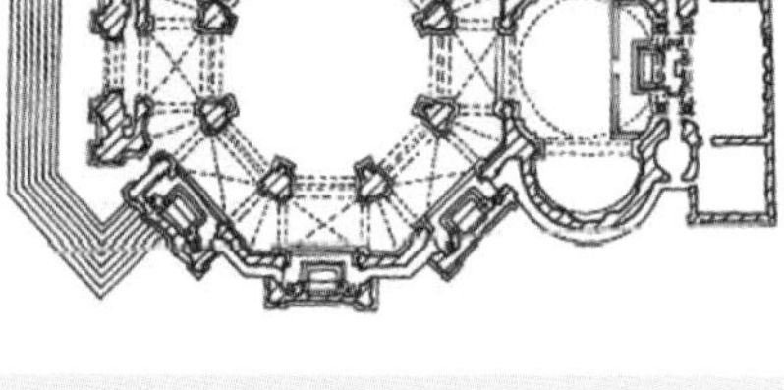

DER TRAUM DES POLIPHILO: EIN AUßERGEWÖHNLICHER HUMANISTISCHER ROMAN

Hypnerotomachia Poliphili („*Der Traum des Poliphilo*") wurde 1499 von Aldus Manutius in Venedig veröffentlicht und ist vermutlich der komplexeste je veröffentlichte verschlüsselte Roman. Wegen seiner 170 Holzschnittillustrationen gilt er auch als einer der schönsten Bände, die jemals gedruckt wurden. Er ist in einer Mischung aus Italienisch, Lateinisch, Griechisch, Hebräisch, Arabisch, Spanisch, Venezianisch und anderen Dialekten geschrieben und wurde seit jeher einem anonymen Verfasser zugeschrieben. Dennoch erlauben jüngste Forschungen den Schluss, dass es sich beim Verfasser um Francesco Colonna handelte, denn die Initialen der 38 Kapitel ergeben folgenden Satz: *Poliam Frater Franciscus Columna peramavit* („Der Bruder Francesco Colonna liebte Polia leidenschaftlich"). Als Neffe des Kardinals Prospero Colonna gehörte Francesco Colonna zu der Gruppe der Intellektuellen um Kardinal Bessarion, dem zukünftigen Papst Pius II., und von Papst Nikolaus V., die, im Gegensatz zu den darauffolgenden Päpsten, vor allem zu Alexander VI. (Borgia) standen. Als die Borgia entgegen der Gesinnung von Pius II. und Nikolaus V. den Päpsten nicht nur die geistliche, sondern auch die weltliche Macht sichern wollten und das Papsttum eine schwierige Zeit durchmachte, soll „*Der Traum des Poliphilo*" absichtlich in einer verschlüsselten Form geschrieben worden sein, um so der päpstlichen Zensur zu entkommen. Mehr als ein Roman über die Liebe des Poliphilo zu Lucrezia ist das Buch eine spirituelle Suche eines über beide Ohren verliebten Philosophen nach göttlicher Weisheit. Der Roman entwickelte humanistische Ideen und sollte auf verschlüsselte Art das spirituelle Erbe einer Gruppe von Theologen um Papst Nikolaus V. verbreiten. Der offene Papst hatte dieses Erbe von Papst Silvester II. übernommen und eine vergleichende Studie der religiösen Traditionen bis in die griechische und ägyptische Antike durchgeführt. Gemeinsam mit der Florentinischen Akademie der Medici ließ sich die Gruppe, der der Architekt Leon Battista Alberti und Prospero Colonna angehörten, stark von Pico della Mirandola, Leonardo da Vinci, Nikolaus Kopernikus, Giordano Bruno und Galileo Galilei inspirieren. „*Der Traum des Poliphilo*" sagt aus, dass die Natur als göttliche Schöpfung der beste Weg ist, um Gott zu erkennen. Mithilfe der in der *Hyeroglyphica* von Horus Apollo enthaltenen Schlüssel zeigt das Werk den spirituellen Weg auf, der zu dieser Erkenntnis führt. Auf absolut außergewöhnliche Weise zeigt der Roman, dass sich die Gärten von Versailles, die des Palazzo Boboli in Florenz und der berühmte Elephanten-Obelisk von Bernini in Rom direkt von den zahlreichen Symbolen der beschriebenen Wanderung des Poliphilo inspirieren ließen.

DIE LIEBSCHAFTEN VON LORENZO DE' MEDICI: EINE INSPIRATIONSQUELLE FÜR POLIPHILO UND SHAKESPEARE?

Die umstrittene Liebschaft zwischen Lorenzo de' Medici und Lucrezia Donati (die trotz allem Niccolò Ardinghelli heiratete) scheint die Inspirationsquelle von Poliphilo gewesen zu sein: derselbe Name, die gleichen herzzerreißenden Ereignisse, dieselbe Epoche (1462–1464). Beim Liebesleben von Lorenzo dem Prächtigen holte sich vermutlich auch Francesco Cei, ein Lorenzo nahestehender Dichter, Anregungen zu seiner Dichtung *Romeo und Julia*, von der sich dann wiederum Shakespeare inspirieren ließ.

WAS BEDEUTET HYPNEROTOMACHIA?

Etymologisch gesehen setzt sich das Wort „Hypnerotomachia" aus *hypno*, *eroto* und *machia* zusammen, was soviel heißt wie „Traum vom Kampf für die Liebe".

03.

Campiello Barbaro 352

DIE MYSTERIÖSEN TODESFÄLLE IM CA' DARIO

Ein tödlicher Palazzo

Ca' Dario ist mit seiner schönen mehrfarbigen Marmorfassade zweifellos einer der faszinierendsten Palazzi von Venedig und zugleich ein mysteröser Schauplatz. Anscheinend landen seine Besitzer nach dem Kauf des Palazzo alle auf der Straße oder sterben einen grausamen Tod. Die ersten Vorfälle gehen auf den ersten Besitzer Giovanni Dario, den venezianischen Botschafter in Konstantinopel, zurück, der das Gebäude gegen Ende des 15. Jahrhunderts vom Architekten Pietro Lombardo errichten ließ. Giovanni Dario zog gemeinsam mit seiner Tochter in den Palazzo, die den Adeligen Vincenzo Barbaro ehelichte. Kurze Zeit später verlor Dario jedoch seinen politischen Einfluss, sein Schwiegersohn erlitt einen finanziellen Zusammenbruch und seine Tochter starb an gebrochenem Herzen. Im 17. Jahrhundert lebte Giacomo Barbaro ebenfalls in dem Palazzo. Später wurde er in Candia (heute Kreta) ermordet, wo er Statthalter war. Der nachfolgende Besitzer, ein reicher armenischer Diamantenhändler namens Arbit Abdoll, verlor sein ganzes Hab und Gut und starb in völliger Armut. Im 19. Jahrhundert wiederholte sich die Geschichte: Rawdon Brown, ein englischer Wissenschaftler, der von 1832 bis 1842 im Palazzo lebte, landete auf der Straße und nahm sich gemeinsam mit seinem Liebhaber im Palazzo das Leben. Vor nicht allzu langer Zeit flüchtete der Amerikaner Charles Briggs infolge von Gerüchten über seine Homosexualität von Italien nach Mexiko, wo sich sein Geliebter kurz darauf das Leben nahm. In den 1970er-Jahren wurde Filippo Giordana delle Lanze von seinem Geliebten im Palazzo mit einer kleinen Statue erschlagen. Christoph Lambert, Manager der Rockgruppe The Who, starb 1981 kurz nach dem Kauf des Palazzo. Der spätere Eigentümer Fabrizio Ferrari verlor zwar nicht sein Leben, aber dafür einen großen Teil seines Erbes und seine Schwester Nicoletta, die man tot auf einem Feld fand. Raul Gardini, ein berühmter Industrieller, nahm sich kurz nach dem Kauf das Leben. Zum Schluss noch ein Vorfall: Der am Palazzo interessierte Tenor Mario del Monaco baute einen schweren Autounfall, so dass er vom Kauf absah. Ebenso verzichtete auch Woody Allen auf den Palazzo, als er von dem angeblichen Fluch erfuhr.

Henri de Régnier, Autor von *L'altana ou la vie vénitienne* (*„Der Altan oder das venezianische Leben"*), verbrachte viel Zeit in der Ca' Dario, woran heute eine Tafel an der Gartenmauer erinnert.

GENIO
IOANNES
DARIVS

04.

Zattere
Dorsoduro 423

SPUREN DER KIRCHE DES ALTEN OSPEDALE DEGLI INCURABILI

Die Reste der Kirche mit der Funktion eines Konzertsaales

Die heutige Akademie der Schönen Künste befindet sich in einem Gebäude, in dem sich bis 1813 das Krankenhaus der Unheilbaren befand. Neben dem Krankenhaus gab es hier auch ein Institut für Arme und Waisenkinder, von denen einige in Musik und Gesang unterrichtet wurden und in den Konzerten der angegliederten Kirche auftraten.

Die Kirche des Krankenhauses der Unheilbaren war die erste mit einem ovalen Grundriss, der sich an den Resonanzkasten der Instrumente anlehnte.

Dieselbe Form hat noch heute der Boden des Kreuzgangs. Gefärbte Steine heben sich deutlich vom Rest des Fußbodens ab und formen ein abgerundetes Rechteck. Dieses Rechteck zeigt den alten Grundriss der Kirche.

Die Decke der Kirche (wegen der Akustik aus Holz) hatte die Form einer umgedrehten Laute, die das Prinzip der umgedrehten Gitarre nachahmt, die noch in der Villa Contarini in Piazzola sul Brenta zu sehen ist. Die Seitentribüne aus Holz wurde als Deckel des Musikinstruments konzipiert.

Die von Antonio da Ponte nach dem Entwurf von Sansovino erbaute Kirche wurde 1832 von den Österreichern vollständig zerstört.

DIE VIER KRANKENHÄUSER DER REPUBLIK VENEDIG: PFLEGEINSTITUTE UND MUSIKSCHULEN

Als Folge der zahlreichen Plagen im Venedig der Renaissance ließ die Republik vier Krankenhäuser bauen: das Krankenhaus der Unheilbaren (siehe links), das für Bettler (hinter dem heutigen Krankenhaus San Giovanni e Paolo), das für verlassene Menschen (heutiges Ospedaletto) und das Krankenhaus della Pietà. Diese Krankenhäuser hatten zwei Funktionen: Einerseits wurde den Kranken geholfen, andererseits wurde den Armen und Waisenkindern das Singen und das Musizieren beigebracht. Im 18. Jahrhundert waren rund 70 Prozent der Adligen nicht verheiratet, um so ihr Vermögen nicht teilen zu müssen. Daher erklärt sich auch die hohe Anzahl von Kurtisanen und unehelichen Kindern. Wie der heilige Philipp Neri in Rom (siehe Reiseführer *Verborgenes Rom* im selben Verlag) spielte Girolamo Emiliani* in Venedig eine wichtige Rolle in der musikalischen Erziehung und späteren Ausbildung der ausgesetzten Kinder. So konnte man die Kinder vor einer Zukunft als Bettler oder Prostituierte bewahren. Aufgrund dieser Nebentätigkeit konnten die Institute den Waisenkindern eine sichere Beschäftigung bieten und dank der Konzerte Geld sammeln, um dieser Doppelrolle weiterhin gerecht zu werden. In den Kirchen dieser Krankenhäuser fanden nämlich auch Konzerte statt: War die Kirche für Musikzwecke gebaut oder wiedererbaut (Unheilbare, Bettler, Pietà), so

schützte ein sog. Narthex, eine Vorhalle, den Innenraum vor Lärm. Im Krankenhaus für verlassene Menschen wurde die schon existierende Kirche den musikalischen Zwecken angepasst. Von 1771 bis 1777 wurde ein Konzertsaal gebaut, der mit Fresken von Guarana und Mengozzi bemalt wurde. Die Form der zwei Kirchen, die explizit für musikalische Zwecke gebaut wurden (Pietà und Unheilbare), sah einen ovalen Grundriss vor, der die Akustik optimieren sollte (siehe vorherige Seite). Während die Jungen andere Berufe erlernten und getrennt von den Mädchen in die Messe gingen, war die Musik ein Vorrecht für die Mädchen. Mit sechs Jahren wurde man in das Institut aufgenommen, aber nur wer Talent hatte, konnte Teil der Musikkapelle werden. Die Mädchen blieben im Institut, bis sie um die 14 Jahre alt waren. Danach hatten sie die Wahl, die jungen Mädchen in Musik zu unterrichten, zu heiraten oder das Gelübde abzulegen. Nach dem Untergang der Republik wurden die vier Krankenhäuser geschlossen. Anfang des 19. Jahrhunderts wurden sie dann zu Zivil- und Militärkrankenhäusern umgebaut.

** Gründer des Somaskerordens, s. S. 212.*

05.

Rio de Sant'Agnese

DER ZUGESCHÜTTETE WASSERKANAL RIO TERÀ DEI GESUATI

Der beste Beispiel eines Rio Terà

Zusammen mit dem Rio Terà de l'Isola bei San Giacomo dell'Orio (s. S. 70) ist der Rio Terà dei Gesuati ein Ort, wo man den Sinn der Bezeichnung „Rio terà" am besten erkennen kann. Es handelt sich nämlich um Gassen, die auf zugeschütteten Kanälen verlaufen. Bei der Jesuatenkirche lässt sich dies noch erkennen.

SOLLEN ZUGESCHÜTTETE KANÄLE WIEDER GEÖFFNET WERDEN?

Die Kanäle haben seit der Gründung Venedigs eine fundamentale Bedeutung. Als das Kanalnetz um 1500 seine optimale Konfiguration erreichte, wurde die Stadt von über 37 Kilometern Kanal durchzogen, die drei Funktionen hatten: Sie waren Kommunikationsweg, dienten der Abfallbeseitigung und ermöglichten die Wasserzirkulation in der Lagune. Vor 1797, also vor dem Untergang der Serenissima, wurden nur wenige Kanäle zugeschüttet. Denn man war vor allem damit beschäftigt, neue Kanäle zu graben. Vor 1600 waren nur fünf Kanäle zugeschüttet worden (Sonderfälle, bei denen es sich um Sackgassen handelte), darunter der Rio Batario im Jahre 1156, der weichen musste, damit der Markusplatz gebaut werden konnte. In einigen Fällen wurde der Kanal nicht zugeschüttet, sondern darüber einfach ein Gewölbe gebaut, damit das Wasser unter der neu gebauten Straße weiterhin zirkulieren konnte. Nach dem Untergang der Serenissima 1797 wurde allerdings alles anders. Mit dem Ziel, die Stadt moderner zu machen, wurden fast sechs Kilometer Kanal zugeschüttet (20 Prozent der Gesamtlänge). Sie wurden „Rio terà" genannt und hatten einige Vorteile, denn kurzfristig gesehen war es billiger, Kanäle zuzuschütten als instandzuhalten. Beim Rio Ognissanti waren die Aufschüttungsarbeiten 1866 ein optimaler Vorwand, den Arbeitslosen, die vor der Stadtverwaltung demonstriert hatten, Beschäftigung zu geben! Im Gegensatz zu dem, was man denken könnte, waren die französischen und österreichischen Besatzungsmächte nicht die einzigen, die diese Zuschüttungspolitik machten. Denn auch die Italiener und Venezianer vor und nach 1866 trugen einen Großteil dazu bei. Heute sind über 30 Prozent der Kanäle von San Polo und fast 25 Prozent der Kanäle von Dorsoduro zugeschüttet. Wäre es nicht an der Zeit, einige dieser Wasserwege wieder auszugraben, um so eine verbesserte Wasserzirkulation in der Lagune zu erreichen und auch den Alltag der Einwohner mit neuen Bootsanlegestellen, von denen es viel zu wenige gibt, zu verbessern?

DER HUND VON SAN DOMENICO

Auf dem Schlussstein des kleinen Rio terà dei Gesuati kann man eine kleine Skulptur sehen, die auf den Orden der Jesuaten hinweist. Man erkennt einen Hund auf einem Wappen mit einer Lilie, dem Symbol der Keuschheit, und einem Stern, dem Symbol der Weisheit und – laut einigen Quellen – zugleich Erinnerung an den Stern, der am Tag der Geburt des heiligen Dominikus am Himmel leuchtete.

Die Mutter des Heiligen hatte von einem Hund mit einer Fackel im Mund geträumt. Ihrer Meinung nach drückte der Traum aus, dass ihr Kind mit seinen Worten die Welt in Brand setzen wird.

Der Hund weist auch auf die wörtliche Übersetzung des Namens Dominikus (Ital. Domenico) hin und setzt sich aus *domini* („Herr“) und *cane* („Hund“) zusammen. Dennoch kommt der Name Dominikus, den ihm seine Mutter in Erinnerung an die Wallfahrt gab, die sie kurz vor der Entbindung zum heiligen Dominikus von Silos führte, vom italienischen Wort *domenica* für Sonntag (bzw. „Tag des Herrn“).

06.

Calle de la Toletta

DER WECKER VON LA TOLETTA

Die Hexen-Uhrzeit?

Gleich neben der berühmten Buchhandlung Toletta in der Calle della Toletta ist hoch oben am Dach eines gelben Hauses an einem Rohr ein alter Wecker befestigt. Der Legende nach soll er die Uhrzeit anzeigen, zu der eine Hexe, die unweit von hier lebte, ihr Unwesen trieb. Noch viele Jahre nach dem Tod der vermeintlichen Hexe wollte niemand in das Haus einziehen, das folglich lange Zeit unbewohnt blieb.

Der Wecker, der heute zu sehen ist, ist nicht das Original aus Kupfer, sondern bereits der dritte, der hier im Laufe der Jahre aufgehängt wurde, denn die Tradition will, dass ein kaputter Wecker unverzüglich durch einen neuen ersetzt wird. Macht man das nicht, so sagt man, geschehen beunruhigende, unerklärliche Dinge.

Allem Anschein nach soll es ein Friseur gewesen sein, dessen Salon direkt in der Straße lag, in der die Hexe lebte, der in den 1940er-Jahren den ersten Wecker aufgehängt hat. Er soll einem seiner Lehrlinge oder einem Arbeiter aus der Gegend aufgetragen haben, einen alten Wecker am Haus zu befestigen, damit nach dem Vorbild der Pendeluhren aus dem 19. Jahrhundert, die in einigen Stadtteilen von Venedig noch heute zu sehen sind, auch diese Straße ihre eigene öffentliche Uhr hatte. Einer anderen Erzählung nach soll der Wecker von der Hexe selbst aufgehängt worden sein, um während ihrer Missetaten immer die Uhrzeit im Blick zu haben.

Einige Jahre später – der Wecker war inzwischen abgenommen worden – sollen sich beunruhigende Ereignisse zugetragen haben, für die es keine Erklärung gab: Visionen, seltsame Geräusche, Unfälle ... So wurde an der Stelle des alten ein neuer Wecker aufgehängt. Als dieser aufgrund von Renovierungsarbeiten entfernt werden musste, ereigneten sich allerdings wieder mysteriöse Dinge, so dass bald danach der jetzige aufgehängt wurde.

07.

Carmini-Kirche
Seitentür am Campo Santa Margherita

SYMBOLE DER OPFERSCHALEN DER CARMINI-KIRCHE

Mittelalterliche Symbole vom Kampf zwischen Gut und Böse

In Venedig finden wir fast 1000 Opferschalen und Außenskulpturen, die hauptsächlich aus dem 9. bis 13. Jahrhundert stammen*. Beim Seiteneingang der Kirche ist rechts eines der charakteristischen Beispiele zu sehen.

Die fünf griechischen Marmorschalen aus dem 12. Jahrhundert stellen von oben nach unten, von links nach rechts folgende Dinge dar: einen Adler, der nach einem Hasen greift, einen Greif, der die Hinterfüße eines Hasen schnappt, einen weiteren Adler, der nach einem Hasen greift (in der Mitte), einen Stelzvogel oder Pelikan mit einem Fisch im Maul und einen Adler, der einen Hasen schnappt.

Der Adler kann dank doppelter Augenlider als einziger Vogel gegen die Sonne schauen und ist deshalb Symbol der geistigen Elevation, da die Sonne Christus gleichgestellt wird. Das Ergreifen eines Hasen ist Symbol der ersten unkontrollierbaren Körperinstinkte. Die Aktion des Adlers steht in diesem Fall für den Kampf zwischen Gut und Böse, dessen Ziel es ist, sich von allem Bösen zu befreien. Dies geschieht durch die Eucharistie und das Opfer Christi: Der Pelikan steht für das Opfer Jesu, während der Fisch Christus selbst darstellt (siehe unten).

** Die Existenz einer antiken Opferschale schließt nicht darauf, dass das Bauwerk aus dieser Zeit stammt, denn zahlreiche altertümliche Opferschalen wurden in neueren Bauwerken wiederbenutzt (wie beispielsweise für die Casa Brass, die sich rechts beim Seiteneingang der Kirche San Trovaso befindet oder auch am Fondaco dei Turchi). Einige Nachahmungen reichen tatsächlich bis ins 19. und 20. Jahrhundert.*

WARUM SYMBOLISIERT DER PELIKAN DAS OPFER JESU?

Da vor langer Zeit der Glaube vorherrschte, dass der Pelikan seine Brust verwunden würde, um seine Jungen mit genau diesem Blut zu ernähren, benutzte das Mittelalter dieses Tier als Symbol des Opfers Jesu. In Wirklichkeit ernährt der Pelikan seine Jungen mit ausgewürgtem Fisch: Die Jungen nehmen die Nahrung mit dem Schnabel direkt vom Maul der Mutter auf.

WARUM VERKÖRPERT DER FISCH CHRISTUS?

Im Griechischen heißt „Fisch" *ichthus*, die Buchstabeninitialen von *Iêsous Christos Theou Uios Sôter*, das heißt: „Jesus Christus, Gottes Sohn, Retter".

In der Astrologie soll die Geburt Jesu den Anfang des Zeitalters der Fische bedeuten (letztes Tierkreiszeichen).

08.

Fondamenta Briati, gegenüber von Ca' Zenobio

DIE SÄULE VON KAP SOUNION

Eine 2500 Jahre alte Säule

Wenn man an der Fondamenta Briati entlanggeht, entgeht einem leicht, was sich im Garten des herrschaftlichen Gebäudes des 19. Jahrhunderts befindet. Hinter dem Zaun erkennt man fünf Säulenteile und ein Kapitell, die zum Poseidontempel (444–440 v. Chr.) von Kap Sounion an der Südspitze von Attika gehörten. Die Säule war Teil einer kleinen Privatsammlung, die in der zweiten Hälfte des 19. Jahrhunderts von der Familie Busetto – von 1855 bis 1920 Besitzer des Gebäudes – zusammengetragen wurde. 1862 kam die Säule an ihren heutigen Ort. Vorher befand sich die schon 1826 nach Venedig gebrachte Säule im Palazzo Erizzo in der Nähe des Arsenale. Im Herbst jenes Jahres raubte Marquis Amilcare Paolucci delle Roncole, Admiral und Kommandant der Flotte des Kaisers von Österreich im Mittelmeer, die Säulenteile am Kap Sounion als Kriegsbeute. Obwohl es sich nicht um die ganze Säule handelt, kommen die Teile im Garten sicherlich vom Tempel in Sounion, wie einige unverwechselbare Einzelheiten beweisen: Die Form und Größe des Kapitells zum Beispiel, der Säulendurchmesser und vor allem die seltsame Anzahl der Rillen (normalerweise sind es bei den dorischen Säulen zwanzig und nicht sechzehn wie hier). Darüber hinaus bestehen die Säulenteile aus demselben Material wie der Tempel, d. h. aus Agrileza-Marmor, der aus den Steinbrüchen der Hügel von Laurion in der Nähe von Sounion kommt. Eine weitere Besonderheit der in Venedig aufbewahrten Säulenteile sind die sogenannten „touristischen“ Inschriften, die denen ähnlich sind, die in der Neuzeit am Denkmal von Sounion zu sehen sind und die Namen der Touristen tragen. Auf dem Abakus, der Säulendeckplatte des Kapitells, ist nämlich der Name eines Segelschiffes der französischen Marine mit dem Datum zu erkennen, an dem dieses an Sounion vorbeifuhr („*Le Zephir Bric Du Roi 1816*“). Darüber hinaus sind in den Rillen des vierten oder fünften Säulenteils von oben weitere Inschriften zu erkennen, die vermutlich den Namen anderer Schiffe und ihre jeweiligen Daten darstellen („*FLeur de [-] C[he]valier VE 1822*“; „*AUNE 1814*“).

Der Markuslöwe am oberen Ende des Kapitells geht auf das 19. Jahrhundert zurück.

Die Fondamenta Briati verdankt ihren Namen den Glasöfen von Giuseppe Briati, die hier im 18. Jahrhundert standen. Nachdem es seit dem Beschluss des Großen Rates von 1291 keine Genehmigung zur Glasherstellung mehr gab, wurde Giuseppe Briati 1736 zum ersten Mal wieder erlaubt, in der Stadt böhmisches Glas herzustellen. Allerdings nicht auf der Insel Murano, denn man wollte keine Konkurrenz zur schon existierenden Glasfabrik schaffen.

GIUDECCA UND SAN GIORGIO

01. DER KONKLAVESAAL VON SAN GIORGIO MAGGIORE *S. 232*

SYMBOLE UND LEGENDEN DER GONDEL DER GONDOLIERE *S. 234*

ÜBERRESTE DES GARTENS EDEN *S. 236*

02. DER GEMÜSEGARTEN DES KAPUZINERKLOSTERS *S. 238*

03. VILLA HERRIOT *S. 240*

04. DER MARKT DES FRAUENGEFÄNGNISSES AUF DER GIUDECCA *S. 242*

SPUREN DES INDUSTRIELLEN VENEDIGS *S. 244*

01.

Abtei von San Giorgio Maggiore

DER KONKLAVESAAL VON SAN GIORGIO MAGGIORE

Erinnerung an die einzige Papstwahl in Venedig

Am 29. August 1799 starb Papst Pius VI. im Alter von 83 Jahren im französischen Valence. Rom war nach Ankunft der napoleonischen Truppen ein einziges Chaos, weshalb dort kein neuer Pontifex gewählt werden konnte.

Man entschied sich deshalb, das Konklave unter österreichischem Schutz in Venedig abzuhalten (in der Abtei von San Giorgio Maggiore), auch weil viele Kardinäle hierher geflüchtet waren. Unter diesen befand sich auch Kardinal Albani, der Dekan des Heiligen Kardinalskollegiums.

Drei Monate (vom 13. Dezember 1799 bis zum 14. März 1800) dauerte es, bis schließlich der Benediktinermönch und Bischof von Imola Barnaba Chiaramonti völlig unerwartet zum neuen Kirchenoberhaupt (Papst Pius VII.) gewählt wurde. Auch wenn der Pontifex den Österreichern nicht direkt feindselig gegenüberstand, so unterwarf er sich aber auch nicht deren Interessen.

Die Wahl, die als regelrechte Beleidigung Österreichs galt, wurde von Napoleon gelenkt, der Pius VI. Ende Januar 1800 prunkvoll hatte beerdigen lassen. Erst am 3. Juni 1800 konnte Papst Pius VII. nach Rom ziehen, das nun nicht mehr von den Franzosen besetzt war.

Die Besichtigung des berühmten Konklavesaals, der sich im ersten Stock des imposanten Gebäudes von San Giorgio Maggiore befindet, ist beeindruckend.

Die Stühle der Kardinäle mit ihren Namen sind noch an ihrem ursprünglichen Platz. Bemerkenswert ist auch das Porträt von Pius VII. und das in Vergessenheit geratene Bild von Carpacci, das den heiligen Georg mit dem Drachen zeigt.

CAPPELLA DELLA DEPOSIZIONE

Jeden Sonntag um 11 Uhr wird in der gewöhnlich für die Öffentlichkeit geschlossenen Cappella della Deposizione die heilige Messe gefeiert. Bei dieser Gelegenheit kann man *„Die Kreuzabnahme“* (*La Deposizione di Cristo*), das letzte Gemälde von Tintoretto, bewundern. Die Kapelle kann manchmal auch zusammen mit dem Konklavesaal und der Sakristei besichtigt werden. Die Sakristei ist vor allem für ihre Größe bekannt und für die Öffentlichkeit normalerweise geschlossen.

SYMBOLE UND LEGENDEN DER GONDEL DER GONDOLIERE: EIN SYMBOL FÜR DEN KAMPF DES HEILIGEN GEORG GEGEN DEN DRACHEN?

Das Wort *gondola* erschien zum ersten Mal 1094 in einem Dekret des Dogen Vitale Falier. Damals wurde der Begriff *gondulam* verwendet, dessen Etymologie ungewiss ist: Sie geht vielleicht auf das lateinische *cymbula* („kleines Boot") oder auf *cuncula* („Muschel"), vielleicht aber auch auf die griechischen Wörter für Boot, wie z. B. *kundy kuntòhelas*, zurück.

Der Legende nach lebt in der Tiefe der Lagune ein mysteriöser Drache (oder ein großes Krokodil), der nur vor den Gondolieri Angst hat: Mit ihren Rudern stellen sie eine Bedrohung für das Ungeheuer dar und symbolisieren den heiligen Georg, der mit seiner Lanze den Drache getötet hat. Nicht von ungefähr ähnelt *gundu* dem Wort *guntu*, dem mundartlichen germanischen Begriff für Krieger. Manchmal ärgert sich der Drache, wobei sein Hauch dichten Nebel hervorruft, der die Lagune einhüllt. Dennoch taucht er nie aus dem Meer auf, denn der Tanz der Gondolieri hört nie auf. Es ist kein Zufall, dass eine Insel der Lagune nach dem heiligen Georg benannt wurde (San Giorgio Maggiore) und auf ihr ein Benediktinerkloster erbaut wurde, das heute noch geöffnet ist, denn die Gebete und Gesänge der Mönche besänftigen die Wut des legendären Ungeheuers. Schließlich ist Venedig mit dem Mond verbunden und es ist wiederum kein Zufall, dass die Gondel die Gestalt eines Halbmondes hat. Das Rot wurde als Farbe der Lagunenstadt auch nicht zufällig gewählt: In der Ikonographie war es die Farbe des heiligen Georg, dessen Legende hier im 5. Jahrhundert entstand. Nachdem der Heilige den Drache mit seiner Lanze getötet hatte, färbte das Blut des Ungeheuers nicht nur seinen weißen Mantel rot, sondern auch die Stadt Venedig. Der verwundete Körper des Drachen verschwand in die Lagune: Deswegen symbolisiert die rote Farbe vor allem den Sieg Venedigs über den Drache als Symbol der Häresie und der Apostasie.

ÜBERRESTE DES GARTENS EDEN

Hinter dem Männergefängnis der Giudecca liegt eines der bestgehüteten Geheimnisse von Venedig und vielleicht auch eines, das die meisten Gerüchte hervorbringt: der sagenhafte Garten Eden (der Name kommt allerdings vom ersten Besitzer Frederic Eden). Man sagt z. B., dass der Garten total verkommen, die Statuen verschwunden und das Haus verfallen sei. Dank eines der Wunder, die in dieser Art nur in Venedig geschehen können, hatten wir vor kurzem das große Privileg, den Garten zu besichtigen. Auch wenn der Garten nicht besonders gut gepflegt ist, so ist er sicherlich nicht verkommen. Einige Gärtner kümmern sich mehrmals im Jahr darum und bekämpfen das wuchernde Unkraut. Das Haus ist in perfekter Ordnung. Einziger, aber schwerer Schönheitsfehler: Die Terrasse im ersten Stock ist aus unschönem Zement. Kleine Besonderheit: Vor dem Haus wehen drei Fahnen. Die erste trägt einen Davidstern und einen grünen islamischen Halbmond, die zweite zeigt drei Maori-Figuren (aus Neuseeland) und die letzte hat eine Spirale, wahrscheinlich das persönliche Zeichen des Architekten. Die Statuen sind alle an Ort und Stelle, auch wenn sie unserer Meinung nach keine große ästhetische Bedeutung haben. Abgesehen vom Haus ist der Besitz in miserabler Kondition. Die Stiftung Hundertwasser, die den Besitz vom letzten Hausherrn, dem exzentrischen Künstler und Architekten Friedrich Hundertwasser, geerbt hat, pflegt den Garten nur minimal. Die letzte Wahrheit: Der Garten Eden steht nicht zum Verkauf. Und zum Schluss: Man kann ihn weder mieten noch besichtigen. Sir Frederic Eden erwarb 1884 ein ehemaliges Nebengebäude des Schwesternklosters Santa Croce. In den 1920er-Jahren wurde der von Künstlern und Schriftstellern (Proust, Cocteau, Rilke, Aragon) besuchte Garten Eigentum von Aspasia, der Prinzessin von Griechenland und Dänemark, die 1919 die Ehefrau von Alexander von Griechenland, König der Hellenen, wurde, der ein Jahr später aufgrund einer Bisswunde seines Lieblingsaffens starb. Hundertwasser kaufte den Garten 1972 und pflegte ihn bis zu seinem Tod im Jahre 2000. Seiner Meinung nach „muss man keinen Gartenbau betreiben, man muss es der Natur überlassen. Spontane Vegetation betreiben, alles wachsen lassen, nie etwas schneiden ... man muss sich dringend mit unseren Gärten unterhalten, einen Friedensvertrag unterschreiben“. Wenn er von mehreren Seiten angegriffen wurde, antwortete er so: „Die Leute, die nichts verstehen, unterstellen mir, dass ich den Garten verkommen lasse. Im Gegenteil: Ich mag keine wilden Pflanzen. Ich reiße immer die Brennnesseln, die Dornen aus. Schauen Sie sich die Harmonie dieser Grüntöne an! Und diese verflochtenen Zweige: es schaut aus wie eine Stickerei!“

„DIE EINEN BEHAUPTEN, DIE HÄUSER BESTEHEN AUS MAUERN. ICH BEHAUPTE, DIE HÄUSER BESTEHEN AUS FENSTERN."

Der 1928 in Wien geborene Friedensreich Hundertwasser ist im Jahr 2000 in Neuseeland an Bord der Queen Elizabeth 2 gestorben. Hundertwasser hieß eigentlich Friedrich Stowasser. Das tschechische Wort *sto* bedeutet „hundert", daher der Nachname. Sein Taufname war Friedrich, dessen Wurzel „Frieden" ist, woraus der österreichische Künstler und Architekt seinen eigenen Namen Friedensreich machte. Kohärent zu dieser Namensfindung proklamierte er sich 1990 außerdem zum „Architekturarzt". Hundertwasser hatte eine ganz eigene Vorstellung von seinem Beruf: Er war streng ökologisch, schuf Häuser mit Bäumen an den Fenstern (siehe Hundertwasserhaus in Wien), mit bewachsenen Dächern (siehe Thermenhotel Rogner in Bad Blumau) oder mit Terrassendächern. Klare geometrische Formen gab es keine, dafür viele bunte Farben. Hundertwasser zögerte nicht, wenn es darum ging, seine eigenen Theorien laut zu verkünden. Berühmt sind seine Worte zum Humus: „Homo, Humus, Humanitas ... Humus ist das wahre schwarze Gold ... Der Humusgeruch ist der Geruch Gottes, der Geruch der Wiederauferstehung, der Geruch der Unsterblichkeit" (Manifest *Scheißkultur – die heilige Scheiße* in Pfäffikon, 1979). 1960 organisierte er in Paris die Action Orties, in deren Rahmen er Brennnesselsuppe anbot: „Wisst Ihr, wie einfach es ist, ohne Geld zu leben? Man muss nur Brennesseln essen ... Brennesseln wachsen überall. Sie sind ganz umsonst. Esst sie!" Er hatte auch das Manifest *Fensterrecht* geschrieben, denn seiner Meinung nach „muss ein Bewohner das Recht haben, sich aus seinem Fenster zu lehnen und außen an der Außenwand alles umzugestalten, wie es ihm entspricht, soweit das Auge reicht, damit man von weitem, von der Straße sehen kann: dort wohnt ein Mensch."

2003 wurde die wunderschöne Ausgabe *A garden in Venice* veröffentlicht (Verlag Frances Lincoln), in der auch Drucke enthalten sind, die an den *Der Traum des Poliphilo* erinnern, das bizarre Werk, das im Venedig der Renaissance veröffentlicht worden war.

02.

Giudecca 195
Eingang am Ende der Redentorekirche links

DER GEMÜSEGARTEN DES KAPUZINERKLOSTERS

Stadt oder Land?

Der große Gemüsegarten hinter der Redentorekirche kann auf Anfrage, oder manchmal auch nach einfachem Klingeln am Klostereingang, besichtigt werden. Vom ca. einen Hektar großen Garten bis zum anderen Ende der Giudecca hat man einen außergewöhnlich schönen Blick auf die südliche Lagune und die Inseln San Clemente und della Grazia. Die Qualität der Führung hängt stark vom Mönch ab, der Sie durch den Garten führt.

Das Kapuzinerkloster besitzt auch eine schöne alte Apotheke, die man nach Reservierung ab und zu besichtigen kann.

Die Kapuziner verdanken ihren Namen der Kapuze, mit der sie sich den Kopf bedecken. 1525 hatte ein Franziskanermönch eine Vision von Franz von Assisi, der ein Gewand mit spitzer Kapuze trug. Diese Vision gilt als Ursprung des Schismas von Franzikaner- und Kapuzinerorden. 1536 wurde den Kapuzinern von Papst Paul III. die Genehmigung erteilt, einen eigenen Orden zu gründen.

03.

Calle Michelangelo 54/P

VILLA HERRIOT

Entspannung fernab vom Touristenstrom

Die Villa Herriot aus dem Jahr 1929 ist ein sehr interessantes Gebäude in neobyzantinischem Stil; verborgen zwischen den Gassen hinter den Zitelle kann sie aber vom Boot aus gesehen werden (hinter die Giudecca fahren).

Die Villa besteht eigentlich aus zwei kleinen Bauten mit antikem Aussehen; heute beherbergt sie verschiedene Einrichtungen: die Università Internazionale dell'Arte (UIA, eine internationale Kunstuniversität, die auf Restaurierung spezialisiert ist), die Società Europea di Cultura (Europäische Kulturgesellschaft) und das Istituto veneziano per la storia della Resistenza e della società contemporanea (Venezianisches Institut für Geschichte des Widerstands und der zeitgenössischen Gesellschaft). Wer sich diskret verhält und freundlich nachfragt, darf sogar in die erste prächtige Villa. An den Wänden hängen verschiedene Waffen, die der Villa das Aussehen eines mittelalterlichen Jagdschlosses geben. Im Garten kann man einen angenehmen Spaziergang machen, sich entspannen und in aller Ruhe die wunderbare Aussicht auf den südlichen Teil der Lagune genießen, weitab vom Lärm der Touristen. Die Villa wurde vom Maler und Architekten Raffaele Mainella für den Franzosen Herriot auf dem Gelände einer früheren Seifenfabrik als Ferienhaus erbaut. 1947 überließ Frau Herriot nach dem Tod ihres Mannes die Villa der Stadt Venedig, aber nur unter der Bedingung, dass diese zu einer Schule umgebaut würde. So wurde die Grundschule Carlo Goldoni gegründet. Auch die internationale Kunstuniversität, die die Villa zu ihrem Sitz gemacht hat, erweist dem letzten Willen der Frau Herriot Ehre.

04.

Fondamenta delle Convertite
Giudecca 54N

DER MARKT DES FRAUENGEFÄNGNISSES AUF DER GIUDECCA

Es ist nicht genug für alle da …

Wenn Sie donnerstags zwischen 9 und 10 Uhr die Fondamenta delle Convertite entlanggehen, können Sie Zeuge einer eigenartigen Szene werden: vor dem Eingang des Frauengefängnisses der Giudecca warten etwa 15 Leute, bis sie an der Reihe sind. Am Ufer gibt es einen Obst- und Gemüsestand und eine Waage. Sonst nichts. Der Markt der weiblichen Gefangenen, wie er hier genannt wird, kann beginnen. Spektakulär daran sind die Leute: einige Omas, die wohl auf der Giudecca wohnen, boxen sich durch, geben vor, viel früher dagewesen zu sein, und versetzen den anderen dabei mit ihrem Einkaufswagen einen diskreten, aber gut platzierten Stoß. Es steht nämlich viel auf dem Spiel: Anders als auf üblichen Märkten reicht die Verkaufsware nicht für alle aus, und das Risiko, nach einer halben Stunde Schlangestehen mit leeren Händen abzuziehen, ist groß.

Warten kann schwierig sein. Vor allem, wenn die wunderschönen Auberginen aus biologischem Anbau unter ihren Augen aus dem Gefängnishof getragen werden und die köstlichen Zucchini, die Sie schon in Ihren Töpfen wähnten, auch schon weg sind. Gekauft von einer Oma der Giudecca, die sich unverschämt vorgedrängelt hatte. Wer schon bei seiner Ankunft weiß, was er zum Mittagessen machen will, wird sich wohl ständig neue Rezepte ausdenken müssen, während das bevorzugte Obst und Gemüse nach und nach verschwindet. Auch wenn alle scheinbar gut gelaunt sind und sich freundlich unterhalten, ist Betrug keine Seltenheit: Die Frau hinter Ihnen behauptet, sie habe schon gefragt, ob jemand Äpfel möchte, doch keiner habe ihr geantwortet, weshalb sie ihre Einkaufstasche mit dem restlichen Obst füllt, von dem Sie auch gern etwas gehabt hätten. Lassen Sie sich nicht für dumm verkaufen! Setzen Sie Ihre Ansprüche durch und holen Sie sich Ihre Äpfel zurück. Sie sind köstlich und Sie haben sie verdient!

Neben dem folkloristischen Aspekt sind alle Produkte aus biologischem Anbau, lecker und sogar billiger als woanders. Wenn Sie Zeit haben, sollten Sie über den Markt bummeln – es ist sicher interessant.

Tipp: Kommen Sie etwas vor 9 Uhr und Sie werden die Ersten sein oder müssen höchstens ein bisschen warten. Die Sticheleien beginnen erst gegen 9:15 Uhr. Eine andere Lösung ist, Ihr Glück bei Marktschluss zu versuchen, also zwischen 9:30 und 9:45 Uhr. Manchmal gibt es schöne Überraschungen!

380
380
713
BIZERBA
ASTA

SPUREN DES INDUSTRIELLEN VENEDIGS

Auch wenn es heute schwer vorstellbar ist, war die Lagune einst voller Werkstätten und Fabrikanlagen, von denen noch einige Spuren zu sehen sind. Die Brauerei Fabbrica Birra Venezia, die nach jahrzehntelangem Winterschlaf seit kurzem wieder in Betrieb ist, befand sich anfänglich bei Santa Chiara in der Nähe des Piazzale Roma; 1902 zog die Brauerei dann auf die Giudecca neben den Molino Stucky, übergab die Lokalität aber später Dreher (heute sind die Gebäude zu Wohnungen umfunktioniert; siehe Foto). Die Baumwollspinnerei Cotonificio Veneziano befand sich bei Santa Marta und ist heute Sitz der IUAV (Universitätsinstitut für Architektur in Venedig) und der Universität Ca' Foscari. Dieselbe Umfunktionierung geschah auch am städtischen Schlachthof Macello Comunale bei San Giobbe in Cannaregio, der nach der Zusammenlegung verschiedener Schlachthöfe von Seiten der Österreicher von 1843 an in Betrieb war.

Die Tabakfabrik Manifattura Tabacchi beim Piazzale Roma wurde 1876 gegründet und war eine der größten Industriestätten der Stadt, was Umsatz und Personal betrifft. Heute ist es ein Justizgebäude. Der Sitz der Streichholzfabrik Fiammiferi Saffa befand sich in Cannaregio in der Nähe vom Bahnhof. Auch nach der 1981 bis 1985 durchgeführten Umgestaltung in Wohnhäuser sind noch einige Spuren davon zu sehen. Nach dem Anschluss Venedigs an das Italienische Königreich 1866 begann eine diskrete Anzahl an ausländischen Unternehmern in wichtige Produktionen mit Sitz in der Lagune zu investieren. Der schwedische Unternehmern, Theodor Hasselquist, Geschäftsführer der Venezianischen Dampfschifffahrtsgesellschaft der Lagune, betrieb die ersten Verbindungen mit Dampfbooten zwischen Altstadt, Chioggia und Inseln. Die Société De Frigiere-Cottin-Mongolfier erstellte die ersten Produktionsstätten auf Gasbasis bei San Francesco della Vigna in Castello (1841). Noch heute sind zwei imposante Fachwerkbauten in der Nähe des Gartens der Kirche San Francesco della Vigna zu sehen. Die Compagnie Générale des Eaux pour l'étranger war für die Trinkwasserversorgung zuständig (1875) und realisierte bei Sant'Andrea della Zirada in der Nähe des Seehafens eine neue Anlage.

Zur selben Zeit eröffnete der spanische Modeschöpfer Fortuny die berühmte Stofffabrik im Palazzo Fortuny oder Pesaro degli Orfei in der Nähe des Campo Sant'Angelo (Anfang des 20. Jahrhunderts zog die Fabrik auf die Giudecca, wo sie noch heute steht). Der Engländer Enrico Gilberto Neville – Sohn des Ingenieurs, der die Eisenbrücken bei der Accademia und Scalzi am Canal Grande erbaute – wurde Eigentümer der Gießerei Privilegiata e Premiata Fonderia Veneta bei San Rocco mit etwa 100 Beschäftigten. Nach 50 Jahren Betrieb wurde die Gießerei 1905 abgerissen und die 14.000 Hektar große Fläche wurde unterteilt und zum Wohnungsbau freigegeben. Heute zeugt nur noch der Name Calle della Fondaria („Gießereistraße“) hinter der Kirche San Rocco von der einstigen Produktionsstätte.

Viele in dieser Zeit entstandene Anlagen (auch von Ausländern betrieben) siedelten sich vor allem auf der Giudecca an, wo es ausreichend Platz für die Industriebetriebe gab. Auch der Deutsche Herion begann mit seiner Faden- und Textilproduktion in der ehemaligen Kirche Santi Cosma e Damiano auf der Giudecca (das heute ein hochtechnologisiertes Unternehmen beherbergt). Auch die deutsche Fabrik Junghans für Präzisionsmessgeräte nahm hier ihre Arbeit auf. Auf dem Gelände der ehemaligen Junghans-Fabriken wurden später Wohnungen, ein Studentenheim und ein Theater gebaut. Am westlichen Ende der Insel ließ der Schweizer Stucky eine imposante neugotische Mühle errichten, die seinen Namen trägt. Das grandiose Gebäude im nordischen Stil wurde von einem Architekten aus Hannover entworfen. Die Venezianer waren nicht sehr davon begeistert, doch Stucky konnte sie überzeugen: Als er damit drohte, seine Beschäftigten zu entlassen, war die Stadt sofort mit den Plänen einverstanden. Die Mühle war bis 1955 in Betrieb. Heute ist sie ein Luxushotel.

DIE FILMSTADT DER GIUDECCA

Beim Ausbruch des Zweiten Weltkriegs präsentierte sich Venedig als neue Filmstadt. Es bot nämlich eine weltweit einzigartige Kulisse, die nicht so leicht Opfer von Bombenangriffen werden würde. Hinter dem Molino Stucky auf der Giudecca hatten die Filmstudios der römischen Filmgesellschaft Scalera Film ihren Sitz, wobei sie in ehemaligen Ställen und Heuschobern untergebracht wurden, die früher 150 Kühe beherbergten. Die Scalera realisierte 13 Filme und arbeitete noch bis kurz nach dem Krieg weiter. Einige Filme waren *Ruy Blas* von Pierre Billon und Jean Cocteau (1947) nach dem gleichnamigen Roman von Victor Hugo. Die Filmgesellschaft diente auch als Basis für berühmte Filme wie *Othello* von Orson Welles (1952), *Sehnsucht* mit Alida Valli von Luchino Visconti (1954) und *Traum meines Lebens* mit Katharine Hepburn von David Lean (1955). Heute ist von den Filmstudios nicht viel übrig geblieben. Auf der gesamten Fläche wurden Wohnungen gebaut.

ARCHITEKTUR

SPIELE UND CASINOS

KURIOSES

APOTHEKEN – GESUNDHEIT

GÄRTEN

HOTELS – RESTAURANTS – GESCHÄFTE

INSCHRIFTEN

LEGENDEN

MUSIK

MALEREI

RELIGION

WISSENSCHAFT – BILDUNG

SCUOLE (BRUDERSCHAFTEN)

SYMBOLE

GESCHICHTE

ORTSNAMEN

TRADITIONEN

SPUREN DES VERGANGENEN VENEDIGS

Im September 1995 kam Thomas Jonglez im pakistanischen Peschawar, 20 Kilometer von den Stammesgebieten entfernt, die er wenige Tage später besuchte, auf die Idee, die ihm bekannten verborgenen Orte von Paris zu Papier zu bringen. Seine siebenmonatige Reise von Peking nach Paris führte ihn damals unter anderem nach Tibet (in das er ohne gültige Papiere, versteckt unter Decken in einem Nachtbus, einreiste), in den Iran und nach Kurdistan. Den gesamten Weg legte er ohne Flugzeug, ausschließlich per Schiff, Anhalter, Fahrrad, Zug oder Bus, reitend und zu Fuß zurück. Er erreichte Paris gerade noch rechtzeitig, um mit seiner Familie Weihnachten zu feiern. Nach der Rückkehr in seine Geburtsstadt verbrachte er zwei Jahre mit der Erkundung praktisch aller Straßen von Paris, um, gemeinsam mit einem Freund, seinen ersten Reiseführer über die Geheimnisse von Paris zu schreiben. Anschließend war er zunächst sieben Jahre in der Eisen- und Stahlindustrie tätig, bevor ihn erneut die Leidenschaft packte und er sich ganz dem Entdecken widmete. 2003 gründete er seinen Verlag, 2006 zog er nach Venedig. 2013 zog es ihn mit seiner Familie wieder in die Welt hinaus. Sechs Monate führte die Reise von Venedig über Nordkorea, Mikronesien, die Salomon-Inseln, die Osterinsel, Peru und Bolivien nach Brasilien. Nach sieben Jahren in Rio de Janeiro lebt Thomas heute mit seiner Frau und seinen drei Kindern in Berlin. Die Publikationen des Jonglez Verlags sind in neun Sprachen und 40 Ländern erhältlich.

Atlas

Atlas der außergewöhnlichen Weine
Atlas der geografischen Kuriositäten
Atlas der Lost Places
Atlas der Wetterextreme

Atlas des Geheimen

New York - Atlas des Geheimen
Paris - Atlas des Geheimen

„Einzigartige Erlebnisse“-Reihe

Soul of Amsterdam – 30 einzigartige Erlebnisse
Soul of Athen – 30 Erlebnisse
Soul of Barcelona – 30 Erlebnisse
Soul of Berlin – 30 einzigartige Erlebnisse
Soul of Brüssel – 30 einzigartige Erlebnisse
Soul of Kyoto – 30 Erlebnisse
Soul of Detroit – 30 einzigartige Erlebnisse
Soul of Lissabon – 30 einzigartige Erlebnisse
Soul of Los Angeles – 30 einzigartige Erlebnisse
Soul of Mailand – 30 einzigartige Erlebnisse
Soul of Marrakesch – 30 einzigartige Erlebnisse
Soul of Marseille – 30 einzigartige Erlebnisse
Soul of New York – 30 einzigartige Erlebnisse
Soul of Paris – 30 einzigartige Erlebnisse
Soul of Tokio – 30 einzigartige Erlebnisse
Soul of Venedig – 30 einzigartige Erlebnisse
Soul of Wien – 30 einzigartige Erlebnisse

Bildbände

Abandoned Asylums (auf Englisch)
Abandoned Australia (auf Englisch)
Abandoned Belgium (auf Englisch)
Abandoned France (auf Englisch)
Abandoned Lebanon (auf Englisch)
Abandoned Spain (auf Englisch)
After the Final Curtain – The Fall of the American Movie Theater (auf Englisch)
After the Final Curtain – America's Abandoned Theaters (auf Englisch)
Baikonur – Relikte des sowjetischen Weltraumprogramms
Chernobyl's Atomic Legacy (auf Englisch)
Cinemas – A French heritage (auf Englisch)
Clickbait – A visual journey through AI-generated stories (auf Englisch)
Destination Wellness – Unsere 35 besten Orte der Welt zum Entspannen
Deutschland Lost Places
Forbidden Places – Exploring our Abandoned Heritage Vol. 1 (auf Englisch)
Forbidden Places – Exploring our Abandoned Heritage Vol. 2 (auf Englisch)
Forbidden Places – Exploring our Abandoned Heritage Vol. 3 (auf Englisch)
Forgotten Heritage (auf Englisch)
Stilles Venedig
Ungewöhnliche Hotels
Venedig aus der Luft
Verborgene Heiligtümer
Verbotene Orte
Verlassenes Frankreich
Verlassenes Japan
Verlassene UdSSR
Verlassene USA
Verlassenes Italien
Verlassene Kirchen – Kultstätten im Verfall

Verborgenes-Reiseführer

Verborgenes Bali
Verborgenes Bangkok
Verborgenes Barcelona
Verborgenes Berlin
Verborgenes Brüssel
Verborgenes Budapest
Verborgene Dolomiten
Verborgenes Dublin
Verborgenes Edinburgh
Verborgenes Florenz
Verborgenes Granada
Verborgenes Hamburg
Verborgenes Istanbul
Verborgenes Kapstadt
Verborgenes Kopenhagen
Verborgenes Korsika
Verborgenes Lissabon
Verborgenes London
Verborgenes Los Angeles
Verborgenes Mailand
Verborgenes Neapel
Verborgenes New York
Verborgene Normandie
Verborgenes Paris
Verborgene Provence
Verborgenes Rom
Verborgenes Sevilla
Verborgenes Singapur
Verborgenes Stockholm
Verborgenes Tokio
Verborgene Toskana
Verborgenes Venedig
Verborgenes Wien

DANKSAGUNGEN

Thomas Jonglez: Vitor Manuel Adrião, Giulio Alessandri, Bianca und Giberto Arrivabene, Lucien d'Azay, Jacopo Barbarigo, Andrea Bastianello, Emmanuel Bérard, Toto Bergamo Rossi, Frank Billaud, Serena und Carlo Bombasei, Philippe Bonfils, Don Natalino Bonazza, Isabelle und Louis-Marie Bourgeois, Giovanni und Letizia Bovio, Umberto Branchini, Marie und Brandino Brandolini, Sabina Braxton, Séverine de Breteuil, Constance Breton, Catherine Buyse, Guillaume de Calan, Francesco Calzolaio, Barbara und Alberto Carrera, Danielle und Luc Carton, Karina und Pierre Casanova, Barbara Cavalieri, Elena Cimenti, Philippe Coffin, Angelo Comotto, Matteo Corvino, Frédéric Court, Marina Crivellari, Paolo und Aud Cuniberti, Frédéric Dib, Driss, cavalier Duilio, Gabrielle und Jean-Marie Degueldre, Anita Dolfus, Véronique Drucker, Enrichetta Emo, Franco Filippi, Antonio Foscari, Orsola Foscari, Massimo Foscato, Antonella Fumo, Alessandra und Filippo Gaggia, Irene Galifi, Gabrielle Gamberini, Jacques Garance, Paolo Gasparotto, Cristina Ghezzo, Benedetta und Giulio Gianelli, Gica, Giovanni und Servane Giol, Cintzia und Marco Giol, Donata Grimani, Romaine Guérin, Renzo Inio, Antoine Jonglez, Aurélie Jonglez, Guillaume und Stéphanie Jonglez, Timothée Jonglez, Isabelle Jordan, Frédéric Jousset, Koko und Samuel de la Ca' Zenobio, Ziva Kraus, Giulio Lattuada, Hugues Le Gallais, Olivier Lexa, Sophie und Xavier Lièvre, Jean-Christophe Loizeau, Marco Loredan, Michelle Lovric, Marina Magrini, Marylène Malbert, Sylvie Mamy, Letizia Mangilli, Umberto Marcello, Veronica und Luca Marzotto, Monseigneur Meneguolo, Camille Merlin, Viretta und Massimo Micheluzzi, Marie-Louise Mills, Roger de Montebello, Sigried und Xavier de Montrond, Fabio Moretti, Jane und Francesco da Mosto, Élisabeth und Michel de la Mothe, Philippe Orain, Victoire und Olivier de Panafieu, Emanuela Pasti, Francesca Pasti, Tommaso Pezzato, David Philips, Dorit Raines, Giuseppe Rallo, Rav Elia E. Richetti, Niccolo und Paola Rinaldi, Béatrice und Pierre Rosenberg, Katarina Rothfjell, Giovanni Rubin, Justin Rubin, Elisa Rusconi, Pietro Rusconi, Guido Salsilli, Gérard-Julien Salvy, Valentina Sapienza, Luca Scappin, Daria Schiffini, Giorgio Scichellero, Marco Scurati, Gleb Smirnoff, Claude Soret, Nori Starck, Antonis Stratoudakis, Alejandro Suarez, Aga Sudnikowicz, Bortolo und Daniela Suppiej, Angelo Tagliapetra, Sophia Taliani, Carla Toffolo, Delphine und Nicolas Valluet, Aude und Kees van Beek, Nicolas Van Beek, Rita und Kees van den Meiracker, Franca Vanto, Natacha und Henri Villeroy, Hermann Walter, Margherita und Nicholas Ward-Jackson, Silvia Zabeo, Marcello Zannoni, Jérome Zieseniss, Alessandra und Alessandro Zoppi, Marino Zorzi, sowie Alexandre, Inès und Louis, Philippe Kinet, Andreas Kloker, Corcilius und Laszlo Vuray.

Paola Zoffoli: Ein besonderer Dank an Mariapia Brunori, Andrea Taddeo, Roberto Vianello, Sara Bardino, Stefano Corrà, Caterina Margherita, Luca, Tobia und Milo Bartolomei, Giulia und Matteo Cocon, Athos Zoffoli, Michele Bonaria. Danke auch an: Enrico und Maddalena Di Sopra, Rocco Fiano, Federico Andreolo, Pierandrea Malfi, Désirée Zellweger, Luigino Buratto, Paola Brasi, Alberto Benvenuti, Giovanni Burati, Enrico Venara, Renzo Venchierutti, M.Fiorangela Teruzzi, Stefano Regazzo, Giorgia Enzo, Maria Teresa Grison, Giuliana Grison, Franca Scarpa, M.Giacomina Andreolo, Mara Rosso, Claudia Cremonini, Cristiano Sant, Caterina Marcantoni, Cecilia La Monaca, Massimo Poggi, Vito Caputo, Elisabetta Rigon, Umberto Urbani, Elena Cerana, Guerrino Giano Lovato, Paola Pallieri, Olivia Cavallari, Robert Campello, Alessandra Althoff- Pugliese, Albarosa Ballarin, Annalisa Bacchin, Roberto Gianni, Mabel Sabadin, Michela Zalunardo, Antonella Busetto, Guido und Irene Fuga, Paola Bottalla, Cesare Peris, Ornella Zanella, Francesco und Sara Paolini, Mattia Baseggio, I Ciacoeoni, Rocco Ravagnin, Alessandro Claut, Roberto Vianello (Vecio Berto), Ettore Cavinato, Paolo Comin, Daniela Toso, Luigi Vicini, Augusto Gentili, Mario Infelise, Alessandra und Marisa Peri, Valentina Sapienza, Fabrizia Giongo, Ambrogio Barbieri, Laura Baldoni, Daniele Pighin, Giuliano Pavon, Sandro Bravin, Paolo Morsetto, Riccardo Vianello, Eugenio Simionato, Daniela Foà, Giulio Pozzana, Luigi Naccari, Marco und Alessandra Baseggio, P. Adriano Campesato, Carlo Semenzato, Gino Fontana, Daniele Bonaldo, Marco Pagano, Liana Melchior, Giacomo Dorigo, Germano Da Preda, Marina Bassotto, Gigi Rannini, Luca De Stefano, Lorenzo Caner, Le Club dei Moi, Giampaolo Nadali, Stefania d'Este, Madeleine Chaize, Mariagrazia Dammicco, Antonietta und Cosimo Gorgoni, Gabriella Bondi, Isabella Campagnol, Gabriele Marchiori, Antonio Manno, Federica Zamboni, Silvia Freschin, Francesco Amendolagine, Valeria Caverzasi, Marco Centazzo, Marika di Mauro, Antonella Formentello, Alessandro Zago, Umberto Fortis, Gemma Silvestri, Marco Scurati, Jeanine Turpin, Christophe Pincemaille, Enrico Paganin, Alexandre Henriquez Delgado Salta, Dimitri Gris, Luca Lando, P. Manuel Paganuzzi, Grigore Arbore Popescu, Maddalena Jahoda, Mauro Bastianini, Piera Gustati, Michela Zanon, Patrizia Vachino, Elio Comarin, Lorenzo Sartini & das Team vom Mac Shop in Pesaro.

FOTOS

Alle Bilder gehören **Thomas Jonglez**, außer:

Muster des venezianischen Fußes, Die Statue von Giuseppe Zolli, die mysteriösen Todesfälle im Ca' Dario, Quelle: Alberto Toso Fei, Autor von *Venezianische Legenden und Gespenstergeschichten* und *Veneziaenigma* (Verl. Elzeviro) – Die Geschichte der Kapitelle des Dogenpalastes (S.55 und 57), Der Garten der Casa Cardinal Piazza, Der doppelte Garten der Scuola vecchia della Misericordia, Fussabdrücke auf der Brücke Santa Fosca (Paola Zoffoli) – Die Richard-Wagner-Säle (Casinò di Venezia SPA) – Eruv – Hier dürfen am Sabbat keine Gegenstände getragen werden (Rav Elia. E Richetti) – Die Apotheke All'Ercole d'Oro (Luca Bartolomei) – Die kleine Eisgrotte im Garten des Palazzo Rizzo-Patarol, Die alchemistischen Symbole am Palazzo Lezze, Die wundertätige Statue der Mutter Jesu (Andrea Taddeo) – Die Säule von Kap Sounion (Luca Scappin) – Die Geheimnisse der Scuola Grande di San Rocco, Guillaume Postel und die Weissagung des neuen, weiblichen Messias, Die Gemälde mit den zwei Marien, Die Decke des Kapitelsaals (Valentina Sapienza) – Der Gemüsegarten des Kapuzinerklosters (rechts) (Claude Soret) – Das Fresko von Marcantonio Bragadin (Katarina Rothfjell) – Markusdom (Jacopo Barbarigo, mit der freundlichen Bewilligung von Procuratoria di San Marco – Venedig) – Die Formen einer Auster und eines Fisches (Stefano Abele) – Versteckte Initialen des Königs Vittorio Emanuele (A Brusegan) – Der goldene Kopf am Rialto, Der Kopf einer alten Frau, Der in Stein gravierte Mann mit der Pfeife, Das Hochrelief der alten Frau mit dem Mörser, Die Sonnenuhr von Sant'Alipio, Der Altar der Madonna dei Gondolieri, Die Geschichte der Kapitelle des Dogenpalastes (S.53), Die Säule der ehemaligen Kirche Santa Croce, Die Kapitelle am Fischmarkt, Das Barbacani-Muster, Der „Abstandhalter",Das Relief des Schlafenden Papstes, Das Flachrelief der Scuola dei Calegheri, Der Mensch der Wälder : Der Homo Silvanus, Der Kopf am Henkerhaus, Der Corno Ducale des Palazzo Michiel Del Brusà, Antlitze der Corte del Volto Santo,Darstellung von Ratten, Kunstvolle Regenrinnen, Cappella del Santo Chiodo, Die Einfassung des Brunnens der Corte Gregolina, Das Hochrelief von Herkules mit der Keule, Das Herz aus Ziegelstein im Sotoportego dei Preti, Der rote Stein des Sotoportego in der Corte Nova, Die Runeninschriften in einem der Löwen des Arsenals, Der Musiksaal des Ospedaletto, Spuren der Kirche des alten Ospedale degli Incurabili, Der Wecker von La Toletta, Villa Herriot (Riccardo Roiter Rigoni).

Michel Corcilius: Text „Der Stein des Herzens des Dogen Francesco Erizzo".

Umschlagfoto: © Jacob Vizek – Unsplash

Kartographie: **Cyrille Suss** – Grafik: **Emmanuelle Willard Toulemonde** – Übersetzung und Revision: **Marco Narduzzi, Matthias Probst** (Rev.), **Vittoria Ballarini, Erika Bonomi, Katharina Faltermeier, Katerina Kustrin** – Korrektorat: **Johanna Kling** – Redaktion: **Clémence Mathé**

Oktober 2025 – 1. Auflage
ISBN: 978-2-36195-909-8
Gedruckt in der Italien bei L.E.G.O.